W0230776

Safi Nidiaye
Gefühle sind zum Fühlen da

Safi Nidiaye

Gefühle
sind zum Fühlen da

Das Handbuch vom positiven
Umgang mit negativen Emotionen

Mit 29 Illustrationen von Francis Gabriel

INTEGRAL

Das vorliegende Buch ist sorgfältig erarbeitet worden. Dennoch erfolgen alle Angaben
ohne Gewähr. Weder Autorin noch Verlag können für eventuelle Nachteile oder
Schäden, die aus den im Buch gemachten praktischen Hinweisen resultieren,
eine Haftung übernehmen.

Die Verlagsgruppe Random House weist ausdrücklich darauf hin, dass im Text enthaltene
externe Links vom Verlag nur bis zum Zeitpunkt der Buchveröffentlichung eingesehen
werden konnten. Auf spätere Veränderungen hat der Verlag keinerlei Einfluss.
Eine Haftung des Verlags für externe Links ist stets ausgeschlossen.

Verlagsgruppe Random House FSC® N001967

Erste Auflage 2017
Copyright © 2017 by Integral Verlag, München,
in der Verlagsgruppe Random House GmbH,
Neumarkter Straße 28, 81673 München
Alle Rechte sind vorbehalten. Printed in Germany.
Redaktion: Felicitas Holdau
Illustrationen: Francis Gabriel
Umschlaggestaltung: Guter Punkt, München,
unter Verwendung eines Motivs von © TairA / shutterstock
Satz: Satzwerk Huber, Germering
Druck und Bindung: GGP Media GmbH, Pößneck
ISBN 978-3-7787-9278-0

www.integral-verlag.de
www.facebook.com/Integral.Lotos.Ansata

Inhalt

Wie dieses Buch entstand

»Schreib mal was über Gefühle«, höre ich oft von meinen Seminarteilnehmern.

»Wieso? Ich schreibe doch über nichts anderes«, sage ich dann.

»Ja, aber es wäre schön, du würdest mal über einzelne Gefühle schreiben! So etwas wie ein Lexikon der Gefühle!«

»Wozu soll das gut sein?«, pflege ich dann einzuwenden. Wo es doch in all meinen Büchern über die Körperzentrierte Herzensarbeit um Gefühle geht: Gefühle, die uns beherrschen, ohne dass wir es merken, und die wir dann mithilfe dieser Methode ans Licht und ins Herz holen können. Meiner Erfahrung nach ist das übrigens die einzige rundum zufriedenstellende Art und Weise, mit Gefühlen und mit Situationen, die Gefühle in uns wecken, umzugehen. Wir fühlen sie voll und ganz, jedoch ohne uns mit ihnen zu identifizieren; sie bekommen ihren Platz in unserem Herzen, erfüllen ihre Funktion, und der Körper wird von ihnen befreit.

Aber über einzelne Gefühle schreiben? Lohnt sich das denn? Was gibt es denn da zu sagen? Ein Gefühl ist eben ein Gefühl, es fühlt sich so und so an. Was bringt es also, wenn ich ein Kapitel über Wut schreibe oder eines über Freude? Jeder weiß doch, was Wut und was Freude ist.

Aber die Idee, die so hartnäckig an mich herangetragen wurde, hat in mir gearbeitet. Ich habe gemerkt, dass ich sehr wohl viel zu einzelnen Gefühlen zu sagen habe: wie sie uns beeinflussen, wie sie uns steuern, ohne dass wir es merken, wie wir üblicherweise in konkreten Situationen mit ihnen umgehen und was dabei herauskommt; wie Herzensarbeit uns in denselben Situationen helfen kann; welche Gefühle mit welchen anderen zusammenhängen; wo man unweigerlich stecken bleibt in der Herzensarbeit, wenn man bestimmte Dinge nicht weiß; wie Gefühlsklumpen und -ketten entstehen, wie man Blockaden lösen, sich von Verhaltensmustern befreien oder aus dem Nichtfühlen herauskommen kann … Ja, doch, da gibt es viel zu erzählen und viel zu teilen.

Hier haben Sie nun also das Resultat. In diesem Buch erzähle ich über einzelne Gefühle und Gruppen verwandter oder zusammenhängender Gefühle. Vielleicht erkennen Sie sich und manche Ihrer Lieben in meinen Schilderungen wieder; vielleicht geben Ihnen diese neue Einblicke in Ihr Gefühlsleben, Ihre Beziehungen, Ihre Problematik und zeigen neue Ansätze auf, wie Sie mit der Körperzentrierten Herzensarbeit an Ihre Themen herangehen können.

Mit diesem Buch wende ich mich an alle, die unter bestimmten Gefühlen leiden, die Lösungen für ihre Probleme und Antwort auf ihre Lebensfragen suchen; die sich von Verhaltensmustern befreien, von einer Problematik lösen möchten; die sich nach Heilung oder Erwachen sehnen oder einfach danach, ihr Herz öffnen und fühlen und mitfühlen zu können; die sich selbst oder bestimmte Mitmenschen darin wiederfinden und besser verstehen möchten; alle, die an einem pragmatischen und lösungsorientierten Zugang zur Psychologie interessiert sind; alle, die von Berufs wegen mit Gefühlen umzugehen haben wie Therapeuten, Pädagogen, Eltern; Menschen, die in ihrem Beruf mit schwierigen Emotionen konfrontiert werden, wie Sozialarbeiter, Pfleger oder Polizisten; Jugendliche, die ihre Gefühle besser verstehen und damit umgehen können möchten; und schließlich Leserinnen und Leser, die meine Methode der Körperzentrierten Herzensarbeit bereits kennen, sie eventuell praktizieren oder weitergeben.

Einführung:
Der Sprung in die Freiheit

Ich bin so wütend. Sooo wütend. Der Mensch macht mich wahnsinnig. Wohin mit meiner Wut?
Ich will sie ja gar nicht loswerden. Denn ich bin mit Recht wütend.
Also, was mache ich mit dieser Wut am besten? Die Person anschreien, auf sie einschlagen?
Befreit mich das von der Wut? Ist damit Gerechtigkeit hergestellt?
Was ist, wenn sie ebenfalls wütend wird – entsteht damit Krieg? Will ich den?

Oder tue ich ihr vielleicht unrecht?

Und wenn ich diesen Menschen nun eigentlich liebe; oder wenn ich Angst vor ihm habe – oder vor meiner eigenen Wut; oder wenn ich nicht auf eine bestimmte, für mich erreichbare Person wütend bin, sondern auf das Schicksal; oder wenn ich gar nicht wütend sein will? Was dann?

Mir die Wut ausreden? Auf ein Kissen einschlagen?

Und wenn ich dann so außer mir bin, dass ich überhaupt nicht mehr weiß:

WOHIN MIT MEINER WUT?

Was ist eine gesunde und zufriedenstellende Art, mit Gefühlen umzugehen?

Was tun mit unseren Gefühlen? Wieso können sie uns so sehr gefangen nehmen? Kann man sich nicht irgendwie davon befreien? Warum entstehen sie überhaupt? Warum können wir nicht anders, als wütend, ärgerlich, traurig zu reagieren? Warum haben wir Angst oder versinken in Depression? Freude, Liebe, Zärtlichkeit, Begeisterung – die brauchen nicht viel Erklärung, aber all die negativen Emotionen, all die Gefühlsknoten, die wir in uns tragen, die uns einsperren wie ein Korsett und die uns zu quälenden Verhaltensmustern zwingen: Woher? Warum? Wozu?

Was ist Wut? Was sind Trauer, Ärger, Angst? Was ist überhaupt ein Gefühl, eine Emotion?

Wo ist es? Wo können wir es wahrnehmen? Wozu ist es da?

Was macht es mit uns? Und wie muss man damit umgehen? Ich meine: Was ist eine angemessene, gesunde, zufriedenstellende Art und Weise, damit umzugehen? Eine, die sowohl dem Gefühl als auch der Situation sowie uns selbst gerecht wird und uns von unserem reflexartigen Reaktionsmuster befreit?

Warum etwas Positives dabei herauskommt,
wenn man ein negatives Gefühl anschaut

In diesem Buch geht es um Gefühle. Um den falschen und richtigen Umgang mit Gefühlen. Um einzelne Gefühle, Gefühlsketten, -knoten und -gruppen. Um Verhaltensmuster, die aus diesen Gefühlsketten entstehen. Welches Gefühl verbindet sich mit anderen Gefühlen zu einem hartnäckigen Klumpen, und zu welchen Reaktionen führt diese unselige Verbindung? Was verbirgt sich eigentlich hinter unseren negativen Emotionen? Wie kann man das herausfinden, und wie kann man den negativen Verhaltensmustern ihre Grundlage entziehen? Welche seelische Wunde muss da geheilt werden, und wie kann man sie heilen?

Das Thema, das Ihnen jetzt gerade zu schaffen macht, ist die beste Gelegenheit, um eine alte seelische Wunde zu heilen. Ich werde Ihnen dazu eine Technik an die Hand geben, Ihre Wahrnehmung so zu lenken, dass Sie Ihre Probleme zu genau diesem Zweck nutzen können: die seelischen Wunden zu heilen, die sich hinter Ihren Problemen verbergen, und sich von den Verhaltensmustern zu befreien, die damit verbunden sind. Diese Methode ist die Körperzentrierte Herzensarbeit. Sie werden sehen, dass Sie mit ihrer Hilfe in jedem Moment die Möglichkeit haben, den Sprung in die Freiheit zu tun – anstatt weiterhin Gefangene/r Ihrer psychischen Programmierung zu bleiben.

Anhand vieler Beispiele werde ich verdeutlichen, wie unsere emotionalen Reaktionen und Reaktionsmuster entstehen, was dahintersteckt, warum wir an ihnen festhalten und welche Folgen das hat – aber auch, welchen Wert und welche Funktion unsere Gefühle haben. Und ich werde beschreiben, wie Körperzentrierte Herzensarbeit unseren Umgang mit unseren Emotionen und der damit verbundenen Problematik verändert und wie sie das Potenzial zutage treten lässt, das im jeweiligen Gefühl enthalten ist.

Da es die negativen (verneinenden) Gefühle sind, die uns Probleme bereiten (vor allem, wenn sie uns unbewusst beherrschen) und vor denen wir oft ratlos stehen, widme ich den größten Teil dieses Buches den negativen Emotionen. Ich werde außerdem auf die schmerzhaften Grundgefühle eingehen, die hinter diesen negativen Emotionen stecken, auf unsere Sehnsüchte und Wünsche und auf unsere positiven Gefühle. Letzteren habe ich etwas weniger Text gewidmet, da wir ja nicht so viele Probleme mit ihnen haben. Ich kann Ihnen jedoch versichern, dass Sie viele neue positive Gefühle entdecken werden, wenn Sie mit Ihren negativen Gefühlen so umgehen, wie ich es Ihnen empfehle, das heißt, wenn Sie Ihren Problemen mithilfe der Körperzentrierten Herzensarbeit auf den Grund gehen. Sie werden positive Gefühle entdecken, von deren Existenz Sie bisher nichts geahnt, die jedoch immer schon in Ihnen geschlummert haben.

Aber vor allem – und das ist in meinen Augen das Wertvollste – werden Sie Freiheit finden. Freiheit von dem Zwang, den eigene und fremde Gefühle auf Sie ausüben; Freiheit dazu, dem Weg Ihres Herzens zu folgen und das zu tun, was Sie wirklich tun möchten, anstatt das, was Angst und andere Emotionen Ihnen diktieren; Freiheit von Süchten, Verhaltensmustern, immer wiederkehrenden Reaktionsketten; Freiheit, Sie selbst zu sein.

Was ist Körperzentrierte Herzensarbeit?

Ausgehend von der Basistechnik der Zen-Meditation und Schritt für Schritt geleitet durch Intuition, habe ich diese Methode Anfang der 1990er-Jahre entdeckt, seither weiterentwickelt und in verschiedenen Büchern vorgestellt (siehe Anhang).

Auch wenn der Name vielleicht etwas umständlich klingt, ist die Methode doch ganz einfach. Es geht um die Gefühle, von denen Sie beherrscht werden, ohne es zu merken, und die hinter Ihren Problemen und Lebensthemen stecken. Diese Gefühle spüren Sie in Ihrem Körper auf, nehmen sie bewusst wahr und holen sie aus der

Verbannung nach Hause ins Herz, in Ihr Fühlzentrum. Irgendwann haben Sie sie nämlich aus Herz und Bewusstsein verbannt; daher bemerken Sie sie nicht und fühlen sie nicht bewusst. Im Körper jedoch ist ihr Ausdruck immer noch spürbar. Sie brauchen also nur auf den Körperzustand zu achten, der sich einstellt, wenn Sie an ein bestimmtes Thema denken, um diese verdrängten Gefühle wiederzuentdecken. Deshalb ist die Methode »körperzentriert«. Und warum »Herzensarbeit«? Nachdem Sie die Gefühle in Ihrem Körper wiederentdeckt haben, werden Sie sie dorthin zurückholen, wohin sie eigentlich gehören: in Ihr Fühlzentrum, das Herz.

Mit jedem Gefühl, das Sie auf diese Weise wiederentdecken und »nach Hause« zurückholen, erleben Sie ein Aufwachen, eine Perspektivenänderung, einen Moment der Heilung, und nach und nach löst sich nicht nur Ihr Problem, sondern die ganze Problematik, aus der es hervorgegangen ist.

Anhand zahlreicher Beispiele und einer genauen Anleitung werden Sie die Körperzentrierte Herzensarbeit im Laufe des Buches kennenlernen.

Praktische Hinweise zum Umgang mit diesem Buch

Viele Aussagen und Fallgeschichten des vorliegenden Buches werden für Sie besser nachvollziehbar sein, wenn Sie die Körperzentrierte Herzensarbeit kennen. Ich werde daher nach den einleitenden Kapiteln, bevor ich zu den einzelnen Gefühlen komme, diese Methode vorstellen (»Eine kurze Einführung in die Körperzentrierte Herzensarbeit«, Seite 88). Wenn sie Ihnen noch unbekannt ist, dann überspringen Sie die Anleitung bitte nicht, um schnell zu dem Thema zu kommen, das Sie interessiert, sondern machen Sie sich auf jeden Fall durch einen ersten praktischen Versuch mit der Übung vertraut. Nur so werden Sie von den Informationen, die ich hier gebe, vollständig profitieren können.

Abgesehen von dieser Einschränkung können Sie gerne bei dem Kapitel anfangen, das Sie besonders anspricht; jedes Gefühlskapitel steht für sich und kann Ihnen interessante Hinweise zu Ihrem Thema geben. Ich empfehle jedoch, auch die Texte zu den anderen emotionalen Themen zu lesen. Denn was Sie in dem von Ihnen ausgesuchten Kapitel, sagen wir zum Beispiel über Empörung, nicht finden, entdecken Sie vielleicht im Kapitel »Ungerechtigkeit« oder »Wut«.

Apropos Wut: Diesem Gefühl habe ich ein besonders langes Kapitel gewidmet, das viele Aspekte exemplarisch auch für andere Gefühle darstellt. Daher rate ich, dieses Kapitel auf jeden Fall zu lesen, auch wenn Wut nicht Ihr Thema ist. In unserer heutigen Zeit haben wir mit sehr viel Wut zu tun, Wut, die aggressiv und destruktiv macht, und bei kaum einem anderen Gefühl ist es so wichtig, den richtigen Umgang damit zu erlernen.

In diesem Buch erzähle ich viele Geschichten und stelle typische Gefühlsketten und -knoten dar. Jedes Beispiel enthält seine eigene Psycho-Logik. Aber Vorsicht: Nehmen Sie das Ganze bitte nicht als »Gefühls-Bibel«; es handelt sich nur um Beispiele. Ihr eigenes Gefühl könnte ganz anders aussehen. Auch die Gruppierung der Gefühle in den verschiedenen Kapiteln könnte bei Ihnen völlig anders gestaltet sein. Die Psyche – jede Psyche – hat ihre eigene Logik, und es ist schwer, sie in einer Ordnung darzustellen, die der Verstand nachvollziehen kann. Die vielen Beispiele dienen nur als Anregung, Ihren eigenen Weg zu finden, um sicher im Ozean der Gefühle zu surfen.

Die Fallgeschichten ersetzen abstrakten Text. Vieles lässt sich einfacher und einleuchtender anhand eines konkreten Beispiels erklären als abstrakt und allgemein.

Nicht über jedes Gefühl habe ich ausführlich berichtet. Manchen habe ich ein langes oder kurzes Kapitel gewidmet; manchen eine Fallgeschichte; manchen einen Absatz. Wenn Sie sich für meine Ausführungen über ein bestimmtes Gefühl interessieren, können Sie es mithilfe des Registers im Anhang suchen. Manche Gefühle werden Sie allerdings nicht darin finden, denn die Liste kann natürlich nicht vollständig sein. Jedoch habe ich wahrscheinlich an irgendeiner Stelle über ein ähnliches oder verwandtes Gefühl etwas geschrieben, das Ihnen als Anregung dienen kann, um sich mit Ihrem Gefühl auseinanderzusetzen.

Über bestimmte Begriffe und Bezeichnungen

Das Wort »Gefühle« verwende ich gleichbedeutend mit »Emotionen«. Eine Emotion (innere Bewegung) oder ein Gefühl ist eine Art, sich zu fühlen. »Fühlen« ist etwas Seelisches, »spüren« etwas Körperliches.

Wenn Sie Körperzentrierte Herzensarbeit machen, werden Sie eine ganze Reihe neuer Gefühle entdecken. Manche von ihnen haben klassische Gefühlsbezeichnungen wie Angst oder Freude; andere müssen umschrieben werden, weil es kein klassisches Gefühlswort dafür gibt, zum Beispiel »sich als Versager fühlen« oder »nicht aushalten« oder »neutral«.

Zur Psychosomatik

Ich habe bei der Körperzentrierten Herzensarbeit beobachtet, dass der Zusammenhang von Gefühlen und Körperbereichen individuell verschieden ist. Der eine hat seinen Ärger in den linken Zeh verbannt, der andere in seinen Magen; der eine verspürt Zorn in den Augen und in der Stirn, der andere in den Eingeweiden. Darüber hinaus gibt es gewisse Gemeinsamkeiten wie etwa die Beobachtung, dass Wut immer mit Anspannung einhergeht. Je unbefangener wir jedoch an die Übung herangehen, desto leichter fällt es, wirklich wahrzunehmen (anstatt denkend zu interpretieren). Ich verzichte daher darauf, die verschiedenen Gefühle bestimmten Körperwahrnehmungen zuzuordnen.

Die Welt der Gefühle

Was Gefühle mit uns machen – und was wir mit ihnen machen können

Gefühle verbinden: Emotionen – oder Gefühle, für mich ist das wie gesagt gleichbedeutend – verbinden uns mit den Dingen, den Menschen, den Ereignissen. Ohne Gefühle können wir zu all dem keine Verbindung herstellen, ohne Gefühle bedeutet es uns nichts.

Gefühle trennen: Emotionen trennen uns auch von der Realität, von den Menschen, den Dingen, den Ereignissen. Denn anstatt neutral wahrzunehmen, was geschieht, interpretieren wir sofort, und dies weckt in uns Gefühle; anstatt uns für die Wirklichkeit der anderen zu interessieren, reagieren wir emotional auf sie und bleiben in unserer Emotion gefangen.

Gefühle herrschen: Emotionen beherrschen die Welt. Was sind Angst, Machtgier, Geldsucht anderes als Emotionen? Oder Empörung, Wut, Hass, Rache? Oder Solidarität, Treue, Sehnsucht, Hoffnung?

Emotionen beherrschen uns, ob wir es wollen oder nicht. Hinter allem, was wir tun, was wir anstreben, was wir ausschließen, ablehnen oder haben wollen, stecken Emotionen, ob uns dies bewusst ist oder nicht, und ganz gleich, ob wir uns für vernünftig und rational oder für emotional halten.

Gefühle sprechen: Gefühle sind die Sprache, in der die Seele sich uns mitteilt, und zugleich die Sprache, mit der wir etwas aus unserer inneren Wirklichkeit mit anderen teilen.

Gefühle treiben uns an: Die zentrale Emotion unseres Herzens ist Sehnsucht; Sehnsucht ist das, was uns vorantreibt, was uns motiviert, was uns Richtung gibt.

Gefühle bremsen uns: Unsere größte Herausforderung, oft der Gegenspieler der Sehnsucht, ist Angst. Angst zwingt uns manchmal, von dem Weg, den unser Herz uns weist, abzuweichen und Um- oder Abwege zu gehen; Angst kann aus dem Leben einen wahren Slalomlauf machen, da wir immer versuchen, das Gefürchtete zu vermeiden.

Gefühle sagen Ja oder Nein: Wir haben zustimmende (positive) Emotionen wie Freude, Begeisterung, Bewunderung oder Zufriedenheit; ablehnende (negative) Emotionen wie Wut, Ärger, Trauer, Bitterkeit oder Verzweiflung; fliehende Emotionen wie Resignation und Nichtfühlen; neutrale Emotionen wie Gleichmut oder Neutralität. Es gibt eine unendliche Vielfalt von Gefühlen und Gefühlsnuancen. Gefühle sind universal; die Art jedoch, wie sie in uns ausgelöst, erlebt oder unterdrückt werden, ist individuell verschieden (wenn auch nicht so verschieden, wie wir gerne glauben möchten).

Gefühle stecken an: Manchmal teilt eine große Gruppe von Menschen, zum Beispiel eine Nation oder eine Religionsgemeinschaft, ein Gefühl – dann sprechen wir von einem »kollektiven« Gefühl. Gefühle, sowohl positive als auch negative, sind ansteckend; wir übernehmen Gefühle voneinander. Ohne es zu merken, leben wir fremde Emotionen aus, leihen ihnen unseren Körper, unsere Stimme, ja manchmal sogar unser ganzes Leben, zum Beispiel wenn wir Sehnsüchte, Ängste oder Überzeugungen unserer Eltern ausleben.

Gefühle sind zum Fühlen da: Gefühle, die wir von anderen unbewusst übernommen haben, werden wir auf ganz einfache Weise los, indem wir sie dorthin zurückgeben, wo sie hingehören (mehr dazu ab Seite 59). Von eigenen Gefühlen kann man sich jedoch nicht befreien – wozu sollte man das auch? Man kann sich aber davon befreien, von ihnen beherrscht zu werden. Statt sie zu unterdrücken oder auszuleben, kann man sie bewusst wahrnehmen, sie als Gefühle erkennen, statt sie (wie bislang unbewusst) für Tatsachen zu halten (»ich fühle mich schlecht« statt »ich bin schlecht«), und ihnen sein Herz öffnen. Dann erlebt man auf geradezu magische Weise, wie sich alles im Innern zurechtrückt, wie man die Dinge aus einer anderen Perspektive anschaut.

An Gefühlen ist nichts Schlechtes, nichts, das man verbessern, verändern, heilen oder transformieren müsste. Wut ist einfach Wut, da gibt es nichts zu transformieren. Was jedoch verändert werden kann, ist mein Verhältnis zu ihr. Ob ich wütend *bin* oder ob ich Wut *wahrnehme:* Das macht den entscheidenden Unterschied. Ob die Wut mich einnimmt, so als sei sie größer als ich, oder ob sie etwas ist, das ich in meinem Herzen fühlen kann – das sind zwei Zustände, so verschieden wie Tag und Nacht. Der erste macht mich blind, bewusstlos, zerstörerisch oder selbstzerstörerisch; der zweite richtet mich auf, macht mich stark und klar.

Gefühle wahrnehmen oder sich von ihnen beherrschen lassen

Der entscheidende Unterschied: Beispiel Verliebtheit

Es ist ein Unterschied, ob ich mich von einem Gefühl unbewusst beherrschen lasse oder ob ich es wahrnehme. Genau genommen ist das sogar der Unterschied.

Wenn ich verliebt bin, und dieses Gefühl wird erwidert, dann laufe ich beschwingt und beseligt durchs Leben; ich imaginiere, fantasiere, sehne mich nach dem nächsten Treffen.

Mit der Verliebtheit identifiziert und von ihr beherrscht

Wie fragil ist diese Seligkeit! Wie abhängig vom Verhalten des anderen, von den Umständen! Wie tief der Absturz, wenn der oder die Angebetete plötzlich keine Lust mehr hat, abweisend wird, aus meinem Leben verschwindet, sich einer anderen Person zuwendet! Wie sehr beherrscht mich die Angst, ihn/sie zu verlieren! Und das schöne Gefühl der Verliebtheit fühle ich überhaupt nicht, ebenso wenig wie die Seligkeit – weil ich ja mit diesen Gefühlen identifiziert bin. Ich »bin« selig, ich »bin« verliebt. Da ich es »bin«, kann ich es nicht wahrnehmen! Überhaupt ist meine Aufmerksamkeit nicht bei meinem Gefühl, sondern beim Objekt meiner Verliebtheit.

Bin nur ich verliebt und der andere nicht, dann leide ich. Ebenso wie bei erwiderter Liebe ist meine Aufmerksamkeit beim Objekt meiner Sehnsucht; ebenso imaginiere ich, fantasiere ich, sehne ich mich, aber ich leide, da ich weiß, dass diese Sehnsucht sich nicht erfüllt und diese Bilder Träume bleiben. Denn ER oder SIE will nichts mit mir zu tun haben. Oder jedenfalls nicht in der Weise. Das tut weh.

So ist es, wenn ich von Verliebtheit beherrscht bin.

Nicht von ihr beherrscht,
sondern sie bewusst wahrnehmend

Ich gebe meiner Aufmerksamkeit eine andere Richtung, wende den Bildern den Rücken zu und lenke meine Aufmerksamkeit auf mich selbst. Auf meinen Körper. Auf das Gefühl der Verliebtheit. Ich erforsche, wie es sich anfühlt, lerne es zum ersten Mal richtig kennen. Ich atme in vollen Zügen und erlebe das Gefühl einmal ganz. Und ich gehe noch weiter: Ich öffne mein Herz dafür, indem ich prüfe, was dieses Gefühl von mir braucht, aber bisher nie bekommen hat. Ich probiere zu diesem Zweck die Herzensschlüssel aus (siehe Anleitung zur Körperzentrierten Herzensarbeit ab Seite 88). Was braucht die Verliebtheit von mir? Wahrgenommen werden! *Bewusst* wahrgenommen werden. Gefühlt werden. Als Gefühl wahrgenommen werden statt als Tatsache. Das ist vielleicht der wichtigste Herzensschlüssel; durch ihn erkenne ich zum ersten Mal, dass Verliebtheit überhaupt ein Gefühl ist, das seinen Platz in mir hat, und nicht etwas, das größer ist als ich und mich einnimmt. Und wenn ich dann die Herzensschlüssel noch einmal durchprüfe, merke ich, dass die Verliebtheit als Gefühl vielleicht noch Erlaubnis, Anerkennung, Achtung, vielleicht sogar Würdigung braucht. Oder Rehabilitation: dass sie von Verurteilung befreit wird.

Auf einmal erlebe ich die Situation ganz anders. Dieses wunderbare Gefühl ist nun in meinem Herzen, ich fühle es, aber nun ist es etwas geworden, das in sich ruht. Es richtet sich nicht mehr auf den anderen; ich erkenne nun, dass dieser Mensch es in mir ausgelöst oder geweckt hat, dass es jedoch nichts mit ihm zu tun hat. Ich projiziere es nicht mehr nach außen, sondern fühle es in mir. Es ist einfach ein schönes Gefühl; es hat aufgehört, mich zu absorbieren, zu beherrschen, zu tyrannisieren.

In meinen Begegnungen mit dieser Person nehme ich es bewusst in meinem Herzen wahr; und nun vernebelt es meine Sicht nicht mehr, jetzt erst bin ich offen dafür, den Menschen zu entdecken – wer er wirklich ist, was ihn bewegt, wie er sich fühlt, wie er mich sieht. Vorher habe ich ja nur meine eigene Projektion gesehen! So steht nun dieses Gefühl nicht mehr zwischen uns. Jetzt erst kann sich echte Beziehung entwickeln.

Ärgere ich mich oder nehme ich Ärger wahr?

Nehmen wir das Beispiel eines negativen Gefühls. Nehmen wir Ärger.

Mit Ärger identifiziert und von ihm beherrscht

Meine Aufmerksamkeit ist bei der Person oder Sache, die meinen Ärger ausgelöst hat. Ich bin von ärgerlichen Gedanken absorbiert. Entweder fresse ich den Ärger in mich hinein, und er macht mich krank; oder ich äußere ihn der Person gegenüber durch Worte oder ärgerliches Verhalten; oder ich lasse den Ärger an Dritten aus; oder ich lasse ihn in ärgerlichen Erzählungen bei jenen heraus, die mir zuhören und sich dann mit meinem Ärger auseinandersetzen müssen. Wenn ich Glück habe, ärgern sie sich mit mir; wenn ich Pech habe, ärgern sie sich über mich und gehen mir dann lieber aus dem Weg, um sich nicht immer meine ärgerlichen Tiraden anhören zu müssen.

26

Chronischer Ärger schwächt meinen Magen, frisst sich in ihn hinein, lässt mich auch körperlich versauern, macht mich unbeliebt und unschön.

Nicht mit dem Ärger identifiziert,
aber ihn bewusst wahrnehmend

Ich wende meine Aufmerksamkeit um 180 Grad und richte sie auf mich. Auf meinen Ärger. Wo sitzt er im Körper, wie fühlt er sich an? Erleichterung setzt ein, als ich mich diesem Gefühl endlich einmal zuwende. Während ich den Ärger ganz bewusst fühle, frage ich ihn, was er von mir braucht (und bisher nicht bekommen hat): Verständnis? Anerkennung? Dass er von Verurteilung befreit wird? Beachtung? Oder welchen anderen Herzensschlüssel (siehe Seite 96)?

Am Ende ärgere ich mich nicht mehr; und dennoch ist der Ärger nicht verschwunden. Ich fühle ihn. Er hat seinen Platz in meinem Herzen. Aber er verzerrt nicht mehr meine Sicht. Nun kann ich Aspekte der Situation wahrnehmen, die ich vor lauter Ärger übersehen hatte. Oder ich bin auf einmal in der Lage, für mich einzustehen oder Klarheit zu schaffen, was ich vorher nicht konnte. Oder ich kann über die ganze Sache lachen, weil ich entdeckt habe, dass mein Ärger mit der aktuellen Situation überhaupt nichts zu tun hat.

Wenn ich den Ärger bewusst fühle, statt mich nur zu ärgern, schaut auch bald der Schmerz unter ihm hervor: das, was mir so wehtut, dass ich mich ärgere. Diesen kann ich nun entdecken, kennenlernen, erkennen, dass es ein Gefühl ist und keine Tatsache – dass es also etwas ist, das ich fühle, und nicht etwas, das ich bin oder das untrennbar zu meinem Wesen gehört –, und ich kann mein Herz für dieses Gefühl öffnen.

Vielleicht entdecke ich, dass dieser Schmerz oder der Ärger – oder beide Gefühle – gar nicht mein eigenes Gefühl ist, sondern das eines anderen, das ich unbewusst gefühlt und mir zu eigen gemacht habe, ohne es zu merken. Welche Erleichterung, das zu entdecken und dieses Gefühl sozusagen an seinen Eigner zurückzugeben! Und während ich das tue, geht mir auch noch das Herz auf für diese Person. Auf einmal kann ich sie verstehen.

Wie wir durch Gefühle gesteuert werden, ohne es zu merken

- *Ich denke, ich gehe dorthin, um mich mal umzuhören.*
In Wirklichkeit gehe ich aus Angst.
- *Ronaldo denkt, er heiratet aus Liebe.*
In Wirklichkeit tut er es aus Angst, seine Geliebte zu verlieren, wenn er sie nicht durch Heirat an sich bindet, und aus dem Wunsch heraus, im Kreis seiner Freunde Anerkennung zu finden.

Wenn Gefühle uns beherrschen, fallen wir aus unserer Mitte, sehen nicht mehr klar, und unsere Welt gerät aus den Fugen.

Gefühle sind dazu da, gefühlt zu werden. Sie haben wichtige Botschaften für uns, die wir jedoch nur hören können, wenn wir diese Gefühle auch wahrnehmen. Wenn wir uns stattdessen von ihnen beherrschen lassen, nehmen wir sie nicht wahr und können ihre Botschaft nicht erkennen. Und, schlimmer noch, wir sind blind für die Wirklichkeit. Jemand, der gerade von Trauer, Ärger oder Hass beherrscht wird, kann die Schönheit oder den Witz einer Situation nicht erkennen; jemand, der von Verliebtheit oder Bewunderung beherrscht ist, kann das Leid oder die Ängste der bewunderten Person nicht wahrnehmen.

Wenn wir uns von Gefühlen beherrschen lassen, anstatt sie wahrzunehmen, werden wir lieblos, ungerecht, grausam gegenüber Menschen, die wir lieben; rücksichtslos oder aggressiv gegenüber solchen, die wir überhaupt nicht kennen; wir mischen uns in Angelegenheiten ein, die uns nichts angehen, handeln aus den falschen Motiven und mit katastrophalen Folgen; wir heiraten die falsche Person, verstricken und verheddern uns in komplizierten Beziehungen, aus denen es entweder kein oder nur ein brutales Entrinnen gibt; wir treffen die falschen Entscheidungen, wir folgen nicht dem Weg unseres eigenen Herzens.

Gefühle sind es, die Menschen auf die Straße treiben, um ihre Empörung, ihr Nicht-einverstanden-Sein, ihre Angst, ihre Wut, ihre Trauer zu demonstrieren; es sind Gefühle, die Menschen dazu bringen, sich einer radikalen, aggressiven Gruppierung anzuschließen, um in ihr eine Medizin gegen den Schmerz der Ungerechtigkeit, der Demütigung, der Ohnmacht, des Ausgegrenztseins zu suchen. Bei allem, was Menschen gegeneinander aufbringt, geht es um Gefühle.

Gefühle können ansteckend sein

Gefühle, die nicht bewusst wahrgenommen werden, können gefährlicher sein als Sprengstoff. Da sie nicht wahrgenommen werden, beherrschen sie uns; und sie springen auf andere Menschen über. Vom eigenen Menschen nicht wahrgenommen, geistern sie sozusagen im Gefühlsäther herum und suchen sich einen anderen, der sich ihrer erbarmt und sie wahrnimmt. Dieser andere, der sie auffängt, lässt sich zwar von ihnen besetzen, nimmt sie jedoch auch nicht bewusst wahr, und so springen sie zu immer weiteren Personen. Schließlich sind immer mehr Menschen mit diesem Gefühl identifiziert. Und immer noch wird es nicht bewusst wahrgenommen, und niemand erbarmt sich seiner und öffnet sein Herz dafür! Solche Gefühlsansteckung kann im negativen Bereich zu Radikalisierung in jeder Form, zu Krieg und Gewalt führen.

Auch im Positiven gibt es emotionale Ansteckung; ein Bild, eine Nachricht, ein Satz, der Herzen berührt, der Mitleid oder Sehnsucht oder Rührung weckt, kann dazu führen, dass Millionen Menschen sich mobilisieren, um etwas Konstruktives, Schönes, Gutes zu kreieren.

Auch im ganz Kleinen erleben wir die Ansteckung durch fremde Gefühle – sei es, dass uns fremder Ärger zufliegt und uns die Laune verdirbt, sei es, dass wir jemandem begegnen, der vor Energie und Lebensfreude nur so sprudelt, und wir danach auf einmal beflügelt und inspiriert sind.

Sicher surfen im Ozean der Gefühle

Gefühle sind wie Wellen im Ozean; man kann in ihnen schwimmen, auf ihnen surfen oder sich von ihnen in die Tiefe reißen lassen und andere mit in seinen Untergang ziehen.

Gefühle sind zum Fühlen da – nicht dazu, uns zu beherrschen; auch nicht dazu, von uns unterdrückt, bemeistert, besänftigt, transformiert oder geheilt zu werden. Sicher surfen im Ozean der Gefühle bedeutet, das Gefühl in seiner ganzen Größe bewusst zu fühlen, ohne in ihm unterzugehen. Auf diese Weise erleben wir den Segen maximaler Lebendigkeit mit einer großen Frequenzbreite des inneren Erlebens, die letztendlich, ähnlich wie das körperliche Surfen im realen Ozean, zu Ekstase führt.

Gefühle, richtig behandelt, sind unsere Helfer und Wegweiser auf dem Weg unserer Seele durch diese Existenz. Gefühle, falsch behandelt, sind früher oder später unser Untergang.

Sich von Gefühlen beherrschen lassen oder sie wahrnehmen: Ein alltägliches Beispiel

Wir sind früh aufgestanden, um zum Markt zu gehen und Biogemüse einzukaufen.

Mein Mann fragt mich: »*Was möchtest du frühstücken?*«

»*Brötchen*«, *sage ich sehnsüchtig – die essen wir nämlich nur ganz selten. Normalerweise gehen wir nach dem Markt nach Hause und bereiten ein gesundes basisches, warmes Frühstück zu.*

»*Haben wir nicht gestern abend erst Brot gegessen? Ist vielleicht nicht so vernünftig, schließlich wollen wir uns nicht wieder übersäuern …*«

Er hat ja völlig recht, ganz meine Meinung, schließlich bin ich es, die unbedingt eine Entsäuerungskur wollte. Dennoch merke ich, wie meine Schultern herabsinken, meine Energie in den Boden verschwindet und sich etwas Depressives breitmacht. Keine Lust mehr zu leben, sagt eine innere Stimme. Außerdem, sagt dieselbe Stimme, kann man ja auch innerlich versauern, weil man sich immer das versagt, was man gerne tun möchte! Ich bleibe also identifiziert mit Brötchensehnsucht und Frustration.

Erfahrungsgemäß führt das dazu, dass ich mir ein Brötchen kaufe, sobald ich mal allein bin, und es hinunterschlinge. Womit ich mein eigenes Ziel torpediere: entsäuern und abnehmen.

Als unbewusster Mensch habe ich in einer solchen Situation zwei Möglichkeiten:

- der Sehnsucht nachgeben, mich von ihr beherrschen lassen – Resultat siehe oben.
- die Sehnsucht mit Vernunft verdrängen. Resultat: Frustration, Verbitterung, Energieverlust.

Manche gehen noch weiter und verdrängen auch noch die Frustration, indem sie eine fröhlich-freudig-gesunde Haltung darüberlagern. Als Herzensarbeiterin jedoch habe ich eine ganz andere Möglichkeit. Ich kann die Sehnsucht ins Herz holen. Und das ändert alles.

Die Sehnsucht ins Herz holen

Ich gestatte mir also, die Sehnsucht einmal ganz und gar in mir aufsteigen zu lassen und zu fühlen. Sie wohnt irgendwo zwischen Magen und Herz, lässt mir außerdem das Wasser im Mund zusammenlaufen und zieht die Mundwinkel nach oben. Was braucht sie von meinem Herzen? Erlaubnis, da sein zu dürfen; Anerkennung, beachtet werden, Achtung. Und: als Gefühl wahrgenommen zu werden (statt als Tatsache). Witzigerweise sogar Würdigung, verbindet sie mich doch mit etwas Schönem!

Schauen wir uns doch dieses Schöne auch gleich einmal an: die Wunscherfüllung. Also, da ist das knusprige Brötchen. Mit Butter, einem Salatblatt, Käse. Hmmm! Und da bin ich, die das essen darf. Die Imagination ist nicht komplett ohne einen Kaffee. Genau genommen sogar einen Milchkaffee. Mit Zucker. Wie fühlt sich das an? Wieder das Lächeln, und etwas Angenehmes breitet sich aus im ganzen Körper – wie heißt das Gefühl? Genuss? Nein, Lust!

Da habe ich das Gefühl, ganz deutlich, ich spüre, fühle es, lerne es kennen. Danke, Kaffee-Brötchen-Vorstellung, du kannst jetzt gehen, jetzt habe ich ja das Gefühl! Lust! Ich hole es ins Herz, und dann stelle ich mir vor, es mitzunehmen in ein karges Leben bei Karotten, Kräutern und Mineralwasser – und siehe da, es geht! Die Lust ist nicht abhängig von Brötchen oder Marmelade; sie ist ja ein Gefühl, und ich kann sie überall fühlen.

Wow!

Wozu haben wir überhaupt Gefühle?

Wäre nicht alles viel einfacher, wenn wir keine Gefühle hätten? Schließlich weiß ja jeder, dass Angst uns oft daran hindert, zu tun, was wir tun möchten, und zu sein, wer wir sein wollen; dass Wut uns Dinge tun lässt, die wir eigentlich nicht tun möchten; und dass wir aus einer Verliebtheit heraus die falsche Person heiraten. Und stecken nicht hinter allen Kriegen und allen Gräueltaten dieser Welt Gefühle? Wenn wir keine hätten, wären wir dann nicht einfach nur perfekt, und alles wäre einfach und klar? Stellen wir uns das einen Augenblick lang vor.

Ein Leben ohne Gefühle

Wie läuft mein Leben, ja mein Tag, ab, wenn ich keine Gefühle habe? Ich stehe also morgens auf … Halt, stopp. Tue ich das überhaupt? Wozu aufstehen, wenn es nichts gibt, worauf ich mich freue, wonach ich mich sehne, keine Hoffnung, keinen Wunsch – wozu aufstehen? Um zur Arbeit zu gehen. Gut. Aber ich kenne ja weder Angst noch das Gefühl von Verpflichtung. Nehmen wir einmal an, ich habe zu wenig geschlafen, wenn der Wecker klingelt. Warum sollte ich nicht einfach weiterschlafen, bis ich ausgeruht bin? Halt, stopp, woher weiß ich überhaupt, wann ich genug geschlafen habe, wenn ich nichts fühle? Die Uhr sagt es mir. Vier Stunden Schlaf: zu wenig. Acht Stunden:

genug. So hat man es mir beigebracht. Also logisch, dass ich nach acht Stunden Schlaf aufstehe. Der Wecker hat nach vier Stunden geklingelt, denn ich war nachts lange auf; mein Arbeitsvertrag verlangt von mir, um acht Uhr bei der Arbeit zu sein. Da ich keine Gefühle habe, erlebe ich an dieser Stelle keinen Zweifel, keinen inneren Konflikt, kein Hin- und Hergerissensein, kein Zögern.

Was tue ich also als Mensch ohne Gefühle? Das, was vernünftig ist. Also, was ist vernünftig? Aufstehen und zur Arbeit gehen. Oder? Wenn ich keine Gefühle habe, habe ich ja auch keine Angst. Die Folgen des Zuspätkommens schrecken mich nicht. Ich kann also die vier Stunden, die mir fehlen, noch nachholen, indem ich einfach weiterschlafe. Bis ich ausgeschlafen bin. Dann gehe ich zur Arbeit. Wenn der Chef nun schimpft, berührt mich das nicht, ich fühle ja nichts. Das ist doch das Vernünftigste. Oder wäre es vernünftiger, zur Arbeit zu gehen?

Wie entscheide ich, wenn ich keine Gefühle habe? Kein Gefühl von Angst, keinen Zweifel, keine Unentschiedenheit, keine Sorge, kein Gefühl von Verpflichtung oder Verantwortung, keinen Wunsch, keine Abneigung, keinen Eifer, keine Faulheit … Wer entscheidet? Die Außenwelt! Ein Gesetz, das jemand festgelegt hat. Eine Regel. Oder ein Befehl. Ich selbst habe ja keine Gefühle, folglich auch keinen Wunsch, keine Sehnsucht, bin ganz neutral, es ist also völlig egal, was ich tue. Oder?

Wenn mir etwas Schönes geschenkt wird, freue ich mich nicht. Es berührt mich nicht. Wenn mir etwas weggenommen wird, bin ich nicht traurig. Es ist mir auch nicht gleichgültig. Ich fühle ja nichts. Noch nicht einmal Gleichgültigkeit. Gewinn, Verlust, diese Begriffe sagen mir nichts; ich habe natürlich gelernt, was sie bedeuten, aber da mich weder das eine noch das andere berührt und bewegt, sagt es mir nicht wirklich etwas. Jemand spuckt mir ins Gesicht, jemand umarmt mich – für mich das Gleiche. Ich fühle ja nichts. Nun könnte ich Zufriedenheit oder Gleichmut empfinden – aber selbst das findet nicht statt, denn ich habe ja keine Gefühle. Ich fühle nicht.

Verstehen Sie, was das bedeutet? Nicht zu fühlen heißt, leben, ohne zu erleben.

Die Sprache der Seele

Nicht zu fühlen heißt, nicht in Kontakt zu sein – weder mit seiner eigenen Seele noch mit allem anderen.

Meine Seele ist fremd in dieser Welt; sie lebt dieses Leben nicht mit, hat sich zurückgezogen. Ich lebe nicht wirklich, denn ich er-lebe nicht.

Gefühle sind die Sprache der Seele. Gefühle sind der Ausdruck unseres inneren Erlebens, sind die Art, wie unsere Seele sich im Körper erlebt, und die Art, wie wir – unsere Seele – von Sinneseindrücken berührt werden, wie unsere Seele auf diese reagiert. Mit Emotion. Bewegung. Gefühl.

Die erste Emotion, die erste Bewegung der Seele ist Sehnsucht.

Alle weiteren Gefühle entstehen aus ihr: Hoffnung und Enttäuschung, Ungeduld, Ungewissheit, Zweifel, Angst, Unsicherheit, Erfüllung, Freude, Zufriedenheit – oder im Gegenteil Resignation, Hoffnungslosigkeit, Gleichgültigkeit, Unzufriedenheit, Bitterkeit, Hass.

Ohne Sehnsucht kein Leben.

Ohne Sehnsucht kein Mensch.

Ohne Sehnsucht keine Gefühle, keine Ziele, keine Richtung.

Gefühle sind der Reichtum des Menschen.

Wir verfügen über eine gewaltige Palette von Gefühlen, von Gefühlskälte und Hass am unteren Ende der Skala über Wut, Angst und Trauer, Sympathie und Zufriedenheit in der Mitte, Freude und Liebe in den höheren Oktaven bis hin zu Verzückung, Verherrlichung und Ekstase in den obersten.

Je mehr wir fühlen, desto lebendiger sind wir.

Aber: Je mehr wir von Gefühlen beherrscht werden, desto schwieriger wird das Leben.

Gefühle sind nicht dazu da, um uns zu beherrschen; Gefühle sind Aussagen unserer Seele und wollen wahrgenommen werden. Je deutlicher wir unsere Gefühle wahrnehmen, desto einfacher wird das Leben, desto klarer unser Weg.

Alle Gefühle sind wertvoll, seien sie negativ oder positiv

Durch Gefühle verständigen wir uns auch von Seele zu Seele. Worte sind Ausdruck oder Verschleierung von Gefühlen; mehr jedoch als das Wort selbst empfangen wir den emotionalen Inhalt dahinter. Worte, die jemand spricht, ohne etwas zu fühlen, sind leeres Geplapper – es gibt da so einen Teil in uns, der einfach losplappert, ohne mit Herz und Seele verbunden zu sein und auch nicht mit dem Verstand. Wenn ich fühle, was ich sage, und sage, was ich fühle, bin ich eins, ehrlich, echt, authentisch, und meine Botschaft hat eine Chance, gehört und verstanden zu werden.

Gefühle, in Worte hineingelegt, geben einen energetischen Impuls zum Zuhören.

Negative Gefühle werden nicht deshalb negativ genannt, weil man sie abwertet, sondern weil sie etwas verneinen. »Negieren« heißt verneinen. In der richtigen Weise wahrgenommen, können sie uns wertvolle Informationen liefern, uns warnen, schützen, leiten. Wut gibt mir Kraft, Empörung bläst mich auf und beflügelt mich, sodass ich handeln kann; Wut, kreativ genutzt, lässt Musikstücke, Kunstwerke, Revolutionen entstehen; Angst warnt mich, Unsicherheit macht mich achtsam, Trauer schützt mich vor einem zu großen Schmerz.

Materialisten führen die Existenz der Gefühle auf unsere Evolution zurück, spirituell orientierte Menschen auf unsere Seele. Aber wir können das Ganze auch poetisch sehen und einmal darauf verzichten, alles verstehen und einordnen zu wollen. Ist es nicht wundervoll, fühlen zu können? Ist es nicht ein noch intensiveres innerliches

Erleben, als beispielsweise eine Farbe zu sehen oder eine Geschmacksnuance zu schmecken? Wir können Zorn empfinden, Freude, Unsicherheit oder Trauer, Macht oder Ohnmacht, Empörung oder Begeisterung, Liebe, Zärtlichkeit, Angst – so viele Nuancen des Fühlens! Können wir sie nicht einfach kennenlernen, auskosten, erforschen, bewusst fühlen – anstatt darin zu verschwinden?

Wie wir unsere Gefühle
unterdrücken

Negative und positive Emotionen, Sehnsucht, Schmerz – alles verdrängen wir auf perfekte Art und Weise.

Wir zivilisierten Menschen sind große Gefühlsunterdrücker. Wir verdrängen unsere negativen Gefühle, unsere seelischen Schmerzen und sogar unsere positiven Gefühle und unsere Sehnsucht. Fast alle unsere Probleme, Komplikationen und Konflikte rühren daher, dass wir Gefühle unterdrücken. Daher sind diese nicht mehr im Lichtkegel unserer Aufmerksamkeit und können uns beherrschen.

So wehren wir negative Gefühle ab

Ärger wollen wir am liebsten gar nicht fühlen und decken ihn mit einem Gefühl ab, das wir akzeptabler finden. *Lena erzählt:»Mein Sohn schmeißt seinen Schulranzen in die Ecke. Das ärgert mich. Ich will mich aber nicht ärgern. Ich habe meinen Sohn ja lieb.«* Das Prinzip: Ärger kommt auf – Liebe schiebt sich darüber, Ärger wird ausgeblendet.

Ähnlich wie durch Liebe oder Zärtlichkeit verdrängen wir negative Gefühle auch durch Sympathie, Zuneigung oder Mitleid. Aber Achtung: Manchmal steckt hinter der Liebe oder dem Mitleid auch ein ganz anderes Gefühl. *Zurück zu Lena:»Wenn ich meinen kleinen Sohn ärgerlich behandle, bin ich eine schlechte Mutter.«* Es ist also eher ein Schuldgefühl, nicht Liebe, das Lena dazu veranlasst, ihren Ärger zu unterdrücken.

Manchmal lassen wir zu, dass ein negatives Gefühl durch ein anderes negatives Gefühl verdrängt wird. *»Ich bin so wütend« (zähneknirschend, Fäuste ballend)! »Aber ich kann ja nichts tun« (schlaff zusammensackend).* Wut taucht auf – Ohnmacht legt sich darüber, verdrängt die Wut. Manchmal geht die Verdrängungskette noch weiter: Wut flammt auf – Ohnmacht verdrängt sie; Resultat: Verzweiflung.

Der größte Gefühlsverdränger ist Angst. *»Ich werde niemals wütend. Denn ich weiß: Wenn ich erst mal wütend bin, passiert etwas Schlimmes.« »Trauer lasse ich nicht zu, weil ich in ihr untergehen würde.«* Manchmal unterdrücken wir sogar unsere Angst durch Angst. *»Diese Angst ist so groß, dass ich sie lieber nicht wahrnehme, ich habe Angst, dass ich sie nicht aushalte.« Oder:»Wenn ich es zulasse, diese Angst zu fühlen, dann muss ich das anschauen, wovor ich*

Angst habe, und davor fürchte ich mich.« Oder: *»Wenn ich diese Angst zulasse, dann schaue ich das an, wovor ich Angst habe, und dadurch realisiert es sich vielleicht. Davor fürchte ich mich. Deshalb verdränge ich die Angst lieber.«*

Wir unterdrücken Gefühle auch, ...

... indem wir sie uns verbieten (weil wir als Kind gelernt haben, dass diese Gefühle nicht da sein dürfen oder nicht berechtigt sind: »Du brauchst keine Angst zu haben!« »Du bist doch ein großer Junge und hast keine Angst.«) – oft ein Problem von Männern: *»Angst? Ich habe doch keine Angst!« (Ich darf nämlich keine Angst haben.)*

... indem wir ihnen Verständnis und Existenzberechtigung verweigern:

»Es gibt keinen Grund, sich so zu ärgern, er hat es doch nicht so gemeint!« »Ich brauche nicht so traurig zu sein, es ist doch halb so schlimm ...«

... indem wir sie verurteilen:

»Ich darf diese Person nicht ablehnen, das ist ungerecht.« »Als Christ tut man das nicht ...«

... indem wir sie verachten:

»Ich bin doch nicht eifersüchtig, so was Lächerliches kenne ich nicht.« »Da stehe ich drüber.«

... indem wir sie gering schätzen:

»Sei doch nicht so wehleidig, das ist doch nicht so schlimm.«

... indem wir uns sagen, dass wir kein Verständnis dafür haben:

»Rache kenne ich überhaupt nicht, für so was habe ich kein Verständnis!«

... indem wir kein Erbarmen mit ihnen haben:

»Hass kenne ich nicht – dafür habe ich auch kein Erbarmen!«

... indem wir ihnen keinen Raum geben:

»Diesem Gefühl darf ich keinen Raum geben, sonst verschlingt es mich.«

Wir verwechseln Gefühl und Tatsache

All diese Unterdrückerei wäre übrigens nicht nötig, wenn wir nicht Gefühle mit Tatsachen verwechseln würden. Wenn ich Hass, Rache und Ablehnung für eine Tatsache halte, dann muss ich sie mir verbieten, mich dafür verurteilen oder verachten. Wenn ich Wut für eine Tatsache halte, dann habe ich einen guten Grund, Angst davor zu haben. Wenn ich jedoch weiß, dass das Gefühle sind, dann kann ich es wagen, sie zu fühlen. Denn Gefühle sind zum Fühlen da. Nicht als Zwang zum Handeln, zum Ausdrücken, Ausagieren, einfach nur zum Fühlen.

Fühlend richtig handeln

Zurück zu Lena und ihrem kleinen Sohn:
Er wirft seinen Ranzen in die Ecke.
In Lena macht sich Ärger bemerkbar.
Lena weiß, dass Ärger ein Gefühl ist und keine Tatsache. Sie erlaubt dem Gefühl, da zu sein, hat Verständnis dafür. Fühlt es.
Nun beherrscht der Ärger sie nicht mehr, zwingt sie nicht mehr, är-gerlich zu handeln. Er ist da, aber Lena ist auch da, um ihn wahrzu-nehmen. Nun kann sie auch ihre anderen Gefühle wahrnehmen, ihre Liebe, ihr Verständnis, ihre Angst, ihr Schuldgefühl. Und sie hat auch noch ihren Verstand, ihre Vernunft, ihre Weisheit.
Nun tut sie das Richtige.

Verdrängungsketten auflösen

Nehmen wir eine typische Verdrängungskette: Wut flammt auf – Ohnmacht schiebt sich darüber; Resultat: Verzweiflung.

Das Problem einer solchen Kette liegt darin, dass wir die Ge-danken, die hinter den Gefühlen stecken, miteinander verknüp-fen.

Wut flammt auf.

Ich denke: »*Es hat ja keinen Zweck, wütend zu sein, ich kann ja nichts tun.*« *(Wut und Ohnmacht werden miteinander verknüpft.)*

Ich denke: »*Aber ich bin so wütend, und ich kann nichts tun, das ist zum Verzweifeln.*«

Man kann eine solche Kette auflösen, indem man die Verknüpfung bemerkt und dann die einzelnen Glieder untersucht, jedes für sich.

Wut flammt auf. Ich nehme sie wahr. Fühle sie bewusst.

Der Gedanke »*Es hat keinen Zweck, wütend zu sein*« *taucht auf. Ich nehme ihn wahr.*

Ich fühle die Ohnmacht darin und öffne ihr mein Herz.

Auf diese Weise verhindert man, dass ein Gefühl sich über das andere schiebt und es verdrängt.

So verdrängen wir unsere seelischen Grundschmerzen

Noch tiefer als unsere negativen Emotionen haben wir unsere Grundschmerzen aus dem Bewusstsein verbannt. Damit meine ich jene schmerzhaften Gefühle, die hinter unseren negativen Emotionen stecken – die der Grund sind, warum wir Trauer, Ärger oder Angst verspüren: beispielsweise das Gefühl, ungeliebt, abgelehnt, schlecht, wertlos, gedemütigt, Opfer von Unrecht oder machtlos zu sein. Diese Grundschmerzen werden sehr häufig in uns geweckt – durch kleine Bemerkungen, einen Blick, einen Tonfall, durch geringfügige oder dramatische Anlässe. Sie tun uns sehr weh, und um das nicht spüren zu müssen, reagieren wir mit einer negativen Emotion, zum Beispiel mit Wut oder Ärger (sich wehren), Angst (flüchten oder abblocken), Trauer oder Verzweiflung (Gefühle, in denen wir uns vor Schmerz verstecken). Die negative Emotion ist die Art, wie wir verhindern, dass der Schmerz an die Oberfläche kommt und wir ihn fühlen müssen.

Erik: »Ich hatte einen Kollegen, der sich immer in den Vordergrund spielte. Das machte mich rasend. Als ich das einmal analysierte, merkte ich, dass ich mich in Wirklichkeit minderwertig fühlte und es nicht ertragen konnte, daran erinnert zu werden.«

Wir sind mit dem Gefühl identifiziert

Warum wollen wir um jeden Preis verhindern, dass unsere seelischen Schmerzen in unser Bewusstsein treten? Weil wir nicht wissen, dass es sich um Gefühle handelt; wir verwechseln sie mit Tatsachen. Wir wissen nicht, dass es etwas ist, das wir *fühlen;* wir denken, dass wir es *sind,* dass wir minderwertig oder wertlos, schlecht oder hässlich, abgelehnt, verurteilt, ungeliebt oder was auch immer sind, empfinden es also als Teil unserer Identität.

Der Ursprung dieser Verwechslung von Gefühl und Tatsache liegt in der Kindheit, jener Zeit, in der wir noch keine Idee davon hatten, wer oder was wir eigentlich sind, und diese Idee nach und nach aus den Reaktionen unserer Bezugspersonen auf uns ableiteten.

David: »Meine Mutter hat mich weggegeben, also muss ich wertlos sein.«

Als Erwachsener fand David heraus, dass das Jugendamt seine Mutter gezwungen hatte, ihn in eine Pflegefamilie zu geben, und dass ihr das das Herz zerrissen hat.

So verdrängen wir unsere positiven Gefühle

Auch viele positive Gefühle und sogar Sehnsüchte unterdrücken wir. Letztere, indem wir uns sagen: *»Es hat keinen Zweck, sich danach zu sehnen, es ist ja unerfüllbar«;* oder indem wir uns verbieten, sie zu fühlen, sie als lächerlich abtun. Oder wir haben gelernt, unsere eigenen Wünsche und Sehnsüchte zu übergehen, weil wir die anderer für wichtiger halten.

Unsere Sehnsucht und unsere positiven Gefühle bemerken wir oft deshalb nicht, weil sie unter so vielen negativen Gefühlen begraben sind:

»Ich war so daran gewöhnt, mich gefangen zu fühlen, dass ich total überrascht war, als ich das Gefühl von Freiheit in mir entdeckte.«

Oder wir betrachten sie als verpönt, verachtet oder gefährlich:

»Macht ist schlecht, ich darf mich nicht mächtig fühlen.«

Manche verbieten wir uns schlichtweg:

»Ich darf nicht glücklich sein.« (Ich bin zu schlecht.)

Oder wir weigern uns, ihre Existenz anzuerkennen; oder wir glauben nicht an sie:

»Das ist nicht für mich. Es ist nur für andere.«

»Es ist zu schön, um wahr zu sein.«

Manchmal fühlen wir uns schuldig wegen des guten Gefühls und unterdrücken es daher:

»Ich kann mich doch nicht freuen, während meine Mutter leidet.«

Hauptsächlich aber verdrängen wir die guten Gefühle auf die gleiche Weise wie unsere Grundschmerzen: Wir nehmen sie ganz einfach deshalb nicht wahr, weil wir mit ihnen identifiziert sind.

»Ich bin glücklich.« »Ich bin verliebt.« »Ich vertraue dir.«

Wenn wir mit einem positiven Gefühl identifiziert sind, fühlen wir es nicht, wir erleben es gar nicht richtig; und obendrein gehört es uns gar nicht richtig, denn wenn die Umstände sich ändern, wird es uns wieder entrissen:

»Ich war so glücklich; wir waren beide gleichermaßen verliebt, und das Leben war wie ein wunderschöner Traum. Aber dann hat er angefangen, sich in sich zurückzuziehen und mich abzuwehren, und jetzt bin ich ganz unglücklich.«

Liebe verdrängen wir manchmal durch Verbot oder Schuldgefühl:

»Ich darf diese Person nicht lieben. Sie ist verheiratet.«

Aber auch durch Wut, Ärger, Zorn:

»Sie hat mich so gedemütigt. Danach kann ich sie nicht mehr lieben.«

»Er ist so gemein! So einen gemeinen Kerl kann man nicht lieben. Würde ich ihn weiter lieben, würde ich mich selbst verraten.« Merken Sie, wie hier Gefühl und Tatsache verwechselt wird? »Liebe« wird so behandelt, als sei sie eine Tatsache. Würde sie als Gefühl erkannt, könnte sie durchaus ihren Platz im Herzen bekommen – neben den sie begleitenden Gefühlen wie Wut, Demütigung, Angst, sich selbst zu verraten, oder Angst, jemand anderen zu verraten, und Schuldgefühl.

Manche positive Gefühle gestatten wir uns nicht, weil wir gelernt haben, dass sie schlecht sind (wie Macht, Größe, Überlegenheit) beziehungsweise dass wir schlecht sind, wenn wir sie uns erlauben; oder weil wir sie verurteilen oder Angst haben, sie zuzulassen.

»Wenn ich mächtig bin, werde ich nicht mehr geliebt.«
»Wenn ich Macht (Reichtum, Größe, Überlegenheit, Selbstbewusstsein) manifestiere, werden sie mich ablehnen.«

Das Verdrängen wahrnehmen

Die Gefühlsverdrängung geschieht immer blitzschnell und im Allgemeinen, ohne sie zu bemerken. Wenn man aufmerksam ist, bekommt man sie aber ohne Weiteres mit.

Ich begegne einem Menschen, dessen Probleme mir unsinnig und unnötig erscheinen, und fühle mich überlegen. Schnell weg mit dem Gefühl, so etwas darf ich nicht fühlen!
STOPP! Überlegenheit ist ein Gefühl, keine Tatsache: Wie fühlt sie sich an und was braucht sie von meinem Herzen? Und dieses »Ich darf sie nicht fühlen« schaue ich mir auch mal näher an. Wer sagt das, von wem habe ich das übernommen, und wie fühlt es sich an, das zu denken?

»Gefühle unterdrücken« – kurz gefasst

Positive Gefühle verdrängen wir hauptsächlich durch:

- Verbot
- Schuldgefühl
- Angst
- Verurteilung
- Keinen-Raum-Geben
- Gedanken, dass es uns nicht zusteht
- Identifikation (wir bemerken sie nicht, weil wir mit ihnen identifiziert sind)
- Übersehen – weil unsere Aufmerksamkeit bei den negativen Gefühlen ist

Negative Gefühle verdrängen wir hauptsächlich durch:

- Verbot, Verurteilung
- Verachtung, Geringschätzung, Lächerlichmachen
- mangelndes Verständnis oder Erbarmen
- ein anderes negatives Gefühl (wie Angst, Schuldgefühl, Scham oder Ohnmacht)
- ein positives Gefühl (wie Verständnis, Sympathie, Liebe, Mitleid)

Unsere Grundschmerzen verdrängen wir durch:

- unsere negativen emotionalen Reaktionen wie Wut, Ärger, Hass, Rache, Traurigkeit, Resignation, Verzweiflung, Angst, Flucht, Ausweichen, Blockade, Nichtfühlen, Kälte ...

Warum Wünsche sich nicht erfüllen und Dramen sich wiederholen

Wie wir uns selbst sabotieren

Wie kommt es, dass manche Wünsche sich nicht erfüllen, auch wenn wir noch so hartnäckig beten, visualisieren und beim Universum bestellen? Wie kommt es, dass wir immer wieder die gleichen Dramen durchleben, wenn auch mit Variationen? Gibt es da Lektionen zu lernen? Karma? Oder ist das alles so, weil es eben so ist – Zufall? Sollte man sich besser damit abfinden, dass sich nicht alle Wünsche erfüllen lassen und dass das Leben eben so ist? Besteht Weisheit darin zu akzeptieren, dass man immer die gleichen Psycho-Dramen erlebt – sprich: »sich selbst so anzunehmen, wie man ist«?

Das A und O ist die Identifikation. Womit sind Sie ganz grundsätzlich identifiziert? Das wird maßgeblich dafür sein, ob Ihre Wünsche sich erfüllen und welche Dramen sich in Ihrem Leben ständig wiederholen.

Warum Wünsche sich nicht erfüllen

Es gibt eine Reihe innerer Faktoren, die verhindern können, dass Ihre Wünsche und Sehnsüchte sich erfüllen.

1. Sie bleiben mit dem negativen Gefühl identifiziert, aus dem heraus Sie sich sehnen

Wenn ich mit meiner Sehnsucht identifiziert bin – also mich sehne oder mir etwas wünsche, anstatt die Sehnsucht oder den Wunsch wahrzunehmen –, dann bin ich auch mit dem Gedanken identifiziert, dass ich das Ersehnte nicht habe. Oder nicht bin. Ein fiktiver Dialog illustriert dies:

»Ich sehne mich danach, reich und mächtig zu sein. Bedeutet das nicht, dass ich mich für arm und machtlos halte?«

»Richtig. Damit bist du identifiziert.«

»Aber wenn ich nun tatsächlich arm und machtlos bin?«

»Du meinst damit, wenn du zurzeit nicht genügend Geld für deine Bedürfnisse und Wünsche zur Verfügung hast und nicht in der Lage bist, dir ihre Erfüllung zu verschaffen?«

»Ja. Das meine ich.«

»Vielleicht hast du an meiner Umformulierung gemerkt, wo der Hase im Pfeffer liegt: Du ›bist‹ weder arm noch machtlos. Armut und Machtlosigkeit sind keine Eigenschaften von dir, die untrennbar

zu dir gehören, sondern es sind momentane äußere Umstände. Wie alle äußeren Umstände können sie sich ändern, und sie werden sich höchstwahrscheinlich ändern. Betrachtest du sie aber als Eigenschaften deines Wesens, dann werden sie sich wohl eher nicht ändern, denn du hältst sie ja fest!«

»Verstanden. Was muss ich also tun?«

»Körperzentrierte Herzensarbeit! Halte dir deine Lebenssituation vor Augen, denke an alles, was dich denken lässt, du seist arm und machtlos, und dann spüre, wie sich das im Körper anfühlt, und entdecke, wie du dich darin fühlst.«

»Na ja, eben arm und machtlos ... Ist doch logisch, oder?«

»Vergiss das. Mach die Übung. Spüre in deinen Körper hinein. Nur dort, nicht in deinen Gedanken, entdeckst du das wahre Gefühl. Vielleicht fühlst du dich ›wertlos‹. Oder ›elend‹. Oder ›hoffnungslos‹. Oder wie ein Versager. Oder eben arm und machtlos!«

Je genauer du wahrnimmst, wie es sich im Körper anfühlt, desto deutlicher tritt das Gefühl zutage, und am Ende identifizierst du dich nicht mehr damit.

2. Sie nehmen den Wunsch zu wichtig

Je wichtiger Ihnen die Wunscherfüllung ist, desto mehr sind Sie mit dem Mangel identifiziert, der Ihrem Wunsch zugrunde liegt! Die Identifikation mit dem Mangel aber ist genau das, was der Erfüllung höchstwahrscheinlich am meisten im Weg steht.

Wie können Sie aber aufhören, einen Wunsch wichtig zu nehmen, wenn er Ihnen doch wichtig ist? Indem Sie aufhören, sich mit ihm zu identifizieren, und anfangen, ihn bewusst als Gefühl wahrzunehmen.

Öffne dein Herz für deine Sehnsucht und ebenso für deine Angst vor dem, was geschieht, wenn sie sich nicht erfüllt.

3. Sie projizieren Ihre Sehnsucht auf ein ungeeignetes Objekt

... wie in dieser Geschichte, die ich oft gehört und selbst auch erlebt habe:

Ich sehnte mich nach der vollkommenen Beziehung; nach meinem Seelenzwilling, meinem wahren Gefährten, meinem Gegenüber. Eines Tages begegnete ich ihm, verliebte mich auf den ersten Blick in diesen Mann. Es war, als ob ich ihn wiedererkenne. Er überwältigte mich. Ich konnte nicht aufhören, an ihn zu denken, mich nach ihm zu sehnen.
»Es kann nicht sein, dass er nicht das Gleiche empfindet. Denn er ist es, der, den ich suche, ohne Zweifel. Er weiß es nur noch nicht.«

Wie fühlt sich wohl der arme Kerl, der das Opfer dieser Projektion ist? Vielleicht so:

»Sie überfordert mich total, sie überschätzt mich. Ich weiß nicht, wie ich damit umgehen soll. Besser die Flucht ergreifen, bevor eine Dummheit geschieht ...«

Die Lösung: Statt mit der Sehnsucht identifiziert zu bleiben, nehmen Sie sie bewusst wahr. Stellen Sie sich dann ihre Erfüllung vor. Wie fühlt sich das körperlich an, wie fühlen Sie sich damit? Entdecken und benennen Sie das schöne Gefühl und öffnen Sie Ihr Herz dafür.

> **Gib dem schönen Gefühl, das du bei der Vorstellung der Wunscherfüllung entdeckst, einen Platz in deinem Herzen, und du kannst das Objekt, auf das du deine Sehnsucht projiziert hattest, loslassen.**

4. Sie hegen negative Glaubenssätze, die der Erfüllung Ihrer Sehnsucht im Weg stehen

»Dir geschehe nach deinem Glauben«, wie Jesus schon sagte.
»Es ist nicht für mich. So etwas verdiene ich nicht. Es ist zu schön, um wahr zu sein. Das kann ich nicht. Es ist unerreichbar.«

Achten Sie darauf, welche unwillkürlichen Gedanken immer automatisch auftauchen, wenn Sie an diese Sehnsucht denken. Erklären

Sie die Gedanken nicht für falsch, sondern erkennen Sie sie als Gedanken und öffnen Sie Ihr Herz für die Gefühle, die sie ausdrücken.

Negative Überzeugungen entkräftest du nicht dadurch, dass du sie in positive umwandelst, sondern dadurch, dass du sie als das erkennst, was sie sind: Gedanken.

5. Sie sind unterschwellig mit einem entgegengesetzten Wunsch identifiziert

Bewusster Wunsch: »*Ich sehne mich danach, X zu heiraten und mit ihm/ihr eine Familie zu gründen.*« *Unbewusste Sehnsucht, die durch den bewussten Wunsch verdrängt wird:* »*Ich sehne mich nach Freiheit und Abenteuer.*«

Nehmen Sie jeden der Wünsche separat wahr und öffnen Sie Ihr Herz dafür. Die Lösung wird danach für Sie sichtbar oder entwickelt sich ganz einfach.

Öffne dein Herz für alle deine Wünsche, wie unvereinbar sie auch sein mögen, und überlasse es dem Strom deines Lebens, zu offenbaren, wie sie sich erfüllen.

6. Sie fürchten sich vor dem, was geschieht, wenn Ihre Sehnsucht sich erfüllt

Bewusste Sehnsucht: »*Ich möchte auf den größten Bühnen stehen und singen.*« *Unbewusste Angst:* »*Wenn ich berühmt und erfolgreich bin, verliere ich all meine Freunde. Ich gehöre dann nicht mehr dazu.*«

Sehnsucht und Angst scheinen einander zu widersprechen. Aber beides sind Ihre authentischen Gefühle; öffnen Sie daher einfach Ihr Herz für beide. Öffnen Sie Ihr Herz auch für den Wunsch, der in der Angst verborgen ist (hier der Wunsch nach Zugehörigkeit). Letztlich geht es um zwei Sehnsüchte: »auf den größten Bühnen singen« und »meine Freunde behalten« oder »Zugehörigkeit«.

Wenn die Erfüllung deines Wunsches eine Angst in dir weckt, dann entdecke den Wunsch, der sich in dieser Angst verbirgt. Du hast einfach zwei verschiedene Wünsche. In deinem Herzen ist Platz für beide.

7. *Dass der Wunsch sich nicht erfüllt, hat für Sie auch etwas Gutes*
Bewusste Sehnsucht: »*Ich möchte Karriere machen.*« *Unbewusstes positives Gefühl:* »*In meiner unbedeutenden Stellung fühle ich mich aber sicher.*«
Lösung: Das gute Gefühl (hier die Sicherheit) bewusst fühlen, statt damit identifiziert zu bleiben, und im Herzen verankern.

Entdecke das gute Gefühl, das die Nichterfüllung dir gibt, und gib ihm einen Platz in deinem Herzen. Dann kannst zulassen, dass deine Sehnsucht sich erfüllt.

8. *Es gibt einen inneren Widersacher, der die Erfüllung vereitelt*
Bewusste Sehnsucht: »*Ich möchte, dass endlich mal alles gut geht in meinem Leben!*« *Unbewusster Widersacher:* »*Wenn ich es mir gut gehen lasse, werden meine Eltern nicht sehen, was sie mir angetan haben, also muss ich weiter unglücklich und erfolglos sein.*«
Lernen Sie den inneren Widersacher kennen, indem Sie ihn reden lassen. Spüren Sie in Ihren Körper hinein und entdecken Sie seine Gefühle. Entdecken Sie den Wunsch, den dieser Teil hat (im obigen Beispiel: Gerechtigkeit). Dann werden Sie feststellen, dass es keinen Widerspruch gibt, sondern einfach zwei Wünsche.

Im inneren Widerstand gegen deinen Wunsch verbirgt sich auch ein Wunsch. Öffne dein Herz für beide, und es gibt keinen Widerspruch mehr.

Warum unsere Dramen sich wiederholen

Viele Menschen leiden darunter, dass sich in ihrem Leben immer wieder dieselben Dramen abspielen; sie werden immer wieder verlassen oder ausgenutzt oder finden sich immer wieder in der Opferrolle.

»Es ist wie verhext: Genau das, was ich vermeiden möchte, passiert mir immer wieder.«

Warum geschieht das so oft?

1. Wichtigster Grund: Weil es einen Grundschmerz gibt, der gesehen werden möchte

Dem Drama liegt immer ein Schmerz zugrunde, das, was an der Sache wehtut. Das Drama ist eigentlich nur der Schrei dieses Gefühls danach, endlich einmal wahrgenommen zu werden.

**Öffne dein Herz und fühle den Schmerz,
der deinem Drama zugrunde liegt, und du kannst dir
weitere Wiederholungen sparen.**

2. Es bringt Ihnen etwas, an dem Drama festzuhalten

Sie wollen das positive Gefühl behalten, das das Festhalten am Negativen Ihnen verschafft. Beispielsweise fühlen Sie sich vielleicht als Opfer und damit »im Recht« oder »gerecht«.

Testfrage: Stellen Sie sich vor, Sie dürften bis ans Ende dieses Lebens in Ihrem Drama verweilen – wie fühlt sich das an? Achten Sie dabei nicht nur auf das negative Gefühl, das auftaucht, sondern halten Sie Ausschau nach dem positiven Gefühl.

**Öffne dein Herz für das positive Gefühl,
das das Festhalten am Negativen dir verschafft,
und du brauchst das Drama nicht mehr.**

3. Sie leben das Drama Ihrer Eltern (oder anderer Angehöriger) weiter

Hier reicht es nicht, zu erkennen, dass man es übernommen hat, und es als Paket an die Vorfahren zurückzugeben, sondern man muss erst ein wenig Körperzentrierte Herzensarbeit machen (»Das ist ja gar nicht mein Gefühl«, Seite 59ff.).

Gib alle Gefühle, die zu dem übernommenen Drama gehören, an ihre Eigner zurück, und das Drama fällt von dir ab.

4. Sie erwarten es nicht anders, kennen es nicht anders, können sich nichts anderes vorstellen

Nehmen Sie einmal ganz bewusst wahr, dass Sie sich nichts anderes vorstellen können, und holen Sie das Gefühl, das sich damit verbindet, ins Herz. (Aussichtslos? Eingeschränkt? Resigniert?) Wichtigster Schlüssel zur Veränderung: die Sehnsucht ausgraben!

Öffne dein Herz für die Sehnsucht, die unter dem Drama begraben liegt, und du setzt eine Veränderung in Gang.

5. Sie denken, ohne Drama sei das Leben fade/langweilig/nicht intensiv genug

Viele Menschen sind süchtig nach Emotion.

Öffne dein Herz für die Sehnsucht, die in deiner Sucht nach Emotion liegt, und für das gute Gefühl, auf das sie sich bezieht – und du brauchst das Drama nicht mehr.

6. Sie möchten am kollektiven Drama teilhaben

Ein Großteil des menschlichen Kollektivs ist auf Drama ausgerichtet. Die Nachrichten in den Medien zeigen (fast) nichts anderes. (Das Undramatische ist ja langweilig.) Dramen faszinieren uns. Wir schauen zu, haben Teil daran, kommentieren. Das belebt uns, weckt schlummernde Energie in uns. Nachteil: Wenn Sie Ihr Augenmerk zu sehr auf fremde Dramen richten, werden Sie möglicherweise in den dramatischen Sog hineingezogen.

Nimm die Faszination bewusst wahr und öffne dein Herz für das positive Gefühl, das es dir gibt, an fremden Dramen teilzuhaben!

Unsere selbstzerstörerischen Grundmuster

Warum reagieren wir eigentlich oft zu negativ? Was steckt hinter unserem Ärger, unserer Trauer, unserem Zorn, unserer Ängstlichkeit? Hinter jeder negativen Emotion steckt ein Schmerz. Etwas tut uns weh, und das wollen wir nicht haben, und deshalb wehren wir uns mit negativen Emotionen.

Er schaut mich schief an.

Ich denke: »Er lehnt mich ab.« Unterschwellig denke ich: »Ist ja auch kein Wunder, ich bin ja auch ablehnenswert.« An dieser Stelle schießt der Schmerz in mir hoch. Schnell weg! Ich will das nicht fühlen. Ich verlasse den Raum.

Die Angst vor dem tiefen Schmerz

Wir wollen diesen Schmerz nicht fühlen, nicht an ihn erinnert werden. Genau dadurch jedoch wird er verewigt. Im Laufe der Zeit wächst er zu einem Monster am Rande unseres Bewusstseins heran. Dabei ist er nichts weiter als ein Gefühl wie jedes andere! Man kann ihn bewusst fühlen, ohne daran zu sterben. Man muss sich nur klarmachen, dass es sich um ein Gefühl handelt und nicht um eine Tatsache. Nicht »Ich bin abgelehnt« ist die Wahrheit, sondern »Ich fühle mich abgelehnt«.

Wenn Sie Ihr Herz öffnen, um Ihren Schmerz (endlich einmal) zu fühlen, ist das sogar ein schönes Erlebnis. Ein leidender Teil Ihrer selbst darf endlich nach Hause (ins Herz). Bis dahin jedoch tyrannisiert Sie die Angst vor diesem Schmerz und zwingt Sie zu den seltsamsten Verhaltensweisen – die leider genau das Gegenteil von dem bewirken, was Sie erreichen möchten. Ganz im Gegenteil erreichen Sie damit genau das, was Sie vermeiden wollen.

Er/sie darf mich auf keinen Fall verlassen. Das würde ich nicht aushalten. Deshalb kann ich nicht anders, als mich ständig an diese Person zu heften. Wenn schon nicht physisch, so bin ich wenigstens gedanklich ständig bei ihr/ihm. Folge: Selbst ein Mensch, der mich aufrichtig liebt, kann sich auf Dauer dermaßen erstickt und eingeengt fühlen, dass er sich gezwungen sieht, mich zu verlassen, um sich selbst zu retten! Und dennoch kann ich nicht anders ...

So wiederholt sich unser Drama, wieder und wieder wird an unsere seelische Wunde gerührt, und wenn wir nicht irgendwann aufwachen und unsere bewusste Wahrnehmung einschalten, wird die Identifikation mit der negativen Grundidee immer stärker. Die Welt scheint sie ja ständig zu bestätigen!

Corinna: Ich war ein unerwünschtes Kind gewesen und litt sehr darunter. Ich empfand das als schmerzhaftes Unrecht. Als Erwachsene setzte ich überall als selbstverständlich voraus, dass ich unerwünscht sei. Um das nicht fühlen zu müssen, zwang ich meine Mitmenschen, sich mit mir zu befassen, mich einzubeziehen. Ich war sehr aufdringlich, aber ich merkte es nicht. Ich merkte auch nicht, dass ich mich in meiner Aufdringlichkeit rücksichtslos verhielt. Als Opfer von Unrecht (ein Gedanke, mit dem ich grundsätzlich identifiziert war) war ich ja berechtigt, mich rücksichtslos, egozentrisch und fordernd zu verhalten. Ich schaffte es, dass selbst die liebsten und gutwilligsten Menschen sich schließlich von mir zurückzogen.

Somit hatte sich meine Erwartung mal wieder erfüllt – einmal mehr war mir Ungerechtigkeit widerfahren, und niemand wollte mich haben. Ich entdeckte, dass das Festhalten an diesem Drama mir auch einen Nutzen verschaffte: nämlich, mich im Recht zu fühlen.

Es gibt in uns einen Teil, der Emotion als Nahrung erlebt – sei sie positiv oder negativ. Hauptsache Emotion! Dramen lösen besonders viel Emotion aus, daher bieten sie besonders viel von dieser »Nahrung«. Auch ein Grund, an ihnen festzuhalten!

»Wünsche und Dramen« – kurz gefasst

Wenn Ihre Sehnsucht nicht erfüllt wird, liegt das vielleicht daran,

- dass Sie mit dem Mangel identifiziert sind, aus dem heraus Sie sich sehnen.
- dass Sie den Wunsch zu wichtig nehmen.
- dass Sie Ihre Sehnsucht in ein ungeeignetes Objekt hineinprojizieren.
- dass Sie negative Glaubenssätze haben, die der Erfüllung im Weg stehen.
- dass Sie unterschwellig mit einem entgegengesetzten Wunsch identifiziert sind.
- dass Sie vor der Erfüllung Angst haben.
- dass der unerfüllte Zustand für Sie auch sein Gutes hat.
- dass Sie unbewusst das Gegenteil von dem erwarten, wonach Sie sich sehnen.
- dass es in Ihnen einen inneren Widersacher gibt, der die Erfüllung vereitelt.

Lernen Sie alle Teile kennen und holen Sie sie ins Herz! Nehmen Sie Ihre Sehnsucht bewusst als Gefühl wahr, anstatt sich damit zu identifizieren, und öffnen Sie Ihr Herz für sie – sowie für eventuelle entgegengesetzte Wünsche oder Erwartungen, Widerstände, Ängste …

Wenn Ihr Drama sich wiederholt, liegt das vielleicht daran,

- dass sich darin ein Grundschmerz manifestiert, der endlich einmal gesehen werden möchte.
- dass es Ihnen etwas bringt, an dem Drama festzuhalten.
- dass Sie dieses Thema von Mutter oder Vater übernommen haben.
- dass Sie es nicht anders erwarten, sich nichts anderes vorstellen können.
- dass Sie denken, ohne Drama sei das Leben fade/langweilig/nicht intensiv genug.
- dass Sie darauf eingestellt sind, am kollektiven Drama teilzunehmen.

Lernen Sie alle Emotionen kennen, die mit dem Drama verbunden sind, auch die Sehnsucht, daraus erlöst zu werden, sowie das gute Gefühl, das sich im Festhalten am Drama verbirgt. Öffnen Sie Ihr Herz für alle Gefühle und geben Sie jene zurück, die Ihnen nicht gehören.

Das ist ja gar nicht mein Gefühl!

Wie wir von Fremdgefühlen besetzt werden
und wie wir uns von ihnen befreien können

Erstaunlich viele der Gefühle, mit denen wir identifiziert sind, gehören eigentlich gar nicht uns, sondern anderen. Die meisten von ihnen haben wir als Kind von unseren Eltern und anderen Angehörigen übernommen, einige von unserem Kollektiv. Andere haben wir vielleicht erst kürzlich bei einer flüchtigen Begegnung aufgeschnappt.

Bei der Körperzentrierten Herzensarbeit erkennt man Fremdgefühle daran, dass die Übung nicht richtig »greift«. Man macht alles richtig, und trotzdem ist man hinterher genauso mit dem Gefühl identifiziert wie vorher. Der Versuch, die passenden Herzensschlüssel für ein Gefühl zu finden, muss natürlich scheitern, wenn es gar nicht ins eigene Herz gehört, sondern in das eines anderen!

Bei übernommenen Gefühlen besteht die »Herzensarbeit« nicht darin, dass wir unser Herz für sie öffnen (wie bei eigenen Gefühlen), sondern dass wir erkennen, dass es gar nicht unsere sind, sodass wir aufhören, uns damit zu identifizieren. Wem sie gehören, erkennt man meist intuitiv. Die Vorstellung, das fremde Gefühl an seinen eigentlichen Besitzer zurückzugeben, besiegelt diese Erkenntnis, macht sie uns auf allen Ebenen erlebbar und dient außerdem als Prüfung, ob unsere Intuition richtig war oder nicht.

Manche dieser fremden Gefühle fliegen uns einfach zu, wenn wir jemandem begegnen:

Gerade eben war ich noch froh und glücklich. Dann bin ich meiner alten Nachbarin begegnet und habe ein paar Worte übers Wetter mit ihr gewechselt. Seither schleppe ich mich lustlos durch den Tag.

Ebenso leicht, wie sie uns zugeflogen sind, werden wir sie wieder los, indem wir uns bewusst machen, wann und von wem sie uns zugeflogen sind, und sie sozusagen zurückgeben.

Wahrscheinlich habe ich das schwere, lustlose Gefühl von meiner Nachbarin; sie ist sehr alt und sehr einsam, beschwert sich über jedes Wetter, egal wie es ist. Ich fühle die Lustlosigkeit und die Schwere einmal ganz bewusst und gebe sie ihr dann zurück. Dann wird es mir leichter, und ich höre die Vögel wieder singen.

Manche Fremdgefühle tragen wir ein Leben lang mit uns herum

Viele dieser »Fremdgefühle« jedoch begleiten uns schon lange, denn wir haben sie in den ersten Jahren unseres Lebens von Mutter, Vater, Geschwistern oder anderen nahestehenden Personen übernommen.

Eva: Ich bin seit vielen Jahren glücklich verheiratet. In mir tauchen dennoch manchmal seltsame Gedanken auf, deren Herkunft ich nicht verstehe. Beim allergeringfügigsten Anlass, einer kleinen Verstimmung zwischen uns, erwarte ich ein großes Drama, und sehr schwere, übergroße Gefühle von Angst, Schmerz und Trauer steigen an die Oberfläche. Es sind Gedanken und Gefühle, wie jemand sie hat, der einmal verraten und verlassen worden ist. Das Seltsame ist nur: So etwas ist mir niemals widerfahren. Allerdings hat meine Mutter das durchlebt, und zwar während sie mit mir schwanger war.

Wie die Rückgabe uns befreien kann

Gefühle an uns nahestehende Personen zurückzugeben ist manchmal ebenso leicht wie an Leute, die wir nur oberflächlich kennen. In manchen Fällen allerdings funktioniert es nicht auf Anhieb, nämlich immer dann, wenn ein eigenes Gefühl uns daran hindert.

Jens: Mein Vater stand »unter dem Pantoffel« meiner Mutter. Um sich der Dominanz seiner Frau und ihren Folgen in der Familie zu entziehen, klinkte er sich innerlich einfach aus. Er steckte sich eine Pfeife an und verschwand in Gedanken oder Träumereien. Eines Tages entdeckte ich, dass ich dieses Muster von ihm übernommen hatte. Ich untersuchte dieses Ausklinken und die damit verbundenen Gefühle und stellte mir vor, sie ihm zurückzugeben. Aber irgendwie ging das nicht. Ich merkte dann, dass es eine Art Solidarität in mir gab, die mich zwang, an seinen Gefühlen festzuhalten. Ich öffnete mein Herz für das Gefühl von Solidarität, und dahinter entdeckte ich Angst: Angst, meinen Vater zu verlieren, wenn ich mich nicht mehr über das Teilen der Gefühle mit ihm verband. Nachdem ich Angst, Verlust und die Sehnsucht, verbunden zu sein, ins Herz geholt hatte, entdeckte ich das Gefühl von Verbundenheit. Das war der Schlüssel.

Mit dem Gefühl von Verbundenheit im Herzen konnte ich aufhören, die Gefühle meines Vaters mitzutragen, und sie ihm endlich zurückgeben. *Seither bin ich offener geworden, muss mich nicht mehr so ausklinken.*

In der Körperzentrierten Herzensarbeit benutzen wir absichtlich die Vorstellung, das fremde Gefühl an seinen Eigner zurückzugeben, um durch diese Imagination unsere eigenen Gefühle hervorzulocken. Manchmal entsteht einfach nur Erleichterung nach der Rückgabe; oft aber tauchen diejenigen Gefühle auf, aus denen heraus wir das Fremdgefühl übernommen haben.

Ingrid erzählt: Ich habe eine Tendenz zum Leiden, Klagen und Jammern in mir entdeckt. In der Herzensarbeit habe ich gemerkt, dass dahinter Selbstmitleid und Trauer steckten sowie das Gefühl, ein Opfer von Unrecht zu sein. Sofort wurde mir klar, dass das die Gefühle meiner Mutter waren. Ich stellte mir vor, sie ihr zurückzugeben, aber das ging nicht. Ich war nicht in der Lage dazu. Ich würde mich dann allzu schuldig fühlen. Aber als ich das Schuldgefühl bewusst als Gefühl wahrgenommen und ins Herz geholt hatte, konnte ich meiner Mutter ihre Gefühle zurückgeben. Dabei merkte ich, dass es genau aus diesem Schuldgefühl heraus geschehen war, dass ich ihre negativen Gefühle übernommen hatte! In meinem inneren Bild reagierte meine Mutter übrigens ganz anders auf die Rückgabe, als ich vorher erwartet hatte; nicht ablehnend, sondern freudig, so, als sei sie froh, dass ich aufhöre, mir ihr Leid aufzubürden.

Warum übernehmen wir überhaupt Gefühle von anderen?

Wie geschieht das überhaupt, die Übernahme eines fremden Gefühls? Wenn wir mit jemandem zusammen sind, treten wir in seine emotionale Atmosphäre. Wir fühlen, wie der andere sich fühlt, aber es ist uns nicht bewusst. Wir können das nicht auseinanderhalten; da ist einfach eine Emotion, und wir fühlen sie. Nur wenn wir wach und aufmerksam sind, gelingt es uns zu merken, dass es das Gefühl des anderen ist, das wir gerade fühlen, und nicht unser eigenes.

Emotionale Gründe

Wenn wir immer wieder Gefühle übernehmen, und wenn wir Gefühle behalten wie beispielsweise jene, die wir in der Kindheit von Mutter oder Vater übernommen haben, dann gibt es einen emotionalen Grund dafür.

Sehr häufig ist ein Schuldgefühl im Spiel:

Es ist, als müsse ich mit den Menschen leiden, um nicht schuldig zu sein. Sie leiden, ich leide mit: Dann fühle ich mich »gut« (im moralischen Sinne). Sie leiden, ich bin fröhlich: Dann fühle ich mich »schlecht« (moralisch).

Ein weiteres Motiv ist Angst. Angst, nicht mehr geliebt, nicht mehr gebraucht zu werden, jemanden zu verlieren, allein zu sein ...

Gemeinsam beobachten wir, er und ich, einen Vorfall. Er regt sich auf, empört sich, ärgert sich.

Ich rege mich mit ihm auf, empöre mich, ärgere mich – obwohl das eigentlich gar nicht meine Art ist, in Wirklichkeit regt es mich überhaupt nicht auf. Wieso tue ich das immer wieder? Um ihn nicht mit seinen Gefühlen allein zu lassen. Letztlich aus Angst, von ihm getrennt zu sein.

Oft ist das Motiv, fremde Gefühle zu übernehmen, auch Mitleid. Wir übernehmen dann leidvolle Gefühle, weil wir Mitleid mit der Person haben und meinen, dieses Gefühl nicht aushalten zu können. Lieber nehmen wir dem anderen sein Gefühl ab, als dieses Mitleid und diese Ohnmacht aushalten zu müssen ...

Sie leidet so sehr. Das Leid ist zu groß, sie ist zu klein dafür. Ich nehme es ihr ab.

Das Dumme ist nur, dass wir niemandem sein Gefühl abnehmen können. Wir können es nur verdoppeln, indem wir es uns auch aufbürden.

Liste der häufigsten emotionalen Motive

… die uns dazu bringen, Gefühle von anderen zu übernehmen:

- Schuldgefühl
- Angst
- Hilflosigkeit oder Ohnmacht, verbunden mit der Angst, diese Gefühle nicht aushalten zu können
- Sehnsucht nach Verbundenheit
- Mitleid, Sorge
- Liebe, Sympathie, Zuneigung, Verbundenheit.

Wie entdeckt man diese Motive?

Ganz einfach, indem man sich vorstellt, das fremde Gefühl an seinen Eigner zurückzugeben, und dann darauf achtet, wie man sich damit fühlt. Oft fällt das fremde Gefühl einfach von einem ab, und man fühlt sich befreit. Aber manchmal taucht dabei ein neues Gefühl auf, und das ist meist genau dasjenige, aus dem heraus wir das Gefühl übernommen haben. Zum Beispiel Mitleid:

Ich stelle mir vor, das Gefühl von Unglücklichsein, das ich als Kind von meiner Mutter übernommen habe, an sie zurückzugeben. Ich merke, dass ich das nicht fertigbringe, noch nicht einmal in der Vorstellung. Sie tut mir so leid. Erst als ich Mitleid als eigenes Gefühl entdeckt und mein Herz dafür geöffnet habe, kann ich mir vorstellen, ihr das Gefühl von Unglücklichsein zurückzugeben.

Ein Gefühl zurückzugeben entlastet die Person, der man es zurückgibt

Sollten Sie übrigens Angst haben, jemanden zu belasten, indem Sie ihm sein negatives Gefühl zurückgeben, so kann ich Sie beruhigen. Sie haben es ihm gar nicht abgenommen. Es ist ja kein Gegenstand, dieses Gefühl, sondern die Art, wie er/sie sich fühlt. Und die kann einem niemand abnehmen. Rückgabe belastet nicht, im Gegenteil, sie wirkt oft sogar erleichternd auf die Person, der man das Gefühl zurückgibt.

»Ich habe dir neulich ein Gefühl von Trauer zurückgegeben«, sage ich zu meinem Mann.

»Ich habe es gemerkt«, entgegnet er. »Es hat mich sehr erleichtert, dass du endlich aufgehört hast, das mit dir herumzuschleppen.«

Das schöne Gefühl nach der Rückgabe

In vielen Fällen entdeckt man nach einer Gefühlsrückgabe ein überraschendes neues, positives Gefühl – wie etwa Frieden, Größe, Kraft, Gelassenheit oder Würde. Oder Freiheit:

Josef: Ich habe seltsamerweise entdeckt, dass eine Sehnsucht, die mich mein ganzes Leben lang beherrscht und in eine bestimmte Richtung gedrängt hat, gar nicht meine eigene war, sondern die meines Vaters! Er war es, der diese Sehnsucht gehegt hatte, die sich ihm aber nie erfüllte; daher hat er sie sozusagen auf mich übertragen in der Hoffnung, dass ich sie an seiner statt stillen könnte.

Warum habe ich sie mir übertragen lassen? Aus Liebe und Verbundenheit, wie ich beim Versuch der Rückgabe entdeckte. Nachdem ich Liebe und Verbundenheit bewusst gefühlt und ins Herz geholt hatte, konnte ich seine Sehnsucht an ihn zurückgeben. Es war unglaublich! Auf einmal hatte ich das Gefühl, zum ersten Mal »ich selbst« zu sein. Was auch bedeutete, meine Richtung frei wählen zu können. Es war eine große Befreiung.

Ich nannte das neue Gefühl »frei«. Es wollte entdeckt werden, Raum bekommen, und Pflege – also dass ich ihm viel Beachtung schenke, es immer wieder fühle.

Ein ganzes Paket von Gefühlen zurückzugeben
ist ein große Befreiung

Oft werden nicht nur einzelne Gefühle, sondern ganze Pakete übernommen, meinst von Menschen, die uns nahestehen.

Karls Geschichte: Mein Bruder Andreas und ich waren einander immer sehr nahe. Als Kind gingen wir in dieselbe Schule, schliefen im selben Zimmer, lernten gemeinsam. Eines Tages geschah etwas, das mein Leben auf einen Schlag zu einem Albtraum machte. Wegen etwas, das ich weder getan hatte noch überhaupt verstand, wurde ich von meinen Eltern eine ganze Nacht lang in den Keller gesperrt, ohne Licht, ohne Decke, ohne irgendetwas, und vor allem, ohne mir zu erklären, warum ich bestraft wurde und wann ich wieder aus dem Keller heraus dürfte. In jener langen dunklen Nacht brach ich vor Angst zusammen. Am frühen Morgen kamen sie mich holen und legten mich ins Bett. Mein Bruder wurde wach. Er versuchte, mich zu trösten, während ich noch lange weinte. Ich war nicht mehr derselbe nach diesem Schock; ich verschloss mich vollständig, konnte nicht mehr normal mit anderen kommunizieren.

Erst lange Zeit später war ich in der Lage, mithilfe der Körperzentrierten Herzensarbeit dieses Trauma aufzuarbeiten. Dabei konnte ich auch die Verbindung fühlen, die meinen Bruder und mich immer unterschwellig zusammengehalten hatte. Ich konnte spüren, wie mein Bruder damals im Morgengrauen all meine Gefühle mitgefühlt und dann übernommen hatte. Meine Angst, meine Trauer, meine Verzweiflung, meine Hoffnungslosigkeit und mein Eingesperrtsein, das zum Gefühl von Verschlossensein wurde.

Während ich – zum Glück – einen Weg gewählt habe, der mich zum bewussten Umgang mit Gefühlen führte, hat mein Bruder sich ins Geschäftsleben gestürzt und in Arbeit vergraben. Leider prägen ihn immer noch all die Gefühle, die er als Kind von mir übernommen hat; er ist nun ebenso verschlossen, wie ich es damals war, sodass ich ihn leider auch nicht darauf ansprechen kann.

Der Wunsch, helfen zu wollen, kann dazu führen,
Gefühle des anderen zu übernehmen

Manchmal kommt es zu doppelten Gefühlsübernahmen: A übernimmt Gefühle von B; und B übernimmt wiederum Gefühle von A.

Karl erzählt weiter: Manchmal geht es mir von einem Moment auf den anderen ohne erkennbaren Anlass emotional sehr schlecht; ich falle in Verschlossenheit und dunkle Gefühle. In solchen Momenten merke ich, dass ich die leidvollen Gefühle meines Bruders übernommen habe. Dass es seine sind, merke ich daran, dass sie verschwunden sind, sobald ich sie im Geist an ihn zurückgegeben habe.

Ich habe festgestellt, dass diese plötzlichen dunklen Anwandlungen immer dann kommen, wenn ich mit Mitleid an meinen Bruder denke und bedauere, dass ich ihm nicht helfen kann. Ich habe gemerkt: Wenn ich verhindern möchte, dass das immer wieder passiert, und seine Gefühle bei ihm lassen möchte, dann muss ich, sobald ich an ihn denke, meine eigenen Gefühle sehr bewusst wahrnehmen – mein Mitleid, mein Bedauern, meine Hilflosigkeit und meinen Wunsch zu helfen.

Kann man Gefühle zurückholen?

Karls Geschichte wirft eine Frage auf, die mir oft gestellt wird. Können wir Gefühle, die jemand anders von uns übernommen hat, »zurückholen«, so wie man fremde zurückgeben kann? Leider ist das unmöglich. So gerne Karl seinen Bruder von der Last der Gefühle, die dieser von ihm übernommen hat, befreien würde – das ist ihm nicht möglich, es überschreitet seine Zuständigkeit. Sein Bruder hat diese Gefühle ja, wenn auch unbewusst, so doch aus eigenem Entschluss und eigenen Gründen übernommen. Wenn Karl jedoch diese Gefühle – die er damals ja verdrängt hat – nun bewusst wahr- und in sein Herz genommen hat, so steht zu hoffen, dass sein Bruder das unbewusst mitbekommt und diese Gefühle endlich loslassen kann.

Wie können wir uns davor schützen,
Gefühle anderer zu übernehmen?

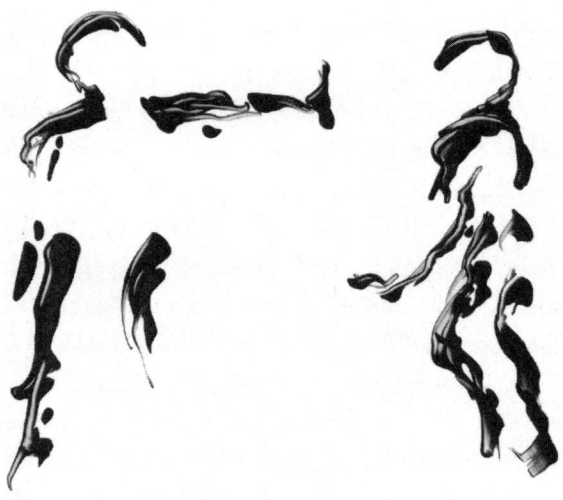

Eigentlich ist es ganz einfach: Wir müssen nur bei uns sein. Unser Körper ist wie ein Haus: Wenn der Inhaber es leerstehen lässt, kann es von anderen besetzt werden. Ich bin anwesend, im Hier und Jetzt, in meinem Körper, spüre mich und nehme mein aktuelles Gefühl wahr. Das ist der beste Schutz. Womöglich sogar der einzige.

Nicht präsent, unbewusst
Auf dem Weg über den Hof begegnet mir die alte Nachbarin. Ich wechsle ein paar Worte mit ihr über das Wetter und hinterher fühle ich mich auf einmal schwach und lustlos.

Präsent und die Gefühle des anderen bewusst wahrnehmend
Auf dem Weg über den Hof begegnet mir die alte Nachbarin. Ich merke, dass es ihr nicht gut geht, nehme ein Gefühl von Schwäche und Lustlosigkeit wahr und weiß, dass das ihres ist.

Präsent und meiner eigenen Gefühle bewusst

Auf dem Weg über den Hof begegnet mir die alte Nachbarin. Ich verspüre eine Fluchttendenz und merke, dass ich Angst habe, wieder Negatives zu übernehmen. Ich nehme die Angst bewusst mit, fühle sie, während ich die Nachbarin begrüße. Hinterher merke ich, dass es mir zum ersten Mal nach einer solchen Begegnung gut geht. Während ich meine Angst fühlte, konnte ich die Gefühle meiner Nachbarin bei ihr lassen und musste sie nicht mehr übernehmen.

Bei sich zu sein schützt auch vor Hypnose

Ich habe die Tendenz, in eine Art Hypnose zu verfallen, wenn ich mit Leuten zu tun habe, die viel reden. Ich stellte oft fest, dass ich mich danach wie leergesaugt fühlte.

Nach und nach lerne ich jedoch, wacher und mehr bei mir zu sein. Der springende Punkt ist: Im Moment der Begegnung muss ich mich daran erinnern, Bewusstheit einzuschalten. Das heißt, dass ich Körper und Atem spüre und mein aktuelles Gefühl wahrnehme. Dann falle ich nicht in Hypnose. Mein eigenes Gefühl wahrzunehmen macht es mir auch leichter, das Gespräch entweder abzubrechen oder aktiver daran teilzunehmen.

Der Fernseh- oder Computerbildschirm hat auch einen Hypnoseeffekt auf uns. Wenn wir uns am Bildschirm einen Vortrag anhören, kann es geschehen, dass wir hinterher die Gefühle des Vortragenden in uns haben, ohne es zu merken. Leute, die uns etwas verkaufen wollen, Prediger, Politiker, Vertreter missionierender Gruppen, wissen das und machen sich das zunutze.

Jean-Michel: Ich war siebzehn Jahre alt und wütend. Auf die Gesellschaft, auf die Politiker, auf die ganze Welt, auf meine Eltern. Ich fühlte mich fremd in der Welt, nicht mit ihr einverstanden, aber völlig ohnmächtig, nicht in der Lage, etwas zu ändern. Es erschien mir alles so falsch, so sinnlos. Eines Tages stieß ich im Internet auf jemanden, der offensichtlich irgendwie predigte. So etwas interessierte mich grundsätzlich nicht, und ich wollte gleich weiterklicken. Aber irgendetwas hielt mich fest. Ich glaube, es waren die Augen dieses Mannes. Sie schienen tief in mich hineinzuschauen und all meine Gefühle ans Tageslicht zu bringen. Nachdem ich seinen Vortrag angehört hatte, merkte ich, dass ich auf einmal voller Begeisterung und Tatendrang war. Zum ersten Mal fühlte ich mich verstanden, gesehen, und zum ersten Mal verspürte ich Macht. Die Macht, etwas zu tun. Ich beschloss, mich seiner Gruppe anzuschließen.

Als ich kürzlich (drei Jahre später) auf die Körperzentrierte Herzensarbeit stieß, schaute ich mir jenen Vorfall noch einmal unter der Lupe an. Ich entdeckte, dass die Wut, die ich damals hatte, gar nicht nur meine eigene war, sondern die von ganz vielen Menschen. Ich hatte sie nicht nur aus dem Äther gegriffen, sondern auch beim Anschauen von Videos im Internet aufgeschnappt. Ich merkte, dass mit dieser Wut auch Ohnmacht verbunden war sowie ein Gefühl von Ungerechtigkeit, von Sinnlosigkeit und eine Sehnsucht nach Macht (also etwas tun zu können); aber diese Sehnsucht hatte ich nie wahrgenommen, weil ich ja davon überzeugt war, ohnmächtig zu sein.

Als ich all diese Gefühle ausgegraben, ins Herz geholt und teilweise zurückgegeben hatte, wurde mir klar: Wenn ich sie damals schon bewusst wahrgenommen hätte, hätte ich den Vortrag anhören können, ohne mich in die Gefühle dieses Mannes hineinziehen zu lassen. Ich erkannte nämlich die Begeisterung, den Tatendrang und das Gefühl von Macht, also jene Emotionen, die mich damals in seine Organisation hineingetrieben hatten, als Gefühle, die bei jenem Vortrag am Bildschirm von ihm auf mich übergesprungen waren. Obwohl es positive Gefühle waren, war es erleichternd, das zu erkennen, und sie jenem Mann zurückzugeben.

Auf einmal fühlte ich mich wieder frei. Wie aufgewacht aus einer Hypnose. Es tat mir nur leid, dass ich so lange gebraucht hatte, um das zu erkennen.

Pingpong – oder wie Gefühle vom einen zum anderen hin- und herspringen

Am Beginn von Auseinandersetzungen und Konflikten steht oft ein Gefühls-Pingpong. Ein und dasselbe Gefühl springt vom einen zum anderen und wird dabei immer stärker, bis die Spannung, die dadurch entsteht, unerträglich wird und sich in einem Krach entlädt.

»Oh nein! Muss das sein?« Ein Blick auf die Uhr zeigt mir, dass es drei Uhr morgens ist. Um zwei bin ich erst eingeschlafen, und jetzt weckt mich dieser Lärm!

»Was machst du da?«, frage ich ins Dunkel hinein, in Richtung Lärmquelle.

»Nichts«, brummt mein Mann.

Dieses kleine Wörtchen »nichts« löst einen Riesenärger aus. An Schlafen ist nicht mehr zu denken. Da kann ich mich ebenso gut aufsetzen und mir die Sache mit dem Ärger mal richtig angucken.

Ach so, das ist überhaupt nicht mein Ärger, das ist ja seiner! Mein vielleicht etwas unwirsch vorgebrachtes »Was machst du da?« hat meinen Mann geärgert. Diese Erkenntnis lässt das Gefühl sozusagen an die richtige Adresse zurückgehen. Aber wieso ändert sich nichts, wieso ärgere ich mich immer noch?

Noch mal den Film an den Anfang zurückspulen. Da war dieser Lärm. Aha: In dem Moment habe ich mich geärgert. Weil er mich geweckt hat. Nur habe ich diesen Ärger nicht wahrgenommen. Ich habe ihn durch Verständnis ersetzt. (Nach dem Motto: Wenn er mitten in der Nacht Lärm macht, muss er ja einen guten Grund dafür haben.) Davon ging der Ärger natürlich nicht weg; er hat sich dann in die Artikulation meines »Was machst du da?« geschlichen. Mein Mann hat ihn aufgefangen, jedoch auch nicht gefühlt, sondern mit seinem unfreundlichen »Nichts!« sofort wieder zu mir zurückgekickt. Da war er also bei mir, der arme Ärger, wo er ja auch ursprünglich hingehörte. Und hier wird er nun endlich wahr- und ins Herz genommen. Woraufhin der ganze Spuk vorbei ist und ich friedlich und ein wenig schmunzelnd einschlafen kann.

Wie Ärger widergespiegelt wird und sich dabei verstärkt

So etwas geschieht andauernd: Ein Gefühl springt von einer auf die andere Person über und wieder zurück. Besonders gern macht das der Ärger. Er ist ein richtiger Hin-und-Her-Hopper. Es ist ein und derselbe Ärger, der da hin- und herspringt, doch bei jedem Mal verdoppelt er sich und bekommt einen anderen Inhalt aufgepfropft.

Sie: ärgert sich über Lärm und fragt nach der Ursache.
Er: ärgert sich über die Frage und blockt sie ab.
Sie: ärgert sich über das Abblocken.
Sie: schaltet Bewusstheit ein und nimmt den Ärger bewusst wahr.
Ende der Kette.

Ohne Herzensarbeit jedoch kann man sich gut vorstellen, wie es weitergeht:

Sie, ärgerlich: »Musst du so pampig sein?«
Er, ärgerlich: »Ich bin doch nicht pampig! Du bist pampig!«
Sie, aufgebracht: »Ich pampig? Das soll wohl ein Witz sein?«
Er, aufgebracht: »Du warst als Erste pampig!«
Sie, wütend: »Das ist doch der Gipfel!«
und so fort …

Was hier im ganz Kleinen und lächerlich Belanglosen geschieht, existiert auch im großen Maßstab, wenn Gruppen oder Nationen sich miteinander verkrachen und Krieg oder Bürgerkrieg dabei herauskommt. Auch wenn das Ganze möglicherweise ein von höheren Instanzen in Gang gesetztes, abgekartetes Spiel ist, in dem es um ganz andere Interessen geht, als die Kämpfenden ahnen – dennoch: Ohne ihr emotionales Engagement könnte kein Krieg entstehen.

Nehmen wir das Beispiel eines Volkes, das aus zwei ethnischen Gruppen besteht und von der kleineren regiert wird. Die Plonienser sind in der Minderheit, sitzen jedoch in der Regierung und haben alle einflussreichen Posten im Land besetzt. Die Heitenser hingegen bilden die Mehrheit, haben aber nicht viel Macht.

Die Heitenser: »*Das ist ungerecht! Wir lassen uns das nicht länger gefallen!*« *Sie stecken Autos in Brand.*

Die Plonienser fangen die Gefühle von Empörung und Ungerechtigkeit auf und übernehmen sie, assoziieren sie aber mit einem anderen Inhalt; sie finden es ungerecht, fremde Autos in Brand zu stecken, und empören sich darüber: »*So eine Unverschämtheit! Müssen wir uns das gefallen lassen?*« *Sie verlangen strenge Strafen von der Regierung.*

Die Heitenser fühlen zusätzlich zu ihrer eigenen Empörung jetzt auch die der anderen. Die Empörung vervielfacht sich. Die Rebellion wird gewalttätiger, trifft Unschuldige.

Die Plonienser fangen wiederum die vervielfachte Empörung auf, übernehmen sie, wodurch sie nun ins Unermessliche wächst. Man ist empört über die Gewalttaten und das Unrecht, das den Opfern angetan wurde.

So wird die Empörung und der ihr zugrunde liegende Schmerz der Ungerechtigkeit immer größer, bis es schließlich zu jenen gnadenlosen Bürgerkriegen kommt, die für Unbeteiligte immer so schwer zu verstehen sind. Bei der Hin-und-Her-Übernahme des Gefühls wird dieses so groß, dass die Menschen, die es erleiden, es nicht mehr aushalten (man »platzt« vor Empörung oder gerät außer sich vor Wut) und es sich in Gewalttaten entladen muss.

Einem anderen sein Gefühl zurückzugeben öffnet unser Herz für ihn

Ein fremdes Gefühl als solches zu erkennen und zurückzugeben wirkt erleichternd, klärend und ordnet unsere innere Landschaft neu. Unsere eigenen Gefühle können zutage treten, die wir nicht wahrnehmen konnten, solange das fremde Gefühl im Vordergrund stand. Die Gefühlsrückgabe hat noch einen weiteren positiven Aspekt. Sie bewirkt nämlich, dass unser Herz für die Person, von der wir es übernommen haben, aufgeht. Denn es sind ja ihre Gefühle, die wir in uns entdeckt haben, und nun, da uns das klar ist, sagen wir: »Aha, so fühlt sie sich also!« und haben Verständnis und Respekt dafür.

Karin: Ich stehe eines Morgens in meinem Laden, als eine Frau hereinkommt, die mir vage bekannt vorkommt. »Was kann ich für Sie tun?«, frage ich höflich.

»Wir waren mal per Du«, antwortet die Frau ein wenig muffig. »Ich bin Stella. Erinnerst du dich nicht?«

Oh je, Stella. So was Peinliches. »Ja, natürlich, Stella!« rufe ich freudig. »Das ist so lange her, entschuldige! Also, was kann ich für dich tun?«

Aber Stella ist eingeschnappt, nach einem kurzen Blick auf die Regale verlässt sie das Geschäft. Als die Tür hinter ihr ins Schloss fällt, merke ich, dass ich mich fühle, als hätte ich einen Dämpfer bekommen, und mich darüber ärgere, weil ich es ungerecht finde. Außerdem bin ich enttäuscht: Ich hatte mich so auf den Tag gefreut!

Als ich mir diese Gefühle bewusst anschaue, geht mir auf, dass sie alle Stella gehören. Sie hat sich so gefühlt, als hätte sie einen Dämpfer bekommen, sie hatte sich über das »Unrecht« meiner zu kühlen Begrüßung geärgert. Und sie war enttäuscht gewesen. Während ich ihr – eins nach dem anderen – die Gefühle zurückgebe, geht mein Herz für sie auf und reagiert mit Verständnis und Mitgefühl.

»Fremdgefühle« – kurz gefasst

Viele der Gefühle, die uns beherrschen, sind eigentlich gar nicht unsere eigenen. Wir haben sie von jemand anderem übernommen.

- Sie fliegen uns bei flüchtigen Begegnungen zu, oder sie begleiten uns schon seit unserer Kindheit, weil wir sie von unseren nahen Angehörigen übernommen haben. Manche übernehmen wir auch von der Person, mit der wir uns gerade in einer Auseinandersetzung befinden.
- Manchmal übernehmen wir ganze Gefühlspakete von jemand anderem.
- Es kommt oft zur doppelten Gefühlsübernahme: Ich übernehme Gefühle von dir, und du übernimmst Gefühle von mir.
- Manchmal hüpfen Gefühle wie ein Pingpongball von einem zum anderen, bis einer sich ihrer erbarmt und sie bewusst wahrnimmt. Besonders gern springt Ärger hin und her.
- Manchmal werden Gefühle beim Hin-und-Herspringen immer stärker. Dies geschieht nicht nur zwischen Individuen, sondern auch zwischen Gruppen. Auf diese Weise können Kriege entstehen.
- Fremdgefühle erkennt man daran, dass die Herzensarbeit nicht richtig »greift«. Wem sie gehören, merkt man meist intuitiv. Fragen Sie sich einfach: »Von wem habe ich dieses Gefühl übernommen?«
- Um sich von ihnen zu befreien, stellen Sie sich vor, sie zurückzugeben. Achten Sie darauf, wie Sie sich damit fühlen, und öffnen Sie Ihr Herz für Ihr eigenes Gefühl.

- Gelingt es Ihnen nicht, die Rückgabe zu visualisieren, so achten Sie auf das Gefühl, das Sie daran hindert. Nehmen Sie es bewusst wahr und öffnen Sie Ihr Herz dafür.

- Nach der erfolgreichen Rückgabe eines Fremdgefühls entsteht oft ein neues, positives Gefühl. Identifizieren Sie sich nicht damit, sondern nehmen Sie es bewusst wahr (und ins Herz).

- Nach der Rückgabe eines Fremdgefühls können sich Blockaden lösen, oder der Weg wird frei, um die richtige Entscheidung zu treffen, oder man nimmt zum ersten Mal seine eigenen Gefühle wahr.

- Im Kontakt mit anderen Menschen Ihr eigenes Gefühl zu fühlen schützt Sie davor, das des anderen zu übernehmen.

- Manche Menschen schaffen es, Gefühle absichtlich durch eine Art von Hypnose auf andere Menschen zu übertragen. Auch hiergegen ist der beste Schutz das bewusste Wahrnehmen des eigenen Gefühls: Statt sich von den Augen und den Ausführungen des anderen hypnotisieren zu lassen – wie faszinierend sie auch sein mögen –, bei sich bleiben, Atem und Körper spüren und das eigene Gefühl bewusst wahrnehmen.

- Wenn Sie ein Gefühl an den Menschen zurückgeben, von dem Sie es übernommen haben, werden Sie erleben, dass Ihr Herz sich diesem Menschen öffnet. Auf einmal entstehen in Ihnen Mitgefühl, Verständnis und Achtung für ihn – denn Sie haben ja fühlen können, wie er sich fühlt!

**Bedenke immer: Das Gefühl, das in dir auftaucht,
während du einer Person begegnest oder an sie denkst,
könnte ihr Gefühl sein, das du in diesem
Moment mitfühlst!**

Die Wurzel unseres Dramas

Wie uns unsere falschen Identifikationen in Schwierigkeiten bringen

Unser Drama besteht darin, dass wir unsere Gefühle mit Tatsachen verwechseln.

Eine Tatsache ist das, was real geschieht oder geschehen ist.

Ein Gefühl ist, wie ich mich damit fühle.

Bevor ich das näher erkläre, lassen Sie uns erst sehen, ob wir uns in der Definition von Tatsache und Gefühl einig sind.

- *Tatsache: Jemand verlässt mich.*
Gefühl: Ich fühle mich verlassen.
- *Tatsache: Meine Eltern wollten eigentlich kein Kind.*
Gefühl: Ich fühle mich unerwünscht.
- *Tatsache: Isabelle sagt, dass ihr meine Art zu reden nicht gefällt.*
Gefühl: Ich fühle mich abgelehnt.

Was uns so empfindlich, so verletzlich macht, so abhängig vom Verhalten anderer, ist, dass wir uns mit diesen Gefühlen identifizieren. Unbewusst haben wir aus etwas, das wir denken und fühlen, etwas gemacht, das wir sind. Diese Identifikation geht auf unsere Kindheit zurück. Als Kind haben wir unser Selbstbild davon abgeleitet, wie unsere Bezugspersonen auf uns reagiert haben.

- *Papi ist böse auf mich.*
Also bin ich schlecht.
- *Mami hat mich verlassen.*
Ich bin also nichts wert.
- *Meine kleine Schwester hat mehr Zuwendung bekommen als ich.*
Wenn sie sie lieber mögen, bedeutet das bestimmt, dass ich hässlich bin.
- *Meine Eltern haben oft gesagt:* »Aus dir wird nie etwas.«
Ich bin also dumm und unfähig.

So entstehen unsere falschen Identifikationen. Wir leiden unter ihnen, sie tun uns weh, so weh, dass wir glauben, diesen Schmerz nicht ertragen zu können, und ihn vor uns selbst verstecken. Dabei ist das Gefühl an sich gar nicht so schlimm; das Schlimme ist, dass wir nicht wissen, dass es ein Gefühl ist, sondern es für eine Tatsache halten. Als seien »unerwünscht«, »nichts wert«, »schlecht« und so weiter Kennzeichen unseres Wesens. In Wirklichkeit sind es nichts als Gedanken, die ein schmerzhaftes Gefühl auslösen. Diese Gefühle nenne ich unsere »Grundschmerzen«. (Im Kapitel »Unsere seelischen Grundschmerzen« ab Seite 261 gehe ich ausführlich auf sie ein.)

Wie wir unsere Grundschmerzen verdrängen

Wie keine andere Gefühlsschicht beherrschen uns diese Grundschmerzen. Sie beherrschen uns insofern, als wir uns ständig bemühen, Situationen zu erschaffen, in denen wir vor der Erinnerung an sie sicher sind, und Situationen zu vermeiden, in denen sie uns bewusst werden könnten. So oder so ähnlich schaut unser unbewusstes Denken aus:

Ich bin unerwünscht. Grundsätzlich und immer. Es gehört zu meinem Wesen. Das ist unerträglich, deshalb habe ich es tief verdrängt. Ich möchte auf keinen Fall daran erinnert werden, denn dann riskiere ich, dass der Schmerz mich überschwemmt und ich es nicht aushalte.

Damit ich gar nicht erst in solche Situationen komme, lebe ich allein und gestalte mein Leben so, dass ich Beziehungen, Freundschaften, Gruppenzugehörigkeiten meide. Wenn ich mal in einer Gruppe bin, bin ich ganz für mich und nehme mit niemandem Kontakt auf.

So verdrängen wir unsere Grundschmerzen aus unserem Bewusstsein, indem wir uns Strategien zulegen, um sie nicht fühlen zu müssen. Wir wappnen uns mit Stolz und Überheblichkeit; wir flüchten in Einsamkeit; schotten uns ab, indem wir nichts fühlen, uns eine Schicht von Kälte und Gleichgültigkeit zulegen. Oder wir verstecken uns in Verzweiflung, Trauer, Resignation oder Abwesenheit; wir wehren uns mit Zorn, Wut, Ärger und Rache; wir blockieren das Gefürchtete, indem wir uns in Angst zusammenziehen oder indem wir ständig lieb und hilfsbereit sind, auch wenn wir uns gerade ganz anders fühlen.

Negative Emotionen dienen als Schutz

Wenn wir mit negativen Emotionen auf etwas reagieren, dann weil uns etwas wehtut und wir versuchen, uns vor diesem Schmerz zu schützen. Das nützt nicht wirklich etwas, denn der Schmerz ist bereits in unserem Innern. Manchmal sind es mehrere Lagen von negativen Emotionen, die sich schützend über eine seelische Wunde gelegt haben.

Ich möchte meinem Problem auf den Grund gehen. Aber ich fühle nichts.

Das ist die erste Schutzschicht: das Nichtfühlen.

Nachdem ich mein Herz dafür geöffnet habe, taucht die nächste Schicht auf: Wut. »Es macht mich so wütend!« Die Wut will den Schmerz wegstoßen.

Nach der Wut kommt Verzweiflung. Solange ich in der Verzweiflung bleibe, muss ich mich dem Schlimmen nicht stellen.

Am Ende taucht endlich der tiefe Schmerz auf.

Die alltäglichen Psycho-Dramen sind Ausdruck unseres tiefsten Schmerzes

Hinter unseren typischen negativen Reaktionen verbergen sich immer unsere seelischen Grundschmerzen.

»Wieso muss ich immer den Abwasch machen? Seid ihr euch zu gut dafür?«

»Musst du immer den Boss spielen? Das macht mich wahnsinnig!«

»Ich halte es nicht aus, dass er mich immer so ignoriert.«

»Wenn ihr mich nicht akzeptiert, wie ich bin, dann gehe ich eben ...«

»Kann man nicht ein bisschen Dankbarkeit verlangen?!«

»Immer räumst du meine Sachen auf, ich habe schon hundertmal gesagt, dass ich das nicht will!«

»Wieso wird der gelobt und ich nicht? Das ist ungerecht!«

Man könnte sagen, dass das alles lächerlich belanglose Angelegenheiten sind; befänden wir uns im Krieg, wir würden uns nach der Zeit zurücksehnen, da wir keine schlimmeren Probleme hatten als diese! Aber genau in diesen kleinen Psycho-Dramen drücken sich unsere schmerzhaftesten Gefühle aus.

Nehmen wir beispielsweise ein typisches Psycho-Drama, wie es sich oft zwischen Mann und Frau abspielt.

Wenn Männer nicht zuhören und Frauen ausflippen

Wir sitzen nebeneinander im Auto. Mein Mann fährt, ich schaue aus dem Fenster, erfreue mich an den Landschaften, die vorbeiziehen.

»Schau mal, die rote Erde!«, rufe ich begeistert.

Keine Antwort.

»Ich habe mich so auf diese Reise gefreut«, sage ich. »Du nicht?«

Keine Antwort.

»Die nächste rechts abbiegen«, sage ich, gemäß meiner Rolle als Beifahrer-Kopilot. »Hey, was ist los?«

Immer noch Funkstille. Langsam werde ich wütend. Ich kann mir schon denken, dass mein Mann von irgendwelchen Gedanken so absorbiert ist, dass er mich nicht hört (wäre nicht das erste Mal), aber in meinem Inneren braut sich trotzdem ein Unwetter zusammen. Ich kann es nicht ertragen, dieses Schweigen, werde verrückt dabei. Ich werde immer wütender. Entwerfe Rachepläne.

»Na gut, wenn du willst – dann rede ich eben auch nicht mehr mit dir.«

Bald erscheint mir das Zusammensein in dieser fahrenden Schachtel unerträglich. Ich möchte am liebsten hinausspringen.

Irgendwann, kurz vor der Ankunft am Ziel, erwacht er aus seiner Trance, wendet sich mir zu, lächelnd, heiter. »So«, sagt er, »da sind wir.« Als wenn nichts gewesen wäre. Für ihn ist ja auch nichts gewesen.

Ich breche in Tränen aus. Er hat keine Ahnung, in welches Drama sein Schweigen mich gestürzt hat.

Was ist passiert? Absturz ins Psycho-Drama! Als Kind in bestimmten Situationen nicht gehört zu werden, keine Antwort zu bekommen, kann unerträglich sein. Bedrohlich. Potenziell lebensgefährlich. Immer wieder die Erfahrung zu machen, nicht gehört zu werden, oder auch nur einmal in besonders traumatischer Weise, führt zu einem bleibenden seelischen Schmerz und einer Grundüberzeugung: »Ich werde nicht gehört«, und zu einer Identifikation: »Ich bin jemand, den man nicht hört.« Gleichzeitig ist auch die Idee gespeichert, dass »nicht gehört werden« unerträglich und lebensbedrohlich ist. Wenn ich nun als Erwachsene den Eindruck habe, nicht gehört zu werden, wird an den Schmerz dieser alten seelischen Wunde gerührt, und ich zucke zurück. Ertrage es nicht. Werde wütend. Verrückt. Hysterisch. Hysterie ist das Zusammenwirken von Wut, Nicht-aushalten-Können und Ohnmacht, auf der Basis eines Grundschmerzes wie »nicht gehört zu werden« und der damit verbundenen Sehnsucht, (hier:) gehört zu werden.

Aus dem Drama erwachen

Um aus diesem Drama, das ja nur in meiner eigenen Psyche eines ist, aufzuwachen, muss ich nur meine bewusste Wahrnehmung einschalten. Wie läuft die Sache dann ab?

Wir schalten zurück in die obige Erzählung und steigen an dem Punkt in die Übung ein, wo die Wut auftaucht.

Ich werde immer wütender. Halt, stopp, Wut bewusst fühlen. Sie ist sehr groß, eine Zusammenballung von Energie im Bauch, im Kiefer, in Armen und Beinen. Sie will in ihrer Größe wahrgenommen werden und da sein dürfen.

Was macht mich so wütend? Ignoriert zu werden, nicht gehört zu werden. Wie fühlt sich das an? Das kann ich nicht aushalten. Stopp. »Es nicht aushalten können« ist auch ein Gefühl. Es sitzt im ganzen Körper. Braucht Erbarmen und Anerkennung – und vor allem, dass ich es als Gefühl erkenne, statt es für eine Tatsache zu halten. Das erleichtert.

Jetzt taucht der Wunsch auf, gehört zu werden, auf dem Fuß gefolgt von der Stimme der Ohnmacht. »Es ist völlig unmöglich, ihn dazu zu bringen zuzuhören!« Ohnmacht als Gefühl erkannt und ins Herz geholt (Erlaubnis, Erbarmen).

Zurück zum Wunsch nach Gehör. Diesem kann ich jetzt mein Herz öffnen – und schließlich auch dem Schmerz des Nicht-gehört-Werdens.

Und dann muss ich lachen. Wieso erschien es mir so lebenswichtig, dass dieser Mann mir zuhört? Weil er mein Mann ist, meine Bezugsperson, und somit in solchen Momenten von mir mit MamiPapi verwechselt wird. Ja, natürlich! In Wirklichkeit ist es doch völlig egal, ob er meiner Bemerkung über das Wetter oder die Farben beipflichtet oder nicht!

Nicht gehört zu werden kann zum Drama werden

Warum sind es übrigens typischerweise Frauen, die »hysterisch« reagieren, und nicht Männer? Diese Hysterie ist ein Phänomen, das wohl fast nur in Intimbeziehungen ausgelöst wird. Männer neigen dazu, nicht zuzuhören, und wenn sie doch zuhören, kein Signal zu geben, aus dem das ersichtlich ist (wie etwa »aha« oder ein zustimmendes Brummen). Da ihnen dies überhaupt nicht bewusst ist (denn während sie nicht zuhören, hören sie nicht), bekommt die Frau, die gehört werden will, den Eindruck, völlig ohnmächtig zu sein. Gehört »nicht gehört werden« zu ihren Grundschmerzen, wird sie dazu neigen, dann auszuflippen.

Auf der ganz pragmatischen, rationalen Ebene ließe sich dieses Problem lösen: Anstatt einfach jederzeit ohne Ankündigung irgendetwas zu erzählen, wie Frauen es gerne tun (womit ihr Geplapper für einen männlichen Gefährten unter Umständen so etwas wie ein Radioprogramm wird, das im Hintergrund gespielt wird und nicht beachtet werden muss), sollte sie ankündigen, dass sie etwas mitteilen oder fragen möchte, ihn fragen, ob er ein Ohr dafür frei hat, und wenn sie sicher ist, dass sie seine Aufmerksamkeit hat, das Wesentliche in kurzer und logisch geordneter Form sagen.

Das kann frau sich aber vornehmen, so viel sie will – automatisch wird sie doch gemäß ihrer weiblichen Programmierung handeln:

Egal, was ihr durch den Kopf geht, sie möchte es teilen, und zwar mit der Person, die gerade da ist oder die als ihr Lebenspartner dazu verpflichtet ist, an ihren Gedanken Interesse zu zeigen.

Mitteilungen, die ins Leere laufen, die kein Echo, keine Reaktion, keine Antwort hervorrufen, sind Energieverschwendung. Wir schwächen uns damit. Und können doch nicht anders.

Oder?

Ein wenig Herzensarbeit kann uns aus der Sackgasse heraushelfen

Ich erzähle meinem Mann, was mir gerade durch den Kopf geht, habe aber nicht darauf geachtet, ob er gerade in der Verfassung ist zuzuhören. Was nicht der Fall ist. Er ist mit seinen Gedanken beschäftigt und hört nicht zu – oder zumindest lässt er nicht erkennen, ob er zuhört.

Da steht nun meine Erzählung im Raum, samt meiner Unsicherheit, ob er sie überhaupt gehört hat, ob er nicht antwortet, weil er sie doof findet oder weil er abwesend ist …

Mir ist, als sei meine Energie in dieser unerwiderten Erzählung stecken geblieben und aus meinem Körper verschwunden. Es ist beeindruckend, wie schlaff meine Arme auf einmal herabhängen.

Darin zeigt sich Entmutigung.

An dieser Stelle schaltet sich bewusste Wahrnehmung ein und führt in die Körperzentrierte Herzensarbeit.

Entmutigung bewusst fühlen. Was braucht sie von meinem Herzen? Wahrgenommen werden. Verständnis. Gefühlt und überhaupt als Gefühl wahrgenommen werden statt als Tatsache. Schon besser.

Jetzt taucht ein Wunsch auf, eine Sehnsucht. Nach Antwort. In einem ganz tiefen Sinne. Stammt wohl aus meiner Babyzeit, als ich meiner Mutter nicht allzu viele Reaktionen (Antworten) entlocken konnte, da sie unter Depressionen litt.

Ich öffne mein Herz für diese Sehnsucht. Sie braucht hauptsächlich Achtung.

Aber die Herzensarbeit braucht nicht bei der Sehnsucht stehen zu bleiben; sie kann auch noch einen Schritt weitergehen. Das, wonach ich mich sehne, kann ich mir auch noch bewusst anschauen.

Ich stelle mir das Ziel der Sehnsucht vor, als habe es sich schon erfüllt. Wie fühlt sich das an, gehört zu werden und Antwort zu bekommen? Und wie fühle ich mich dann? Befriedigt ... beantwortet ... nicht allein. Das ist das Hauptgefühl. Nicht allein. Verbunden! Das ist der richtige Name.

Wenn ich nun dieses Gefühl in das Zusammensein mit meinem Mann mitnehme, plappere ich nicht so drauflos; mit dem Gefühl von Verbundensein im Herzen beachte und respektiere ich ihn automatisch mehr, nehme auch den Herz-zu-Herz-Kontakt wahr, sodass ich spüre, wann er bereit und in der Lage ist zuzuhören und wann nicht. Schön!

Ach ja, und was noch schöner ist: Ich brauche sein Zuhören jetzt gar nicht mehr! Denn das Gefühl, das es mir verschaffen soll – »verbunden« –, das habe ich ja nun schon in mir. Ganz gleich, ob er zuhört oder nicht.

Die Psyche hat ihre eigene Logik

Jeder Mensch hat seine eigene Psycho-Logik. Wie jede Logik basiert sie auf Grundannahmen, auf dem, was wir für wahr halten, auf unseren Glaubenssätzen in Bezug auf die Welt, die Menschen, uns selbst. Da wir sie unbewusst selbstverständlich für wahr halten, bemerken wir sie nicht.

»Die Welt ist ein gefährlicher Ort, an dem man um sein Überleben kämpfen muss.«

»Andere Menschen sind potenzielle Konkurrenten und daher gefährlich.«

»Ich bin bedroht. Ich muss kämpfen, sonst überlebe ich nicht.«
»Die Welt ist ein Ort, in dem es keinen Platz für mich gibt.«
»Andere Menschen sind berechtigt, ich nicht.«
»Ich bin unerwünscht. Es soll mich nicht geben. Ich bin nicht existenzberechtigt.«

Jemand, der unbewusst selbstverständlich annimmt, dass die Welt ein freundlicher Ort ist und alle Menschen ehrlich sind, denkt und fühlt völlig anders als jemand, der unbewusst automatisch davon ausgeht, dass die Welt gefährlich und die Menschen schlecht sind. Beide leben in derselben Welt, aber wenn man sie reden hört, sollte man meinen, dass es sich um zwei verschiedene Planeten handelt.

»Die Wurzel unseres Dramas« – kurz gefasst

- Die meisten unserer Dramen sind Psycho-Dramen, also solche, die sich nur in unserem Innern abspielen, während äußerlich nicht wirklich etwas Schlimmes geschieht.
- Sie basieren auf der Identifikation mit einem negativen Glaubenssatz, der mit einem seelischen Schmerz verbunden ist, zum Beispiel: »Ich bin schlecht, abgelehnt, Opfer von Unrecht, wertlos« und so weiter.
- Aus etwas, das wir fühlen, machen wir unbewusst etwas, das wir sind. Wir verwechseln Tatsache und Gefühl.
- Manche von diesen Grund-Identifikationen haben wir von unseren Eltern übernommen. Durch Rückgabe können wir daraus erwachen.

Wenn Sie entdecken möchten, welche Grund-Identifikationen die Wurzel Ihrer Dramen sind oder überhaupt in Ihnen existieren, dann machen Sie Ihre jeweils aktuellen Themen zum Gegenstand einer Körperzentrierten Herzensarbeit. In der Tiefe dieser Probleme sitzt immer ein Schmerz. Diesen bewusst zu fühlen, lässt Sie aus der

Grundüberzeugung erwachen und sie als das erkennen, was sie ist: ein Gedanke (aus der Vergangenheit). Damit ist Ihrem Drama die Grundlage entzogen.

Eine kurze Einführung in die Körperzentrierte Herzensarbeit

Lassen Sie uns nun zur Sache kommen. Wie schon erklärt, werden Sie ein wenig Kenntnis der Körperzentrierten Herzensarbeit brauchen, um die Ausführungen und Geschichten in diesem Buch nachvollziehen und für sich nutzen zu können.

Bitte lesen Sie dieses Kapitel erst einmal durch und starten Sie dann einen ersten Versuch, sich ein eigenes Thema mithilfe der Anleitungen, die ich geben werde, anzuschauen.

Was geschieht, wenn wir üben?

Die Methode der Körperzentrierten Herzensarbeit hilft uns, Gefühle, die wir aus dem Bewusstsein verdrängt haben, im Körper wiederzuentdecken und unser Herz für sie zu öffnen.

Die Grundübung läuft kurz skizziert so ab: Wir schalten unsere bewusste Aufmerksamkeit ein, dann wählen wir das Thema, das wir anschauen wollen; wir lernen den Körperzustand kennen, der damit verbunden ist, und entdecken das Gefühl, das sich in diesem Körpersymptom ausdrückt und/oder verbirgt. Wir prüfen, was dieses Gefühl von unserem Herzen braucht, indem wir eine Reihe von Schlüsselworten (zum Beispiel »Verständnis«, »Achtung«) denken oder aussprechen und darauf achten, welches dieser Worte Erleichterung oder Erschütterung auslöst. Dann denken wir wieder an unser Thema und beobachten, was sich verändert hat.

Diesen Weg »Thema – Körper – Gefühl – Herz« gehen wir immer wieder, so lange, bis wir durch das Thema »hindurch« sind. Die ausführliche Anleitung gebe ich Ihnen etwas weiter unten.

Und was kommt dabei heraus?

Wir wachen aus der irrtümlichen Identifikation mit negativen Grundüberzeugungen auf. Wir befreien unseren Körper von der Last der damit verbundenen Gefühle, indem wir sie im Körper ganz bewusst erleben und dann unser Herz für sie öffnen.

Am Ende ist unser Blick nicht mehr durch die falsche Identifikation verzerrt, und die Gefühle sind als solche erkannt und haben ihren Platz in unserem Herzen bekommen. Wir erkennen ihre Funktion. Wir projizieren nicht mehr vergangene Erfahrungen in die gegenwärtige Situation (denn diese verdrängten Gefühle beziehen sich in Wirklichkeit auf vergangene Situationen, meist aus unserer Kindheit); wir sehen die Dinge, wie sie sind, und können fühlen, wie andere an der Situation beteiligte Menschen sich fühlen. Unsere

Sichtweise, unsere Haltung, unser Handeln und unsere Ausstrahlung verändern sich, und das hat natürlich auch Auswirkungen auf die Situation.

Vorbemerkungen zu einzelnen Phasen der Übung

Ohne neutrale Bewusstheit geht gar nichts

Das Schlüsselelement der ganzen Übung ist bewusste Wahrnehmung. Wahrnehmung ist neutral und bewertet nicht (sonst ist es keine Wahrnehmung, sondern Interpretation). Ohne bewusste Wahrnehmung geht gar nichts. Wie schaltet man sie ein? Spüren Sie Ihren Atem. Nehmen Sie jeden Atemzug wahr. So wie Sie Ihren Atem bewusst spüren, können Sie auch andere Körpersymptome bewusst wahrnehmen, und ebenso können Sie jeden Gedanken und jedes Gefühl bewusst wahrnehmen (anstatt sich von ihnen davontragen zu lassen).

Wenn zum Beispiel während der Übung der Gedanke »Das kann ich nicht« auftaucht, dann fallen Sie nicht darauf herein, sondern bleiben Beobachter: »Aha, jetzt ist da der Gedanke, dass ich das nicht kann.« Wenn Sie sich überfordert fühlen, brechen Sie nicht ab, sondern nehmen Sie die Überforderung wahr. (Wie fühlt sie sich im Körper an? Atmen, spüren, kennenlernen!)

Nehmen Sie sich vor, alles, was auftaucht, bewusst wahrzunehmen, ob es ein Gefühl oder ein Gedanke ist. Koppeln Sie Ihre Aufmerksamkeit an den Atem. Bleiben Sie absolut neutral, nehmen Sie alles einfach wahr, ohne sich einzumischen, es zu bewerten oder sich mit einem Teil zu identifizieren. Wenn Letzteres doch geschehen sein sollte, werden Sie es merken und sich auf den Platz des Beobachters zurückbegeben. Spüren Sie die ganze Zeit Ihren Atem.

Was wählt man am besten als Thema?

Zum Ausgangspunkt nehmen Sie das Thema, um das Ihre Gedanken ohnehin schon kreisen. Was immer das ist! Zensieren Sie nicht. Es kann ein kleiner Vorfall sein, den Sie als unbedeutend bezeichnen, der Sie aber dennoch nicht loslässt; oder es kann ein großes Lebensthema sein. Nehmen Sie das, was Sie aktuell beschäftigt. Das kann etwas Akutes oder Chronisches sein, also ein Vorfall, der jetzt gerade passiert ist, eine Situation, in der Sie sich zurzeit befinden; oder eine Situation, in der Sie sich schon seit Langem oder immer schon befinden; oder ein Ereignis aus der Vergangenheit, das Sie aber jetzt gerade beschäftigt.

Konkrete Ausgangssituation wählen, nicht allgemein bleiben

Wichtig: Denken Sie nicht abstrakt und allgemein an Ihr Thema (zum Beispiel: »Ich habe ein Problem mit Ungerechtigkeit«), auch nicht in Form von »Immer passiert mir das Gleiche«, sondern machen Sie es konkret. Nehmen Sie einen bestimmten Vorfall und machen Sie ihn in Ihrem Geist lebendig. Das nennt man »die Ausgangssituation«. Mit dieser steigen Sie in die Übung ein.

Woran erkenne ich, dass die Übung erfolgreich war?

Das **körperliche Symptom** ist verschwunden oder leichter geworden.

Das **Gefühl** ist nicht verschwunden, aber Sie sind nicht mehr mit ihm identifiziert. Es beherrscht Sie nicht mehr, sondern Sie können es einfach wahrnehmen und wissen, dass es ein Gefühl ist und keine Tatsache.

In Bezug auf die **Situation** (Ihr Thema) hat sich etwas verändert. Beispielsweise:

- Sie sehen sie anders.
- Sie stellt kein Problem mehr für Sie da.
- Ihre Haltung ist anders.
- Sie sind mehr bei sich (statt bei der Person oder Angelegenheit, die Ihr Problem ausgelöst hat).
- Sie sind besser abgegrenzt; das Äußere oder was die anderen sagen oder tun betrifft Sie nicht mehr so.
- Sie sind nun in der Lage zu handeln (was vorher nicht der Fall war).
- Sie wissen, was zu tun ist beziehungsweise ob etwas zu tun ist.
- Sie haben Verständnis, Achtung, Mitgefühl für Ihr(e) Gefühl(e).
- Ihr Herz ist offen für die anderen an der Situation Beteiligten, Sie verstehen plötzlich, wie diese sich fühlen.

Manchmal verändert sich tatsächlich auch die Situation, oder die anderen verhalten sich anders, ohne dass Sie Ihnen von Ihrer Herzensarbeit etwas mitgeteilt haben.

Die Übung

Lesen Sie sich die nachfolgende Übungsanleitung erst sorgfältig durch, bevor Sie konkret ans Üben gehen. Wenn Sie die Schritte verstanden haben, wird Ihnen die Kurzform am Ende der Übungsanleitung als »Spickzettel« dienen können.

Vorbereitende Schritte

1. **Ausgangsposition einnehmen**
   Schließen Sie die Augen, spüren Sie Ihren Atem, spüren Sie Ihren Körper, nehmen Sie bewusst die Sinneseindrücke wahr.
2. **Bewusste Wahrnehmung einschalten**
   Nehmen Sie sich vor, alles, was jetzt in Ihnen auftauchen wird, bewusst wahrzunehmen.

3. Thema und Ausgangssituation

Wählen Sie Ihr Thema. Machen Sie es sich lebendig und konkret, indem Sie an eine bestimmte Situation denken und sich in sie hineinversetzen.

Die Kernübung: Körper, Emotion, Herz

4. Körperzustand erleben

Wenden Sie Ihre Aufmerksamkeit ganz Ihrem Körper zu. Wo bemerken Sie etwas Besonderes, zum Beispiel Anspannung, Zittern, Hitze, Schmerz, Schwäche ...? Verweilen Sie dort und lernen Sie diesen Körperzustand kennen, indem Sie ihn bewusst erleben. Spüren Sie Ihren Atem.

5. Emotion entdecken, benennen, fühlen

Achten Sie nun darauf, wie Sie sich fühlen. Welches Gefühl taucht in Ihrem Bewusstsein auf, während Sie diesen Körperzustand erleben? Wie fühlen Sie sich? Benennen Sie es so treffend wie möglich und nehmen Sie sich Zeit, es bewusst zu fühlen. Spüren Sie Ihren Atem dabei (ohne ihn zu verändern).

6. Herz öffnen für das Gefühl

Fragen Sie sich, was dieses Gefühl von Ihrem Herzen braucht, und sagen Sie sich als Antwortvorschläge folgende Herzensschlüssel vor. Achten Sie bei jedem Schlüsselwort darauf, ob es eine Reaktion gibt (wie Erleichterung, Zustimmung, Erschütterung). Daran merken Sie, dass Ihr Herz sich geöffnet hat.

Während Sie die betreffende Emotion fühlen, fragen Sie sich: »*Was braucht dieses Gefühl von meinem Herzen?*« und schlagen Sie dann als Möglichkeiten vor:

dass es wahrgenommen wird; Anerkennung; Erlaubnis, da sein zu dürfen; von Verurteilung befreit werden; Verständnis, Mitgefühl, Erbarmen, Achtung, Respekt, Würdigung; Raum; gefühlt werden; als Gefühl wahrgenommen werden statt als Tatsache.

Sollte das betreffende Gefühl »Sehnsucht« oder »Wunsch« heißen, so probieren Sie noch einen weiteren Herzensschlüssel: »*Vom Deckel der Unmöglichkeit befreit werden.*« *(Oder: »Es für möglich halten.«)*

Achten Sie darauf, auf welche/s der Schlüsselworte Sie eine Reaktion verspüren (Erleichterung, Erschütterung oder Zustimmung). Nichts weiter tun! Die Reaktion, so subtil sie auch sein mag, ist ein Zeichen dafür, dass Ihr Herz sich diesem Gefühl geöffnet hat.

Die abschließenden Schritte

7. Zurück zum Thema

Denken Sie wieder an Ihr Thema, versetzen Sie sich in die Ausgangssituation (wie sie am Anfang war) hinein. Nehmen Sie nun das neu entdeckte Gefühl ganz bewusst als solches wahr, während Sie die Situation wieder erleben. Was geschieht in Ihrem inneren Film und in Ihrem Körper: Was hat sich verändert? Ihre Sichtweise? Ihre Haltung? Sehen Sie sich anders handeln? Fühlen Sie sich anders?

8. Prüfen, ob es ein Fremdgefühl ist

Falls sich nichts verändert hat, fragen Sie sich, ob dieses Gefühl überhaupt Ihr eigenes ist oder ob Sie es von jemand anderem übernommen haben. Achten Sie darauf, wer in Ihrem Geist auftaucht. Manchmal ist es eine bestimmte Person (zum Beispiel jemand, der mit dem Problem zu tun hat, oder eine Bezugsperson Ihrer Kindheit), manchmal mehrere, manchmal ahnt man, dass es ein fremdes, übernommenes Gefühl ist, weiß aber nicht, von wem man es hat. Sehen Sie die betreffende(n) Person(en) im Geist (und/oder eine Silhouette, die »unbekannt« repräsentiert), und stellen Sie sich vor, ihr oder ihnen dieses Gefühl zurückzugeben. Achten Sie darauf, wie sich das anfühlt. Wie fühlen Sie sich damit? Nehmen Sie dieses neue Gefühl bewusst wahr und prüfen Sie (mit denselben Schlüsselwörtern wie oben), was es von Ihrem Herzen braucht. Fühlen Sie sich beispielsweise »erleichtert«, so braucht dieses Gefühl vielleicht »Erlaubnis« und »Raum«. Fühlen Sie sich »schuldig«, so möchte dieses Gefühl vielleicht »Mitgefühl« und »als Gefühl wahrgenommen werden statt als Tatsache«.

Wenn Sie sich zuerst über dieses Phänomen der »Fremdgefühle« informieren möchten, lesen Sie dazu das Kapitel »Das ist ja gar nicht mein Gefühl!« ab Seite 59.

9. *Abschluss: Notieren und verankern*

Merken Sie oder notieren Sie sich das Gefühl, das Sie entdeckt haben. Nehmen Sie sich vor, es bewusst wahrzunehmen, wenn es wieder ausgelöst wird, beziehungsweise sich oft daran zu erinnern, es zu fühlen, falls es ein neues, positives Gefühl ist.

Die Fortsetzung

Auf diese Weise können Sie sich durch Ihr gesamtes Problem arbeiten, indem Sie diesen Weg immer wieder gehen, bis Sie dem Thema ganz auf den Grund gegangen sind: ans Thema denken – den Körperzustand erleben – das Gefühl darin entdecken – Herz dafür öffnen; und gegebenenfalls ein Fremdgefühl zurückgeben.

Bevor Sie nun konkret in die Übung einsteigen, lesen Sie sich bitte die folgende Kurzversion der Schritte und der Herzensschlüssel durch. Bei Bedarf nutzen Sie sie als Spickzettel. Wenn Sie möchten, studieren Sie auch noch das darauf folgende Beispiel, das die Vorgehensweise an einem praktischen Fall demonstriert.

»Spickzettel« für Körperzentrierte Herzensarbeit

Vorbereitung
1. Ausgangsposition: Körper, Atem, Sinneseindrücke
2. Bewusste Wahrnehmung einschalten
3. Thema und Ausgangssituation wählen

Kernübung
4. Körperzustand erleben
5. Emotion entdecken, benennen, fühlen
6. Herz öffnen für Gefühl

Abschluss
7. Zurück zum Thema: Veränderung?
8. Eventuell: Fremdgefühl zurückgeben
9. Abschluss: Notieren und verankern

Die Herzensschlüssel

»Was braucht dieses Gefühl von meinem Herzen?«

Als Antworten vorschlagen und auf Reaktion achten:

- Wahrgenommen werden (oder gesehen, gehört werden)
- Anerkennung, dass es da ist
- Erlaubnis, da sein zu dürfen (oder Rehabilitation, von Verurteilung befreit werden)
- Verständnis (oder Daseinsberechtigung)
- Mitgefühl oder Erbarmen (sich darum kümmern)
- Achtung, Respekt (oder Würdigung) oder Beachtung
- Raum (sich einmal in Ihrer Wahrnehmung ausbreiten dürfen, Zeit bekommen)
- Gefühlt werden (mit allen Fasern gefühlt)
- Als Gefühl wahrgenommen werden (statt als Tatsache)
- *Nur für das Gefühl von Wunsch oder Sehnsucht:* Vom Deckel der Unmöglichkeit befreit werden (oder: Es für möglich halten).
- *Nur für positive Gefühle:* Gepflegt werden, oft wahrgenommen werden.

Zur Illustration ein Beispiel

Thema: *Eine kurze Begegnung mit einem Nachbarn geht mir nicht aus dem Sinn. Es gab einen Wortwechsel, mit dem ich im Nachhinein unzufrieden bin, denn ich merke, dass ich im Geist ständig formuliere, was ich eigentlich hätte sagen sollen.*

Körperzustand: *Leichtes Zusammenziehen im Nacken-, Schulter- und Gesichtsbereich. Stirn leicht gerunzelt. Atem geht ein wenig stoßweise.*

Gefühl *darin entdeckt: Ärger. Ich nehme mir Zeit, ihn ausgiebig und bewusst zu fühlen. (Begleitende Erkenntnis: An den dazu auftauchenden Gedanken erkenne ich, dass es Ärger über mich selber ist: dass ich nicht gesagt habe, was ich eigentlich hätte sagen sollen).*

Herz öffnen: *Beim Durchprobieren der Herzensschlüssel merke ich, dass der Ärger vor allem auf »Würdigung« reagiert (ich merke daran, dass er mich mit etwas Positivem verbindet – nämlich mit dem, was ich mir eigentlich gewünscht habe), dass er gefühlt und als Gefühl wahrgenommen werden möchte.*

Fremdgefühl: *Ich bin nicht ganz zufrieden, irgendetwas fehlt, der Ärger ist ein wenig kleiner geworden, aber ich hänge noch an ihm fest. Ob ich ihn vielleicht teilweise auch vom Nachbarn übernommen habe? Ich stelle mir vor, ihm den Ärger zurückzugeben, und, ja, jetzt wird es wesentlich leichter.*

Ein Minirest von Ärger ist noch da, der mir gehört. Jetzt greifen zwei Herzensschlüssel, die vorher nicht funktioniert haben: Beachtung und wahrgenommen werden – und dies in der betreffenden Situation, nicht erst hinterher.

Zurück in die Ausgangssituation, Veränderung: *Im Geist lasse ich den Film der Begegnung nochmals abspulen, versetze mich hinein und nehme nun den Ärger bewusst wahr. Was anders ist: Diesen Ärger in der Situation wahrzunehmen, gibt mir einen Puffer, einen Moment, in dem ich zu mir kommen und in mich gehen kann, um zu schauen, was ich eigentlich wirklich sagen möchte.*

Bereit für einen Versuch?

Nun sind Sie vorbereitet, um es selbst zu probieren. Legen Sie sich den »Spickzettel« parat, schließen Sie die Augen und steigen Sie in die Übung ein! ...

In diesem ersten Durchgang durch die Grundübung konnten Sie ein bisher un- oder nicht ganz bewusstes Gefühl in Ihrem Körper aufspüren und Ihr Herz dafür öffnen. Sie haben die Erfahrung gemacht, dass es etwas ganz anderes ist, dieses Gefühl bewusst wahrzunehmen, statt wie zuvor von ihm unbewusst beherrscht zu werden. Sie haben gemerkt, wie es sich anfühlt, wenn Ihr Herz aufgeht. Möglicherweise haben Sie ein Fremdgefühl zurückgegeben und fühlen sich nun bereits ganz anders. Vielleicht sehen Sie das Thema einfach schon ein wenig anders oder fühlen sich etwas anders dabei. Aber damit ist erst ein Anfang gemacht. Andere Emotionen und andere Gefühlsschichten sind an Ihrem Thema beteiligt, und Sie möchten diese vermutlich auch noch kennenlernen, um dem Thema ganz auf den Grund zu gehen und sich von der Problematik lösen zu können.

Wie geht man nun einem Thema auf den Grund?

Sie wiederholen einfach den ganzen Vorgang so lange, bis Sie den Eindruck haben, dass das Thema für Sie erledigt ist. Manchmal braucht man dafür nur eine einzige Sitzung, manchmal mehrere. Sie werden fühlen, wann es Zeit ist, abzubrechen oder zu unterbrechen. Setzen Sie sich dann einfach an einem anderen Tag mit demselben Thema wieder hin und fangen Sie von vorn an: ans Thema denken – Körperzustand erleben – Gefühl darin entdecken – Herz dafür öffnen – zurück zum Thema.

Folgende Gefühlsschichten gehören
zu einem Problemthema

- Negative Emotionen (wie Ärger, Zorn, Wut, Angst, Trauer, Eifersucht etc.)
- Grundschmerz(en) (wie Abgelehnt-, Schlecht-, Ungeliebt-, Alleinsein, Gefühl von Ungerechtigkeit, Demütigung, Verrat, Wertlosigkeit)
- Sehnsucht (im Allgemeinen nach dem Gegenteil)
- Positives Gefühl in der Wunscherfüllung. Man findet es, indem man im Geist der Sehnsucht folgt und sich in das Bild ihrer Erfüllung hineinversetzt. Dann wieder: Körperzustand spüren, Gefühl darin entdecken und ins Herz holen.

Beispiel
Ausgangssituation: Jemand sagt: »Du hast das falsch gemacht.«
Emotionale Reaktion: Wut.
Schmerz darunter: gedemütigt werden.
Sehnsucht, die sich damit verbindet: respektvoll behandelt werden.
Positives Gefühl, wenn ich mir die Erfüllung vorstelle: geachtet werden.
Veränderung: Jetzt sehe ich die Kritik des anderen nicht mehr als Demütigung, sondern vielmehr als nützliche Information, eventuell sogar als Zeichen seiner Achtung, und empfinde Dankbarkeit.

Die Sehnsucht nach dem Gegenteil

Um ein Problem zu lösen und aus der Problematik erlöst zu werden, ist es nicht zwingend notwendig, die Sehnsucht und das positive Gefühl zu finden; es reicht, sein Herz für die negativen Gefühle und vor allem für den Grundschmerz oder die Grundschmerzen darunter zu öffnen. Denn dort sitzt die Wurzel des Problems. Manchmal allerdings schiebt sich erst die Sehnsucht nach dem Gegenteil ins Bild.

An einem Beispiel illustriert

Ausgangssituation: Jemand spricht unfreundlich mit mir.

Negative emotionale Reaktion: sich verschließen, Trotz.

Schmerz darunter: abgelehnt werden.

Sehnsucht nach dem Gegenteil schiebt sich davor: Als ich versuche, den Schmerz des Abgelehntseins wahrzunehmen, meldet sich eine Stimme, die sagt: »Ich will das aber nicht. Ich will, dass er/sie mich liebevoll betrachtet.« *Also wende ich mich zuerst dieser Sehnsucht zu und öffne mein Herz für sie.*

Zurück zum Schmerz: Jetzt bin ich in der Lage, den Schmerz der Ablehnung zu fühlen und ins Herz zu holen.

Das positive Gefühl in der Wunscherfüllung

Optional besteht noch die Möglichkeit, das positive Gefühl, das in der Sehnsucht bereits enthalten ist, auch noch kennenzulernen und ins Herz zu holen. Das wird oft wie eine Offenbarung empfunden.

Am obigen Beispiel illustriert

Schmerz: abgelehnt werden.

Sehnsucht nach dem Gegenteil: liebevoll betrachtet werden.

Wunscherfüllung (ich stelle mir vor, wie sich das anfühlt): Ich fühle mich aufgehoben (in der Freundlichkeit).

Ich öffne mein Herz für das Gefühl von Aufgehobensein, und auf einmal spielt es keine Rolle mehr, ob jemand mich freundlich oder unfreundlich behandelt.

Aber Achtung: Gehen Sie bitte immer »körperzentriert« vor und nicht »kopfzentriert«! Es geht nicht darum, diese vier Gefühlsschichten in einer Reihenfolge abzuarbeiten, die dem Verstand logisch erscheint, sondern so, wie sie sich im Körper zeigen!

Nachsorge

Notieren Sie sich am Ende einer Herzensarbeit die Gefühle, für die Sie Ihr Herz geöffnet haben. Diese Notiz soll dazu dienen, Sie in den nächsten Tagen daran zu erinnern, diese Gefühle im Auge zu behalten. So wird es Ihnen leichter fallen, sie zu erkennen, wenn sie mal wieder ausgelöst werden, und sie dann mitten in einer realen Situation mit der gleichen Bewusstheit wahrzunehmen wie in der »Trockenübung«. Die eigentliche Veränderung geschieht genau dadurch, dass Sie ein Gefühl, das Sie vorher unbewusst beherrscht hat, nun ganz bewusst wahrnehmen, und zwar mit einem offenen Herzen und in dem Wissen, dass es sich um ein Gefühl handelt.

Sollten Sie in der Übung ein positives Gefühl ins Herz geholt haben, so notieren Sie dies ebenfalls und nehmen Sie sich vor, sich, sooft es geht, daran zu erinnern, dieses Gefühl wahrzunehmen. Notieren Sie das Gefühl zusammen mit einem Stichwort, das den Körperzustand beschreibt, denn dann wird es Ihnen leichterfallen, es sich nicht nur in Erinnerung zu rufen, sondern wirklich auch wieder zu fühlen. Auf diese Weise wird es nach und nach in Ihrem Herzen Fuß fassen.

Wann ist ein Thema wirklich erledigt?

Wenn Sie einmal ganz durch ein Thema hindurchgekommen sind, werden Sie dies daran erkennen, dass es keines mehr für Sie ist. Manchmal vergisst man das Thema schlichtweg und erinnert sich Monate oder Jahre später daran – da war doch früher dieses Problem? Wo ist das eigentlich geblieben? In den meisten Fällen aber verschwindet es nach und nach; oft ist ja mehr als nur ein Grundschmerz beteiligt – zum Beispiel fühlen wir uns abgelehnt und zugleich auch gedemütigt –, und erst wenn alle beteiligten Grundschmerzen entdeckt, als Gefühle erkannt und gefühlt und Fremdanteile zurückgegeben sind, ist das Thema wirklich erledigt.

Erfreuliche Themen lassen sich übrigens genauso gut mit Körperzentrierter Herzensarbeit anschauen. Sie werden staunen, welche positiven (manchmal auch negativen) Gefühle dabei auftauchen, die Ihnen überhaupt nicht bewusst waren, und wie gut es tut, auch den schönen Gefühlen sein Herz zu öffnen!

Unsere negativen Emotionen

»Wohin mit meiner Wut?«

Über Wut, Zorn, Hass, Groll, Ärger, Bitterkeit, Trotz, Apathie,
Unversöhnlichkeit, Verschlossenheit, Rache. Über die Sehnsucht,
die in der Wut verborgen ist. Und: der Wert der Wut.

Ich bin so wütend. Sooo wütend! Die Person macht mich wahnsin-
nig. Sie macht mich rasend. Am liebsten würde ich ihr den Hals um-
drehen, auf sie einschlagen, sie in Fetzen reißen ... Wenn dieser
Mensch das noch mal tut, dann bringe ich ihn um!
Natürlich ist das kein echter Beschluss, sondern nur so ein Gedanke.
Aber ein verdammt verlockender. In Wirklichkeit werde ich natür-
lich nichts dergleichen tun.

Aber wohin mit meiner Wut?

Ich will sie ja gar nicht loswerden. Denn ich bin mit Recht wütend.

Also, was mache ich mit dieser Wut am besten? Die Person anschreien, auf sie einschlagen?

Befreit mich das von der Wut? Ist die Wut dann raus aus meinem Bauch, meinem Kiefer, meinen Körperzellen?

Ist damit Gerechtigkeit hergestellt?

Was ist, wenn der andere ebenfalls wütend wird? Entsteht damit Krieg? Will ich den?

Oder tue ich dem Menschen vielleicht unrecht, weil ich blind vor Wut bin?

Und wenn ich diesen Menschen nun eigentlich liebe, wenn er mein Kind, mein Partner, mein Freund, meine Mutter ist?

Oder wenn ich Angst vor ihm habe – oder vor meiner eigenen Wut?

Oder wenn ich ihn nicht verletzen möchte – oder ihm gegenüber ohnmächtig bin?

Oder wenn ich nicht auf eine bestimmte, für mich erreichbare Person wütend bin, sondern auf eine Institution?

Oder wenn ich gar nicht wütend sein will, weil ich Wut blöd oder unchristlich finde?

Oder wenn ich meine, dass ich eigentlich darüberstehen müsste? Was dann?

Mir die Wut ausreden? »Ich bin im Frieden. Alles ist gut.« Oder: »Er meint es nicht so. Er kann nichts dafür.« Was geschieht dann mit meiner Wut? Mit mir? Mit der Welt?

Auf ein Kissen einschlagen? Hilft das?

Einfach warten, bis der Anfall vorbei ist?

Und wenn nun diese gleiche Sorte Vorfall mich immer wieder wütend macht?

Und ich dann so außer mir bin, dass ich überhaupt nicht mehr weiß: WOHIN MIT MEINER WUT?

Was ist Wut?

Fragen Sie sich einmal selbst (bevor Sie meine Vorschläge lesen): Woran erkennen Sie, dass Sie wütend sind?

An Ihren wuterfüllen Gedanken? An Ihren wütenden Handlungen? Oder an einem Brodeln, das in Ihrem Körper aufsteigt? An einer Spannung in den Fäusten? In den Armen, Beinen, im Rücken, im Kiefer?

Wer wütend ist, möchte schlagen, treten, zermalmen, zumindest aber auf den Tisch hauen, etwas in die Ecke pfeffern oder aufstampfen. Da wir wohlerzogene und vernünftige Erwachsene sind, tun wir das natürlich nicht, ja, wir gestehen uns noch nicht einmal ein, das gerne tun zu wollen. Aber wenn Sie mal in Ihren Körper hineinspüren, werden Sie merken, dass diese Impulse da sind.

Wut deutet an, dass etwas uns getroffen hat, uns wehtut und wir es nicht aushalten. Aber das ist uns nicht bewusst. Wir sind viel zu sehr damit beschäftigt, wütend zu sein; über den Mistkerl nachzudenken; uns auszudenken, was wir ihm an den Kopf werfen, wie wir ihn fertigmachen können. Oder wir sind schon dabei, die Wut auszudrücken. Wir schimpfen, schreien, stampfen auf, hauen auf den Tisch, knallen mit der Tür. Verletzt? Ich? Nicht doch. Ich bin nur wütend!

Der Schmerz unter der Wut

Solange ich mich so in der Wut suhle und sie innerlich oder äußerlich ausdrücke, muss ich meinen Schmerz nicht fühlen. Dann muss ich nicht wahrnehmen, dass ich mich eventuell klein und mickrig fühle, gedemütigt oder abgelehnt, ungerecht behandelt oder im Stich gelassen. Die Wut schützt mich davor, diesen Schmerz fühlen zu müssen. Eigentlich möchte sie ihn sogar zum »Absender« zurückschicken; nur funktioniert das nicht. Denn der Schmerz sitzt ja in uns.

Ich bin wütend, weil du dich so verhältst, wie du dich verhältst.
Ich schreie dich an, verlasse türenknallend den Raum.

Hinterher grummelt die Wut immer noch in mir. Vielleicht hätte ich die Tür lauter knallen sollen, um die Wut loszuwerden. Irgendwann vergesse ich sie, oder du bist lieb zu mir und dann kann ich nicht mehr wütend sein. Ist die Wut nun weg?

Oh nein. Sie wartet nur auf die nächste Gelegenheit hervorzuzischen.

Solange ich glaube, deshalb wütend zu sein, weil du dich so verhältst, wie du dich verhältst, werde ich immer wieder wütend sein, wenn du dich so verhältst.

Ich muss also versuchen, dein Verhalten zu ändern. Dich zu erziehen.

Wenn du dann brav bist, bin ich dann nicht mehr wütend?

Oh doch. Die Wut ist ja immer noch da; sie sucht sich dann eben einen anderen Anlass. Es findet sich immer einer, nicht wahr?

Erst wenn ich anfange, mich dafür zu interessieren, warum dein Verhalten mich so wütend macht, lockert der Wutteufel seinen Griff.

Also, warum macht mich dein Verhalten so wütend?

Was ist so schlimm daran für mich? Was kann ich nicht ertragen?

Wie fühle ich mich eigentlich wirklich? Was tut mir weh?

Aha. Jetzt sind wir auf einer heißen Spur. Etwas tut weh. Ich muss nur wieder an die Szene denken und nun die Wut einmal zur Seite stellen. Ich lasse dein Verhalten auf mich wirken, ohne wütend zu werden. (Nur als Trick, um den Schmerz hervorzulocken. Nachher darf ich wieder wütend sein.)

Da taucht der Schmerz auf. Demütigung. Dein Verhalten ist demütigend für mich.

Moment mal, ist das wahr? Ist das eine Tatsache? Ist es nicht eher so, dass ich mich gedemütigt fühle?

Stimmt. Es ist ein Gefühl.

Vielleicht sollte ich mich diesem Gefühl einmal zuwenden – und es fühlen.

Danach ist alles anders.

Du verhältst dich so und nicht anders, weil du nicht anders kannst, aus deinen eigenen Gründen, deinen eigenen Gefühlen heraus. Der Gedanke an Demütigung kommt dir noch nicht einmal in den Sinn. Ich war es, die dein Verhalten so interpretiert hat.

Ich bin jetzt sogar froh darüber, denn dadurch ist in meinem Innern ein alter Schmerz an die Oberfläche gekommen, den ich eigentlich schon mein ganzes Leben lang mit mir herumgeschleppt habe.

»Gerechte« Wut

Nun werden manche sagen: Schön und gut, aber manchmal muss Wut doch auch ausgedrückt werden, etwa um etwas zurechtzurücken oder jemanden in die Schranken zu verweisen.

Muss sie? Stimmt das?

In den meisten Fällen ist das nicht nur überflüssig, sondern sogar fehl am Platz – in Fällen wie den obigen nämlich, wenn der andere nicht wirklich etwas Böses getan hat, sondern wir es nur so interpretieren.

Aber selbst dann, wenn das Verhalten des anderen nach allgemein menschlichen Maßstäben falsch, destruktiv, schädigend gewesen ist, kann es besser sein, erst für die Wut sein Herz aufzumachen, bevor man entscheidet, ob und wie man zur Tat schreitet.

Ich bin wütend, weil ein haarsträubendes Unrecht geschehen ist.

Voller Wut will ich zu den betreffenden Leuten hingehen und sie anschreien.

Aber bringt das etwas? Die Leute werden sehen, dass ich außer mir bin, und mich zu beruhigen oder sich zu schützen versuchen. Meine Wut wird sicher Eindruck auf sie machen, aber vielleicht den falschen. Nämlich den Eindruck, dass ich außer mir bin, eine gefährliche Irre. Nicht ganz das, was ich erreichen will.

Also gucke ich mir die Sache erst mal an.

Ich öffne mein Herz für die Wut (sie braucht vor allem Anerkennung und Achtung – und will als Gefühl statt als innere Tatsache wahrgenommen werden).

Nun bin ich nicht mehr außer mir, sondern bei mir, und vor allem: Ich bin wieder da. Jetzt merke ich erst, dass ich vorher in der Wut verschwunden war. Jetzt, wo ich wieder da bin, kann ich die Wut in mir wahrnehmen, aber sie ist kleiner als ich – der Rest von mir ist auch da. Meine Vernunft zum Beispiel. Mein Urteilsvermögen. Aber die Achtung für die Wut hat mich irgendwie aufgerichtet und größer gemacht.

Jetzt kann ich meine Sache viel besser vertreten.

Wut mobilisiert starke Kräfte

Wut ist Schmerz, den man zurückstößt. Manchmal ist Wut schlimm, zum Erbarmen – dann, wenn uns etwas sehr, sehr wehtut und wir es auf keinen Fall fühlen wollen. Dann versuchen wir unbewusst, den Schmerz auf den oder das zurückzuwerfen, der oder das uns das angetan hat.

Manchmal ist Wut aber auch herrlich. Wut hebt uns über unsere Grenzen hinaus, über die Grenzen der uns bekannten Fähigkeiten und die Grenzen, die wir durch unsere Ängste gesteckt haben.

Wut gibt Mut

Im Normalfall habe ich eine riesengroße Angst, jemanden zu verletzen. Manchmal jedoch steigt eine Riesenwut in mir hoch. Diese Wut verleiht mir den Mut des Wahnsinns – und die dazugehörige Rücksichtslosigkeit. Ich fange an, Türen zu knallen und laut lärmend Geschirr einzuräumen, und schimpfe über all das, worüber ich immer geschwiegen habe. Ich fühle mich immer größer und immer mächtiger, geradezu unbesiegbar. Da schau, du kleiner Trottel. Peng! Und noch eine Beschimpfung. Peng! Ha, jetzt bist du aber klein geworden! Unglaublich, wie viel Energie ich auf einmal habe. Vorher war ich übrigens schlapp und müde.

Das ist das Gute an der Wut: Sie mobilisiert viel Energie, gibt uns Mut, hebt uns über die Grenzen unserer Ängste und unserer gewohnten Verhaltensmuster. Das brave Mädchen wird auf einmal die böse Frau, der sanfte Liebling zum furchterregenden wilden Mann.

Wenn ich sehr, sehr wütend bin, nutze ich diese beflügelnde Kraft, um in Atomgeschwindigkeit und mit tatkräftiger Rücksichtslosigkeit die Wohnung aufzuräumen und zu putzen. Zack! Die Ecke ausgeräumt, die mir schon seit Langem ein Gräuel war. Peng! Den Wäscheberg sortiert. Knall! Teller und Tassen in den Schrank geräumt.

Manchmal verleiht Wut sogar Flügel

... wie damals, mit zwanzig, als ich mit meinem Freund in den Alpen war. Wir waren einen ziemlich hohen Berg hinaufgeklettert und oben gerieten wir in Streit. Die Wut zischte in mir hoch, und ehe ich mich's versah, lief ich den Berg hinab. Ich sprang, hüpfte, rannte in einem glitschigen Bachbett bergab – so wütend war ich, dass ich förmlich flog.

Ich muss ergänzen, dass ich ein Flachland-Stadtkind war, große Angst vor Bergen hatte, und im Normalfall wäre es mir nicht eingefallen, auch nur ganz vorsichtig und langsam auf diesen glitschigen Steinen zu gehen. Hier nun sprang ich von Stein zu Stein, ohne auch nur hinzusehen, mit absoluter Treffsicherheit, beflügelt von einer Wut, die mich in Windeseile nach unten ins Tal trug.

Mein Freund, übrigens ein Kampfsportler, zehnmal so sportlich und schnell wie ich, kam eine Viertelstunde später am Parkplatz an. »Es war mir unmöglich, dich einzuholen«, lachte er. »Unglaublich!«

Das ist das Schöne an Wut: Sie verleiht uns Kraft, lässt uns über uns hinauswachsen. Unschön ist nur, wenn wir diese Kraft in destruktiver Weise verwenden, um zu verletzen und zu zerstören.

Wie Wut und Ohnmacht
zu einem Teufelskreis werden

Wut, mit Ohnmacht kombiniert, kann zu Verzweiflung führen, zu Selbstzerstörung (und sei es nur durch Nägelbeißen) oder aber zu Groll, Rache, Kälte und Grausamkeit. Oder zu Resignation und Bitterkeit, Trotz und schließlich Apathie.

Etwas geschieht mit mir und meinem Leben, das ich in keiner Weise geplant, beabsichtigt, gewünscht habe. Es macht mich wütend, aber auch hilflos. Ich kann nichts dagegen tun. So unterdrücke ich die Wut, wann immer sie auftaucht, mit Gedanken der Ohnmacht: Es hat ja keinen Zweck, wütend zu sein, ich kann ja nichts tun; und die Ohnmacht, wann immer sie mir richtig bewusst ist, unterdrücke ich mit Wut. Ich kann nichts tun – und das macht mich so wütend! Das Ganze bringt mich zum Verzweifeln. Aber auch auf die Verzweiflung setzt sich noch die Ohnmacht drauf – ich kann ja nichts ändern, es hat also keinen Zweck zu weinen! Schließlich kapituliere ich und gebe nach. Aber nicht so richtig. Einen Zipfel Trotz bewahre ich mir noch – er äußert sich in Apathie. Ich lasse mich innerlich hängen wie einen Sack: Na gut, Leben, du bist stärker als ich, mach was du willst – aber ich steige aus.

Die apathische Haltung bringt mich dann wieder in Situationen, die ich nicht gewollt habe, die mich wütend und ohnmächtig machen, und so geht der Teufelskreis weiter ... Und es ist schwer, daraus auszubrechen.

Lang gehegte Wut wird zu Groll

Lang gehegte Wut, nie bewusst erlebte oder ausgedrückte Wut verdichtet sich zu Groll. Grummelt in unserem Bauch. Vergiftet unsere Leber, verdickt unser Blut, sammelt sich in hässlichen Schlacken in unseren Eingeweiden. Sie macht es uns unmöglich, unser Herz zu öffnen, inneren Frieden zu finden, glücklich zu sein.

Eigentlich ist Groll ja ein Gefühl, das den anderen meint, das ihn treffen, bestrafen, vergiften soll; tatsächlich aber vergiftet es uns selbst.

Trotzdem können wir den Groll nicht einfach aufgeben.

Wir können uns hundertmal vorsagen, dass wir diese alte Geschichte nun endlich ad acta legen wollen; doch kaum wird der Name des Unseligen erwähnt, kommt der alte Groll wieder hoch. Wir können uns hundertmal vornehmen, ihm zu verzeihen; der Groll aber ist hartnäckig, der lässt sich nicht wegverzeihen und auch nicht wegaffirmieren.

Wie alle Gefühle will er nämlich nur eins: seinen Platz im Herzen. Er will da sein dürfen. Verstanden werden. Anerkannt werden. Von Verurteilung befreit werden. Geachtet werden. Einmal wirklich gefühlt werden. Raum bekommen. Und schließlich, wenn er all das bekommen hat, was er von unserem Herzen braucht, will er auch noch als das erkannt werden, was er ist: ein Gefühl. Nicht eine innere Tatsache. Einfach nur ein Gefühl – das seinen Platz im Herzen verdient.

Dann tritt er zur Seite und lässt eine ganze Palette von Gefühlen hervortreten, die mit ihm verbunden sind. Die Wut. Das Gefühl, Opfer von Unrecht zu sein. Die Trauer darüber. Die Sehnsucht, gerecht behandelt zu werden (oder Anerkennung zu bekommen oder …).

Am Ende merken wir, dass der Groll auch Würdigung braucht. Dass er der Hüter unserer Sehnsucht war. Nur dass wir nicht bewusst genug waren und zu sehr mit unserer Verletzung und unserer Wut beschäftigt, um diese Sehnsucht zu bemerken.

Den ganzen Gefühlsklumpen durchleuchten

Groll ist ein sehr dichter, sehr dunkler Gefühlsklumpen, in dem andere Gefühle zusammengeballt sind. Manchmal gehört dazu auch noch Unversöhnlichkeit, Bitterkeit, Verschlossenheit, Rache. Nimmt man diese nicht als innere Tatsachen, sondern als Gefühle, und öffnet ihnen sein Herz, so kommt nach und nach Licht in die Eingeweide, die Organe, die Gewebe, die vom Groll verdunkelt und vergiftet waren.

Wie Hass entsteht

Ein anderer dunkler Gefühlsklumpen ist Hass. Hass entsteht, wenn wir sehr wütend sind, sehr stark mit dieser Wut identifiziert, wenn ein großer Schmerz dahintersteckt und wir uns der Person gegenüber, die ihn ausgelöst hat, ohnmächtig fühlen. *»Du hast mir so wehgetan, dafür hasse ich dich.«*

Manchmal empfindet man Hass auch Menschen gegenüber, die man überhaupt nicht kennt. Man projiziert etwas auf sie, das man hässlich findet, das man hasst, weil es einen wütend macht und weil man sich dem gegenüber ohnmächtig fühlt. Oder man projiziert auf diese Menschen etwas, das man gern hätte oder wäre, aber nicht haben oder sein kann, und hasst sie dafür. So gibt es Frauen, die Männer hassen, einfach weil sie Männer sind – und umgekehrt. Oder Frauen, die Frauen hassen. Oder Weiße, die Schwarze hassen. Und umgekehrt. Es gibt Menschen, die Juden hassen; dabei könnten viele von ihnen noch nicht einmal erklären, was überhaupt ein Jude ist. Es gibt Menschen, die Araber hassen. Oder Ausländer. Oder Reiche. Oder Intellektuelle. Oder Mächtige. Oder Polizisten. Oder Schwule. Und so fort.

Hass ist ein aggressives, ein destruktives Gefühl, es zischt in einem metallenen Strahl aus uns heraus, so wie das Wort »Hass« aus unseren Zähnen zischt. Wenn es nicht herauszischen kann, weil wir nicht die Möglichkeit haben, unseren Hass durch Wort oder Tat auszudrücken, dann zischt es in uns selbst herum, und seine Aggressivität stört unser eigenes Wohlbefinden, die Ordnung in unserem Körper, den Frieden, die Harmonie. Wir werden krank vor Hass.

Dabei ist Hass eigentlich ein ganz unschuldiges Gefühl. Haben Sie niemals ein Kind zu Vater oder Mutter sagen hören: »*Ich hasse dich!*«, etwa weil ihm etwas verweigert wurde, das es haben wollte, oder weil es zu unrecht bestraft wurde? Mit »Ich hasse dich« sagt das Kind eigentlich nur: »*Das tut mir sehr, sehr weh, und ich möchte dich fühlen lassen, wie weh es mir tut!*«

Hass ist nicht hässlich. Aber er macht uns hässlich, wenn wir mit ihm identifiziert bleiben, wenn wir ihn hüten und hegen. Und wenn wir ihn in hässlichen Worten und Taten ausdrücken. Vor allem, wenn dies hinterrücks geschieht.

Für viele Menschen ist Hass ein Tabu. Man hasst nicht. Hassen ist ein Zeichen von Schwäche, es macht uns klein, es offenbart, wie verletzt und wie ohnmächtig wir sind. Und überhaupt ist es unmoralisch, unchristlich, unspirituell. Und hässlich. Daher unterdrücken wir ihn, geben ihm keinerlei Chance, ignorieren ihn; halten ihn womöglich für ein Gefühl, das uns unbekannt ist.

Wenn wir den Hass dann in uns entdecken, braucht er von unserem Herzen wahrscheinlich als Erstes Rehabilitation: von Verurteilung befreit werden; da sein dürfen; Verständnis; womöglich Erbarmen. Oft kommen dann Tränen, und mit den Tränen taucht die ganze Gefühlskette auf, die zu diesem Hass geführt hat – und an deren Anfang ein Schmerz stand: der Schmerz der Ablehnung, der Verurteilung, der Demütigung, der Ungerechtigkeit zum Beispiel.

Vom Schmerz zur Grausamkeit: eine destruktive Gefühlskette

Hass muss nicht das Ende der negativen Gefühlskette sein. Es kann noch viel weiter gehen. Menschen, die sich grausam verhalten, die anderen furchtbare Dinge antun, Dinge, an die wir noch nicht einmal denken mögen – die es aber leider in dieser Welt gibt und immer gab –, haben möglicherweise eine solche Gefühlskette durchlaufen.

Am Anfang war der Schmerz. Den erkannte ich nicht als Gefühl, hielt ihn für eine Tatsache, für etwas, das ich bin. Das war unerträglich.

Ich wehrte mich dagegen mit Wut. Doch ich hatte keine Möglichkeit, die Wut an den Mann zu bringen, war ohnmächtig. Da fing ich an zu hassen.

Der Hass fraß mich auf. Ich konnte ihn nicht ausdrücken, nicht richten, der Gehasste war außer Reichweite. Da sehnte ich mich nach Rache.

In Fantasien tat ich ihm an, was er mir angetan hatte, nur viel schlimmer. Er sollte es fühlen, zehnmal, hundertmal fühlen.

Aber auch die Rache konnte ich nicht anbringen. Hass und Rache mussten aber irgendwo angebracht werden, sonst hielt ich ihre Energie nicht aus. Da niemand da war, gegen den ich sie richten konnte, richtete ich sie gegen mich selbst. Anstatt den Gehassten zu zerstören, zerstörte ich mich selbst, indem ich alle Gefühle in mir abtötete. So wurde ich kalt. Gleichgültig. Wie Eis.

Diese Kälte machte mich grausam.

Die Sehnsucht, die in der Wut versteckt ist

Um aggressive, destruktive Verhaltensweisen zu entwickeln, muss man jedoch gar nicht so weit gehen; schon ganz am Anfang der Kette, bei der Wut, besteht die Möglichkeit dazu. In Wut ist nämlich nicht nur Schmerz enthalten, den man weghaben will, in Wut ist auch Sehnsucht enthalten.

Wenn ich mir diese Sehnsucht bewusst machen möchte, muss ich zunächst etwas tun, das ich nicht gern tue, nämlich mir einmal bewusst die aggressiven Fantasien anschauen. Dabei habe ich zunächst den Eindruck, mich auf gefährlichem Glatteis zu bewegen.

Meine Wut ist sehr, sehr groß. Ja, ich kann sie fühlen, ich kann auch mein Herz für sie aufmachen, aber sie hält mich fest. Fast als wäre noch ein Gefühl in ihr enthalten. Ich spüre noch einmal tiefer hinein und merke: In der Wut gibt es einen Wunsch! Komisch, dass ich das nie bemerkt habe.

Was wünsche ich mir denn? Da brauche ich ja nur mein Augenmerk auf die Bilder zu richten, die stets da sind, jedoch immer sofort beim Entstehen von mir verdrängt werden. Hässliche Bilder. Aggressive Bilder. Und wenn ich mir die mal anschauen würde? Es geht ja nicht darum, das Hässliche zu tun, sondern nur darum, es endlich einmal mit der richtigen Bewusstheit anzuschauen, um die Gefühle darin zu entdecken und mich ihrer zu erbarmen. Okay. Das hilft.

Wonach sehne ich mich also, während ich so wütend bin? Wonach sehnt sich der wütende Teil in mir? Ganz einfach: Er möchte zuschlagen. Prügeln. Treten. Wehtun. Und zwar denjenigen, die mir das angetan haben. Dieser Wunsch, diese Sehnsucht braucht von meinem Herzen Verständnis. Erlaubnis. Von Verurteilung befreit werden. Daseinsberechtigung. Und überhaupt einmal gesehen, statt verdrängt zu werden.

Und wenn ich mir das gute Gefühl, das die Wunscherfüllung mir verschaffen würde, gleich auch noch anschauen würde? Ich baue die Leute also im Geist alle vor mir auf, die mir das angetan haben. Der Sehnsucht folgend, habe ich sie nun alle kräftig geschlagen und getreten: »Da! Jetzt siehst du mal, wie weh das tut! Und noch mal! Damit es wirklich schmerzt! Denn so groß ist der Schmerz, den du mir antust.«

In meinem inneren Bild sitzen nun alle geschlagen auf dem Boden, schämen sich, gestehen ihre Schuld ein und geloben Besserung. Wie fühlt sich das an? Ich spüre Kraft in meinen Muskeln und Weite vor mir, in meinem Energiefeld. Wie fühle ich mich? Mächtig und frei. Was für ein herrliches Gefühl! Ich nehme mir Zeit, es auszukosten, es kennenzulernen, es zu fühlen. Es braucht Raum. Gefühlt zu werden. Und Pflege – das heißt, es will immer wieder gefühlt werden.

117

Mächtig und frei. Ach ja, und es will als Gefühl erkannt werden.
Moment mal: Frei wovon eigentlich? Von der Last der Aggression;
und vom Opfersein. Aha, jetzt habe ich das Gefühl besser verstan-
den.
Ich merke mir den Körperzustand – Kraft in den Muskeln und Wei-
te im Energiefeld – und verankere ihn mit den Worten »mächtig und
frei« in meinem Gedächtnis.
Nun heißt es üben. Das Gefühl tatsächlich pflegen. Mich daran erin-
nern. Es mitnehmen. Ich bin mal gespannt, was dann passiert. Mir
schwant, dass es um eine große Veränderung geht und nicht mit drei
Tage Üben getan ist. In mir tauchen schon die Bilder von zwischen-
menschlichen Situationen auf, in denen ich üben will, es zu fühlen.
Ich freue mich schon darauf.

Wenn man nicht wütend sein kann

Einige Menschen können nicht wütend sein. Ihnen geschehen oft
Dinge, über die sie nach Meinung anderer hätten wütend sein sollen.
Sie sind es aber nicht. Sie sind vielleicht traurig oder enttäuscht, aber
nicht wütend. Manche fragen sich, ob das so richtig ist. So wie Sarah.
Ihre Freundinnen sind der Ansicht, sie müsse eigentlich wütend sein.

Wenn wir Wut durch Verständnis unterdrücken

Sarah: Vor Kurzem hatte ich eine Beziehung mit einem bekannten
Sänger. Ich war über alles verliebt in ihn und hatte den Eindruck,
dass das auf Gegenseitigkeit beruhte. Er sprach sogar davon, dass er
nach seinen zahllosen kurzen und oberflächlichen Affären nun end-
lich eine feste Beziehung eingehen wolle. Ich jubelte innerlich. Etwas
später erfuhr ich aus der Presse, dass er geheiratet hatte.
Es war sie, mit der er eine feste Beziehung eingehen wollte. Nicht ich.
Ich war traurig.

Meine Freundin aber war wütend. Sozusagen stellvertretend für mich. Der Kerl sei rücksichtslos, unverschämt, was denke er sich überhaupt, und wieso sei ich nicht wütend? Was stimme nicht mit mir?

Ja, was stimmte nicht mit mir? Im Seminar habe ich mir das angeschaut. Was es mir unmöglich machte, auf diesen Mann wütend zu sein, war mein Verständnis und meine Sympathie für ihn. Als seien Verständnis/Sympathie und Wut nicht kompatibel, als könne es nur entweder das eine oder das andere geben. Nachdem ich mein Herz für Verständnis und Sympathie geöffnet hatte, tauchte nicht Wut auf, sondern Zorn. Ein ähnliches Gefühl, jedoch nicht so sehr persönlich verletzt wie Wut, mehr so etwas wie ein heiliger Zorn. Dieser bezog sich erstaunlicherweise nicht nur auf die Art, wie er mich, sondern wie er viele Frauen behandelt hatte (niemals hätte ich gedacht, dass ich mit seinen vielen Liebhaberinnen sympathisieren könnte!). Der Schmerz dahinter: respektlos behandelt zu werden.

Varianten dieser Reaktion

- *»Er ist ein kleines Kind, wie kann ich wütend auf ein kleines Kind sein!«*

Wie heißt das Gefühl, das sich mit dem Gedanken »Er ist ein kleines Kind« verbindet? Schuldgefühl? Zärtlichkeit? Mitleid? Verständnis? Die Lösung dafür: erst Ihr Herz aufmachen für dieses Gefühl, dann für die Wut.

- *»Ich liebe sie so sehr, ich kann doch nicht auf sie wütend sein!«*

Oh doch, so groß die Liebe auch sein mag, man kann trotzdem einmal Wut auf den geliebten Menschen empfinden. Tipp: Herz öffnen für die Liebe – und dann für die Wut. Im Herzen haben beide Platz.

Wenn wir Wut aus Angst unterdrücken

Manche Menschen werden deshalb nie wütend, weil sie Angst davor haben. Sie unterdrücken ihre Wut, damit nichts Schlimmes passiert. *»Ich habe Angst vor dem, was passiert, wenn ich wütend werde. Ich habe Angst vor meiner Wut. Sie ist zu groß. Sie würde alles zerstören.«* Sie müssen erst ihr Herz für ihre Angst öffnen, bevor sie mit ihrer Wut in Kontakt kommen können. Es kann die Angst sein, jemanden zu verletzen und dadurch schuldig zu werden oder die Person zu verlieren; die Angst davor, verlassen zu werden, abgelehnt, nicht mehr geliebt, hässlich zu sein; die Angst vor Verurteilung, vor Zerstörung der Liebe ...

Wenn Sie Schwierigkeiten damit haben, Wut wahrzunehmen, dann machen Sie sich klar, dass Wut keine Tatsache ist, sondern ein Gefühl. Ein Gefühl, das vielleicht gerne ins Herz möchte. Das wird Ihnen helfen, die Wut fühlen zu können.

Wenn wir eine Wut ausleben, die uns gar nicht gehört

Manchmal ist die Wut, die wir fühlen, gar nicht unsere eigene. Wir haben sie von jemand anderem übernommen: von Vater oder Mutter, von jemandem, dem wir begegnet sind – oder auch von unserem Konfliktgegner.

Betty: Als ich nach Hause komme, ist Gerald mit einer schriftlichen Arbeit beschäftigt. Obwohl ich weiß, dass er es hasst, bei der Arbeit gestört zu werden, gehe ich doch hin und streiche ihm über den Kopf. Er wischt meine Hand weg, als sei sie eine lästige Fliege. Wut steigt in mir hoch. Ich merke, wie sie sich zu einem riesigen Energieball auftürmt. Meine Zärtlichkeit hat sich in Aggressivität verwandelt.

»*Ich wollte dir nichts Böses!*«, schreie ich. »*Ich wollte dich noch nicht einmal bei deiner geheiligten Arbeit stören! Aber die ist dir ja sowieso viel wichtiger als ich!*«

Irgendwann komme ich auf die Idee, mir diese Wut einmal bewusst anzuschauen. Dabei merke ich, dass es gar nicht meine ist – sie gehört Gerald. Er ist es, der wütend war. Es macht ihn wütend, wenn ich ihn beim Schreiben störe, obwohl er mir viele Male gesagt hatte, dass er das nicht möchte. Es bringt ihm aus dem Gedankenfluss. Als ich die Wut an ihn zurückgebe, taucht sofort Verständnis auf. Und auch Respekt. Jetzt verstehe ich, wie es ist, so gestört zu werden, und werde es sicher nicht wieder tun.

Mensch, ärgere dich nicht!

Ärger ist ein mit Wut verwandtes Gefühl, jedoch ist die Energiebewegung weniger nach außen gerichtet, mehr nach innen. Ärger frisst sich in uns hinein, während Wut nach außen explodiert. Ärger ist oft die Reaktion, die sich einstellt, wenn wir auf ein Hindernis stoßen, wenn etwas nicht so ist, wie wir es uns wünschen. Für manche Menschen ist Ärger ein Dauerthema, es ist ihre selbstverständliche Reaktion auf fast alles. Und wenn es gerade keinen Grund gibt, sich zu ärgern, dann suchen sie sich einen. Ihr Ärger ist ansteckend; viele in ihrem Umfeld ärgern sich ihrerseits über sie (beziehungsweise übernehmen ihren Ärger, ohne es zu wissen).

Wenn Sie merken, dass Sie sich über jemanden ärgern, weil dieser Mensch so ärgerlich ist, stellen Sie sich vor, ihm den Ärger zurückzugeben! Wahrscheinlich wird der dann von Ihnen abgleiten, was Sie als Zeichen dafür nehmen können, dass Sie ihn von diesem Menschen übernommen hatten.

Ärger über Unrecht hilft, sich »im Recht« zu fühlen

Jeanne: Ich habe mein Leben lang unter Ärger gelitten. Das fing an, als meine Kinder noch ganz klein waren. Alles hat mich geärgert: die Kleider, die sie herumliegen ließen, das Licht, das sie vergaßen auszuschalten ... Ich konnte nicht anders, als mich dauernd über sie ärgern.

Durch die Herzensarbeit habe ich entdeckt, dass die Ärgerei mir etwas brachte. Solange ich mich ärgerte, musste ich nicht bei mir sein und somit nicht wahrnehmen, wie ich mich wirklich fühlte, nämlich sehr unglücklich und neidisch. Ich war das Älteste von sechs Kindern gewesen, und ich war es, die meiner Mutter bei der Hausarbeit helfen und mich um die Kleineren kümmern musste. Ich war es, die arbeiten musste, während die anderen Ferien hatten. Und nun als Erwachsene ärgerte es mich, wieder in einer ähnlichen Situation zu sein und das nicht ändern zu können. Ich fühlte Ohnmacht, Ungerechtigkeit und Aussichtslosigkeit.

Aber die entscheidende Entdeckung war die, dass ich den Ärger brauchte, um mich an der Position »Opfer des Schicksals« festklammern zu können, die irgendwie meine Selbstachtung rettete. Als Opfer war ich immerhin im Recht, was mich moralisch höher stellte! Die Lösung kam in Gang, als ich das Gefühl, im Recht zu sein, als solches erkannte (statt es weiterhin als Tatsache zu sehen) und ins Herz holen konnte; ebenso das Gefühl von Ungerechtigkeit, das außerdem noch Anerkennung brauchte.

Ärger verbindet sich oft mit dem Gefühl, be- oder verhindert oder blockiert zu sein; er geht oft zusammen mit Ungeduld – und mit Stress. Immer gehört auch ein Wunsch dazu, der jedoch vor lauter Identifikation mit dem Ärger nicht wahrgenommen wird.

Wenn du dich ärgerst, frage dich, was so arg ist, dass du dich ärgern musst! So findest du den Schmerz, der hinter dem Ärger steckt.

»Wut & Co.« – kurz gefasst

- *Warum entstehen Wut und die mit ihr verwandten Gefühle überhaupt?*

Weil uns etwas so wehtut, dass wir meinen, es nicht ertragen zu können. Wir möchten es von uns weg-, aus uns herausstoßen, am besten zurück in die Richtung, aus der der Angriff gekommen ist.

- *Wo ist die Wut? Wo können wir sie wahrnehmen?*

In unseren aggressiven, destruktiven oder beleidigenden Gedanken; im Körper – meist erkennbar an Anspannung, oft im Kiefer (= etwas zermahlen), in den Armen (schlagen, boxen, auf den Tisch hauen wollen), den Beinen (treten), oft auch im Bauch, in den Eingeweiden, in der Leber.

- *Wozu ist Wut da?*

Um uns aufzurichten, uns Kraft zu geben, unsere Angst und unsere Grenzen zu überwinden.

- *Was macht sie aus uns?*

Je nachdem, wie wir mit der Wut umgehen und mit welchen anderen Gefühlen sie sich verbindet: ein erbärmliches, schäumendes Etwas, rasend vor Wut und Hilflosigkeit zugleich; einen tobenden, schimpfenden Wüterich; falls sich Wut mit dem Schmerz der Ungerechtigkeit verbindet, kann sie uns ungerecht und rücksichtslos machen. Falls wir bewusst mit ihr umgehen, richtet sie uns auf, gibt uns Würde, Kraft und Entschiedenheit.

- *Wozu bringt, woran hindert uns Wut?*

Wütend zu sein hindert uns daran wahrzunehmen, was tatsächlich geschehen ist, wir nehmen uns keine Zeit, das objektiv zu untersuchen, ja wir wollen das gar nicht herausfinden, denn wir sind ja wütend, und für den Moment tut das gut. Wütend zu sein kann uns daran hindern, die Verletzlichkeit des anderen, seine Grenze, seine Würde und sein Recht, er selbst zu sein, zu respektieren. Wut kann uns um den Verstand bringen und uns dazu bringen, Dinge zu tun und zu sagen, die wir später bereuen. Nehmen wir die Wut jedoch bewusst als Gefühl wahr, so nimmt sie uns nicht mehr ein, sodass neben ihr auch andere Gefühle und Gedanken Platz haben.

- *Was geschieht mit der Wut nach einer Körperzentrierten Herzensarbeit?*

Wir sind weniger damit beschäftigt, ein feindseliges Verhältnis zu anderen zu haben, und mehr, ein liebevolles Verhältnis zu uns selbst zu haben.

Der Schmerz, der hinter der Wut versteckt war, traut sich hervor, und wir können unser Herz für ihn öffnen.

Besondere Tipps

- *Wenn Sie beginnen zu weinen, sobald Sie versuchen, die Wut wahrzunehmen,* so gibt es einen Teil in Ihnen, der die Wut nicht wahrhaben will, weil er mit Liebe oder Ohnmacht identifiziert ist, mit Schuld oder mit einer Sehnsucht. Aus dieser Identifikation heraus fallen Sie in Verzweiflung, sobald Sie sich der Wut nähern. Das hilft: erst die Verzweiflung ins Herz holen, dann die anderen Gefühle, die sich vor die Wut schieben – bis der Weg ins Herz für die Wut frei geworden ist.

- *Wird die Wut so groß, dass es schwer auszuhalten ist:* erst das Gefühl, »es nicht auszuhalten«, bewusst wahrnehmen und ins Herz holen.

- *In Wut zeigt sich manchmal eine Sehnsucht oder ein Wunsch* – der Wunsch, jemanden zu schlagen, in Stücke zu reißen, etwas zu zerstören etc.: Diesen Wunsch nicht verdrängen, sondern bewusst wahrnehmen, ins Herz holen, und dann auch die Wunscherfüllung betrachten (Sie schlagen zum Beispiel alles kurz und klein – wie fühlt sich das an?) und das damit verbundene gute Gefühl ins Herz holen.

- *Ärger ist oft mit Ungeduld verbunden,* damit, dass etwas nicht so ist, wie wir es haben möchten, auch mit Ohnmacht.

- *Hinter Ärger und Wut steckt ein Schmerz* – worüber sind Sie wütend, was macht Sie so wütend, was tut so weh: Fühlen Sie sich gedemütigt? Opfer von Unrecht? Nicht wahrgenommen, nicht respektiert, verachtet …? Nicht vergessen, auch nach diesem Schmerz Ausschau zu halten und ihm Ihr Herz zu öffnen.

- *Mit Wut und Schmerz verbunden ist auch eine Sehnsucht nach dem Gegenteil* – wie möchten Sie denn behandelt werden? Wie soll die Situation sein, wie soll der andere sich verhalten? Lassen Sie Ihre Sehnsucht sprechen, öffnen Sie Ihr Herz für sie und dann auch für das gute Gefühl in der Wunscherfüllung.
- *Mit Hass, Rache, Trotz, Bitterkeit, Apathie, Kälte, Verschlossenheit, Grausamkeit ist immer Wut verbunden.* Oft steckt verdrängte Wut auch hinter *depressiven und selbstzerstörerischen Gefühlen*. In solchen Fällen wird es oft als Segen empfunden, hinter diesen kalten, destruktiven Gefühlen endlich die lebendige Wut zu entdecken (und hinter ihr den Schmerz).

»Also wirklich!« –
Warum wir Empörung so lieben

*Über Empörung, Aufgebrachtsein, Fassungslosigkeit,
Wut, Ohnmacht und Ungerechtigkeit*

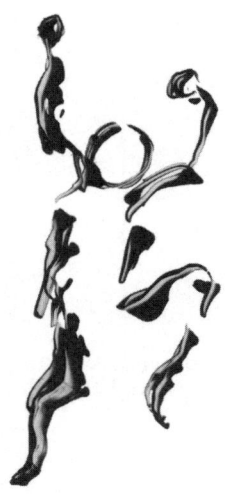

Empörung ist ein angenehmes Gefühl. Eins, mit dem wir uns besonders gern identifizieren und das wir besonders gern mit anderen teilen.
*»Also, das ist doch wirklich ... Das darf doch nicht wahr sein! So eine
Unverschämtheit! Wenn ich das meinen Freunden erzähle! Was
werden die sich aufregen.«*

Wir lieben Empörung, weil sie uns bestätigt, dass wir »jemand sind«, etwas zu sagen haben, dass wir es verdienen, gehört zu werden, weil sie uns den Eindruck vermittelt, im Recht, gut, wichtig, wertvoll oder groß zu sein, aber auch, weil sie uns energetisch aufbläst und uns Schwung verleiht. Und das fühlt sich einfach gut an.

Warum wir Empörung so gern teilen

Erika: Fast jede Nachricht, ob im Fernsehen oder Radio, brachte mich auf. Mit der empörenden Neuigkeit begab ich mich stehenden Fußes zu meinen Nachbarn, die es genossen, sich mit mir aufzuregen. Immer war ich auf der Suche nach Verbündeten, die meine Meinung teilen. Ich fühlte mich dann bestätigt, gewürdigt, wertgeschätzt und wichtig (lauter Gefühle, die ich als Kind vermisst hatte!). Aber eigentlich steckte hinter der Empörung auch etwas anderes, etwas, das mir wehtat. Ich fühlte mich nämlich ohnmächtig, weil ich nichts gegen die Ungeheuerlichkeiten tun konnte, von denen ich in den Nachrichten erfuhr. Eigentlich machte mich das alles wütend. Aber ich konnte mich ja nirgendwohin wenden mit meiner Wut! So suchte ich mir Leute, bei denen ich diese Wut gewissermaßen ausspucken konnte, unbewusst in der Hoffnung, davon befreit zu werden. Irgendwie half es mir auch, ich fühlte mich hinterher mehr im Reinen mit mir. Immerhin hatte ich mich ausgedrückt. Außerdem fühlte ich mich im Recht, denn die anderen sahen die Sache ja genauso wie ich.

Der Wunsch dahinter und die Fremdgefühle

Was Erika zunächst überhaupt nicht bemerkte, war, dass es zu diesem Thema in ihr auch einen Wunsch gab: nämlich den Wunsch, etwas zu ändern. Diesem Wunsch gab sie keine Chance, sich zu erfüllen, und daher hatte sie ihn aus ihrem Bewusstsein verdrängt.

Ein Gutteil dieser Gefühle war ihr übrigens, wie sich herausstellte, aus dem Kollektiv zugeflogen (das passiert oft, wenn man sich mit Nachrichten beschäftigt, die das Kollektiv betreffen). Sie konnte nun die Gefühle von Empörung, Wut, Machtlosigkeit und den Schmerz der Ungerechtigkeit an das Kollektiv zurückgeben und ihre eigene Sehnsucht nach Macht und Wert ins Herz holen. Danach hatten die Nachrichten nicht mehr einen solch starken Einfluss auf sie.

Die Empörung hinterfragen

An dieser Stelle wird mancher empört reagieren. »Moment mal! Meinst du damit, dass wir uns überhaupt nicht mehr empören sollen? Dass wir alles einfach hinnehmen sollen, was uns da berichtet wird, ohne uns aufzuregen?«

Empörung hat wie jede andere Emotion ihren Wert, ihre Funktion. Empörung bläst uns auf, macht uns innerlich dicker, umfangreicher, größer, und solchermaßen aufgeblasen können wir es wagen, uns mit Größeren anzulegen – beispielsweise um eine Revolution anzuzetteln, ein Unrecht anzuklagen, jemanden zu schützen, der angegriffen wird.

Bevor Sie, getrieben von Empörung, lauthals jemanden anklagen oder angreifen, stellen Sie sich die folgenden fünf Fragen.

1. Logisch oder psycho-logisch?

»Hat meine Empörung wirklich mit der aktuellen äußeren Situation zu tun oder ist sie eher eine psychologische Reaktion auf einen alten Schmerz aus meiner Vergangenheit?« Wie im folgenden Beispiel:

Wenn wir mit unserer Empörung danebenliegen
Fabrizio: Eines Tages bekam ich ein Rundmail von meiner Firmen-leitung. Darin wurde »aus gegebenem Anlass« eine Regel erläutert.

Schon bei den ersten Worten schossen in mir Wut und Empörung hoch, und den Rest las ich nicht mehr so genau. Ich hatte nur verstanden, dass da eine neue Regel eingeführt wurde, und das war für mich inakzeptabel. Sofort teilte ich meine Empörung mit meinen Kollegen und schrieb eine gepfefferte Antwort an die Firmenleitung. Peinlich war nur, dass die besagte Regel immer schon existiert hatte, dass niemand, auch ich nicht, damit je ein Problem gehabt hatte und sie überhaupt ganz harmlos war. Vor lauter Empörung hatte ich das nicht bemerkt.

Meine Empörung, wurde mir dann klar, beruhte darauf, dass Ungerechtigkeit ein Riesenthema in meiner Kindheit gewesen ist. Dem Schmerz der Ungerechtigkeit hatte ich mich bis dahin noch nie gestellt, daher hielt ich ihn für eine Tatsache und als solche unaushaltbar. Daher erklärte ich alles, was ungerecht war oder erschien, schlichtweg als »inakzeptabel«. Ich war sogar stolz darauf, so unbeugsam zu sein. Ich hielt mir zugute, einer der wenigen zu sein, die noch den Mund aufmachen. Als solcher wurde ich auch von manchen Kollegen bewundert.

Es war zunächst sehr schmerzhaft, dann aber enorm erleichternd, einmal den Schmerz der Ungerechtigkeit als Gefühl wahrzunehmen und dann zu erkennen, dass ich dieses (mein eigenes) Gefühl in so viele Situationen hineinprojiziert hatte und dadurch oft so blind für die Realität gewesen war!

2. Mein Gefühl oder ein Fremdgefühl?

»Ist dies überhaupt meine Empörung oder habe ich sie übernommen und lebe sie sozusagen für andere aus?«

Wie wir Empörung manchmal von jenen übernehmen, über die wir uns empören

Ich erhalte eine Mail von einer Ausbildungsteilnehmerin und reagiere sofort mit Empörung. Die junge Frau fühlt sich von mir nicht

gerecht behandelt und beschwert sich darüber. Eine Weile lasse ich
meinen Gedanken freien Lauf – im Geist entwerfe ich verteidigende
Antwortmails –, bis ich mich schließlich dem Theater in meinem
Kopf zuwende und das Gefühl von Empörung bewusst wahrnehme.
Sofort geht mir ein Licht auf: Es ist ihre Empörung, die ich fühle,
nicht meine. Beim Lesen ihrer Mail ist ihre Empörung auf mich
übergesprungen.
Ich gebe sie ihr zurück, und sogleich geht mein Herz für diese Frau
auf. Ich kann verstehen, wie sie sich fühlt, und nun kann ich ihre
Mail aufmerksam lesen und ihr eine ehrliche Antwort aus dem Her-
zen geben.

3. Potent oder impotent?

»Bleibt meine Empörung durch die Art, wie ich damit umgehe, sozusagen impotent, oder kann ich sie in macht- und sinnvolles Handeln
umsetzen? Und will ich das überhaupt?«

Lieber empört bleiben als handeln
Ich finde es empörend, wie an der Börse mit Lebensmitteln gehandelt
wird, zum Beispiel mit Getreide. Wie Leute, die keine Ahnung haben
von dieser Pflanze, von ihrem Anbau, von ihrem Wert für die Ver-
braucher, von der Situation der Menschen, die diesen Weizen als
Grundnahrungsmittel brauchen – wie diese Leute die Preise dieser
wichtigen Ware bestimmen und sich daran bereichern, ohne einen
Finger krumm zu machen. Jedes Mal, wenn ich darüber lese oder
davon höre, regt es mich auf, und diese Empörung teile ich mit je-
dem, der dann gerade in meiner Nähe ist. Ja, man pflichtet mir bei,
das sei empörend.
Wem bringt das aber etwas, dass ich mich aufrege? Ich kann ja nichts
anderes tun; ich habe keinerlei Einfluss auf dieses Geschehen. Also
ist das Wiederkäuen und Äußern der Empörung das einzige Ventil
für meine Gefühle.

Allerdings gibt es Menschen, manchmal auch einfache Menschen, einzelne, die den Mut, die Energie, die Konsequenz aufbringen, ihre Empörung in etwas Potentes zu verwandeln, etwas, das Menschen und Dinge bewegt. Ich könnte mich schlau machen, wie das alles genau zusammenhängt; wen man darauf aufmerksam machen sollte, mit wem man sich zusammentun oder wem man sich anschließen könnte, wen oder was man fördern oder boykottieren oder was man gründen müsste, um wenigstens einen Zipfel einer Veränderungsmöglichkeit zu erwischen ... Aber dann würde es ja ernst. Dann müsste ich ja handeln. Das macht mir Angst, und ich fühle mich überfordert. Überhaupt habe ich auch keine Zeit dafür. Also bleibt es beim Schimpfen.

4. Identifiziert oder bewusst?

»Bin ich empört oder fühle ich meine Empörung bewusst?« Identifikation mit einer Emotion macht schwach, unterlegen, unbesonnen. Und blind. Vor lauter Empörung bekomme ich vielleicht etwas in den falschen Hals oder tue etwas, das ich gar nicht tun möchte. Wenn ich die Empörung mit der richtigen Bewusstheit und dem richtigen Herzensschlüssel als Gefühl wahrnehme, verleiht sie mir eine aufrechte Haltung und ein klares Bewusstsein. Dann weiß ich besser, was wirklich zu tun ist, und wahrscheinlich kommt mein Handeln dann bei den anderen auch besser an. Also lieber erst Herzensarbeit machen!

5. Wem nützt – oder wer nutzt – die Empörung?

»Wen füttere ich mit meiner Empörung (außer meinem eigenen Ego)?« Massenmedien wie Fernsehen, Zeitungen, Zeitschriften, Gruppierungen wie Parteien oder politische Bewegungen oder auch einzelne Politiker – sie alle nähren ihre Macht und Existenz mit genau dieser Emotion. Dank unserer Empörung können sie existieren und groß werden. Und da sie das genau wissen, setzen sie die Akzente, die bei uns Empörung hervorrufen, sehr bewusst ein. Es gibt kaum ein Gefühl, durch das wir so gut manipuliert werden können wie Empörung (hierin übertroffen vielleicht noch von Schuldgefühl und Angst). Jedes Mal, wenn wir uns über etwas im öffentlichen Feld empören und mit dieser Empörung identifiziert bleiben, schenken wir höchstwahrscheinlich einer Organisation oder Person damit unsere Energie, ohne es überhaupt zu merken.

Erst ist dieser Austausch ganz unschuldig: Ich empöre mich über etwas, daher schenke ich meine Zeit und Aufmerksamkeit den Menschen, die mit mir einer Meinung sind, der Gruppe, die diese Meinung vertritt, dem Medium, das sie artikuliert oder das mich weiter über die Sache informiert. Aber die Gruppe oder das Medium existieren ja nicht nur, um meine Sache zu vertreten, sondern auch, um zu existieren, um Geld zu verdienen und Macht zu bekommen; und diese ihre Eigenexistenz muss genährt, geschützt, unterhalten werden. Dafür wird unsere Empörung benötigt.

Hören wir auf, uns zu empören und uns sozusagen in dieser Empörung zu suhlen, werden wir ihnen keine Zeit und Energie mehr schenken, und sie verlieren ihre Existenzbasis.

Körperzentrierte Herzensarbeit erspart es mir übrigens, über all diese Aspekte nachzudenken – ich schaue mir einfach das empörende Thema an, und am Ende habe ich in allen genannten Punkten Klarheit.

Der Schmerz darunter

Empörung basiert meist auf dem Schmerz der Ungerechtigkeit. (Lesen Sie hierzu das Kapitel über »Ungerechtigkeit« ab Seite 266.) Möglicherweise sind andere Grundschmerzen mit dem Thema verbunden; aber die Wurzel der Empörung sitzt in dem Gedanken und

Gefühl von Unrecht oder Ungerechtigkeit. Beispielsweise kann ich den Eindruck haben, abgelehnt zu werden; aber empören werde ich mich darüber nur, wenn ich den Eindruck habe, dass diese Ablehnung zu Unrecht besteht oder ungerecht ist. Auch wenn ich mich im Stich gelassen, verraten oder herabgesetzt fühle – Empörung wird in mir nur entstehen, wenn ich dies zugleich als Unrecht empfinde.

Empörung kann verbunden sein mit Fassungslosigkeit, Wut oder Zorn und Ohnmacht. Manchmal heißt das Gefühl ein wenig anders, man fühlt sich »aufgebracht« statt empört. Wenn jemand sozusagen chronisch empört ist, kann dies ein Mittel sein (wie am Anfang dieses Kapitels in Erikas Geschichte skizziert), sich selbst das Gefühl zu verschaffen, gut zu sein (indem ich mich empöre, weise ich ja darauf hin, dass die anderen schlecht sind, und ich zu den Guten gehöre), wertvoll zu sein oder gehört zu werden. Möglicherweise verbleibt man lieber in der Empörung, als sich mit dem damit verbundenen Grundschmerz zu konfrontieren.

Achtung, Co-Empörte!

Vielleicht gehören Sie zu den Menschen, die Empörten immer beipflichten und ihnen noch ein paar gute Argumente liefern, die ihre Empörung füttern können, ihnen also sozusagen nach dem Mund reden. Es lohnt sich, dieses Muster einmal zu untersuchen.

Wieso wir uns gern mitempören

Renate: Wenn mir jemand etwas erzählt, worüber er sich empört, habe ich die Gewohnheit entwickelt, darin mitzuschwingen, ihn zu bestätigen, ihm auch noch eigene Argumente zu liefern, die seine Empörung weiter nähren! Das stört mich, und ich schaue es mir jetzt mit Körperzentrierter Herzensarbeit an. Ich entdecke, dass zwei Gefühle dahinterstecken: Angst und Mitleid.

Die Angst, als jemand betrachtet zu werden, der auch zu jenen gehört, über die dieser Mensch sich empört, oder zumindest als jemand, der das Empörende gutheißt; letztlich Angst vor Ablehnung. Und Mitleid: Ich sehe, wie sehr der Mensch, der so empört ist, mit seinen negativen Gefühlen, mit seiner eigenen, eingeschränkten Sichtweise identifiziert ist, und das löst mein Mitleid aus. Und wenn ich seine Empörung nicht bestätige oder gar den Versuch unternehme, seine Sicht zu korrigieren, dann – so glaube ich – fühlt er sich unwohl, vielleicht klein oder gedemütigt, und dann tut er mir auch wieder leid. Ich nehme also Mitleid, Angst und Abgelehntsein als meine Gefühle wahr und öffne mein Herz dafür. Das macht es mir möglich, dem Menschen, der mir seine Empörung mitteilt, einfach zuzuhören, ohne mit ihm in irgendeine emotionale Verstrickung zu gehen. Es geht mich nichts an. Es ist sein Problem.

»Empörung & Co.« – kurz gefasst

- Wir lieben Empörung, weil es uns ein gutes Gefühl gibt, empört zu sein.

- Wir teilen sie gern, auch das, weil es uns ein gutes Gefühl gibt (gut, wichtig, im Recht zu sein …), aber auch, weil hinter unserer Empörung etwas steckt, das wir (meinen) nicht ändern (zu) können, weil Wut und Ohnmacht sich in uns verbinden und aufstauen und wir ein Ventil für diese Energie suchen.

- Empörung hat einen Nutzen: Sie bläst uns auf, macht uns »größer« und gibt uns die Energie, zu rebellieren oder etwas zu ändern.

- Empörung springt manchmal hin und her zwischen zwei Parteien, die an einem aufkommenden Konflikt beteiligt sind; und sie wird dabei immer größer.

- Empörung, die wir von anderen übernommen haben, können wir einfach zurückgeben. Unsere eigene wird dann kleiner und leichter geworden oder sogar ganz verschwunden sein.

*Wenn Ihre Empörung Sie zum Handeln treibt, stellen Sie sich erst
die fünf Fragen:*

1. *Logisch oder psycho-logisch: Ist meine Empörung der jetzigen Situation angemessen oder bezieht sie sich auf die Vergangenheit?*
2. *Mein Gefühl oder Fremdgefühl: Habe ich sie von jemand anderem übernommen?*
3. *Potent oder impotent: Gebe ich mit dem, was ich vorhabe, meiner Empörung einfach nur wieder Futter oder ein Ventil, oder trägt es zu einer positiven Veränderung bei?*
4. *Identifiziert oder bewusst: Fühle ich die Empörung oder bin ich mit ihr identifiziert? Habe ich schon mein Herz für sie geöffnet?*
5. *Wem nutzt meine Empörung (außer mir)? Wen füttere ich eventuell, in wessen manipulierenden Einfluss bin ich durch meine empörte Reaktion eventuell geraten?*

Machen Sie mit dem Thema, das Sie empört, einfach Körperzentrierte Herzensarbeit, und diese Fragen werden sich klären.

Das Gefühl dahinter

- Der Hauptschmerz hinter der Empörung ist Ungerechtigkeit. Sie ist auch ein Gefühl (siehe Kapitel »Ungerechtigkeit« ab Seite 266) und kann als solches ins Herz geholt werden.
- Wenn Sie dazu neigen, andere in ihrer Empörung zu bestätigen, obwohl das gar nicht Ihren wahren Gefühlen entspricht, fragen Sie sich, wovor Sie Angst haben. Was wäre schlimm daran, wenn Sie das nicht täten? Stellen Sie es sich konkret vor und entdecken Sie in dem Körperzustand, der sich dazu einstellt, Ihr wahres Gefühl.

»Warum er und nicht ich?«

Über Neid, Eifersucht und andere Arten,
sich unglücklich zu machen

Neid beinhaltet Sehnsucht und Schmerz, oft sogar zwei Arten von Schmerz. Nummer eins resultiert aus der Feststellung *»Ich habe es nicht.«*, Nummer zwei aus dem Gedanken *»Ich kann es nicht haben«.* Manchmal kommt ein dritter Schmerz hinzu – Ungerechtigkeit: *»Ich habe es nicht, aber du hast es, und das ist ungerecht.«*

Solange ich mich um meinen Schmerz und meine Sehnsucht nicht kümmere, werde ich an Neid leiden, und das Leben gibt mir immer wieder Gelegenheit, dieses Leid zu aktualisieren.

»Er darf Schokolade essen. Ich nicht. Neid!«

»Sie haben ein unbeschwertes Leben. Ich muss mich herumquälen. Neid!«

»Sie wohnen in einem schönen Haus. So was will ich auch. Ist mir aber unmöglich. Neid!«

»Ihm gelingt immer alles. Ich beneide ihn.«

»Ich beneide dich, du siehst immer so gut aus. Dabei bist du – wie alt?«

Neid ist destruktiv, wenn ich darin verharre. Er bindet mich an genau die Realität, die ich mir nicht wünsche. Denn das, was ich ersehne, sehe ich bei den anderen, nicht bei mir. Auf diese Weise verewige ich den Zustand des Mangels. Ich beraube die Sehnsucht, die sich im Neid artikuliert, ihrer schöpferischen Kraft, indem ich sie an den negativen Gedanken (»nur für andere«, »unmöglich«, »ungerecht«) binde. Menschen, die sich vom Tellerwäscher zum Millionär hocharbeiten, konzentrieren sich auf das, was sie sich wünschen, statt auf den unerwünschten Zustand. Ein Gefühl wie Neid verschwindet jedoch nicht dadurch, dass man es sich wegwünscht oder es verurteilt oder für unsinnig erklärt.

Destilliere die Sehnsucht aus dem Neid heraus und öffne dein Herz für sie. So wird ihre Kraft aktiviert, um das Gewünschte zu erschaffen. Aber vergiss nicht, dein Herz auch für den Schmerz zu öffnen!

Der Schmerz darunter

Eifersucht ist eine Leidenschaft, die mit Eifer sucht, was Leiden schafft. Diesen Spruch kennen Sie bestimmt (er ließe sich übrigens auf alle negativen Gefühle anwenden, nur reimt es sich bei anderen Gefühlen nicht so schön). Warum suchen wir mit Eifer, was Leiden schafft? Weil wir mit einem Grundschmerz identifiziert sind und dieser (endlich) gesehen werden will: der Schmerz, wertlos, hässlich, ungeliebt oder Opfer von Unrecht zu sein, beispielsweise.

Da dieser Schmerz in der fernen Vergangenheit, als er entstanden ist, nicht wahrgenommen wurde (das war uns damals unmöglich), wartet er seither auf Gelegenheiten, sich bemerkbar zu machen. Und solche Gelegenheiten sind Situationen, die ihn auslösen. Die Theorie, die hinter dem obigen Spruch steckt, ist die, dass wir uns diese Situationen selbst erschaffen. Unbewusst natürlich.

Irgendein seltsamer Masochismus kann beispielsweise ein Verhalten bei uns auslösen, das unseren Partner in die Untreue treibt, oder wir sind zumindest davon überzeugt, dass er uns betrügt. Damit wir uns so fühlen können, als sei er untreu. Anders gesagt: damit der alte Schmerz endlich einmal gesehen wird.

Wie Eifersucht mit Eifer sucht, was Leiden schafft

Er, am Telefon: »*Wer spricht da im Hintergrund? Hast du Besuch?*«
Sie: »*Das war mein Nachbar. Er hat gefragt, ob ich ihm Kaffee leihen kann.*«
Er: »*Dein Nachbar? Ist das nicht dieser große blonde junge Kerl, den wir im Treppenhaus getroffen haben?*«
Sie (fürchtet sich vor seiner Eifersucht, die sie schon kennt): »*Na ja, so groß ist er ja auch nicht. Und überhaupt ist er schon wieder weg.*«
Er: »*Hast du ihm Kaffee mitgegeben? Oder hat er den gleich bei dir getrunken?*«
Sie: »*Ich habe ihm schnell eine Kaffeedose in die Hand gedrückt, und er ist wieder verschwunden.*«
Er: »*Wann kommt er wieder, um den Kaffee zurückzubringen? Heute Abend?*«
Sie: »*Hör endlich auf damit. Du nervst.*«
Nach diesem Gespräch fällt ihr vermutlich auf, dass der besagte Nachbar – den sie nie so richtig angeschaut hat – eigentlich ganz

attraktiv ist und überhaupt viel lockerer als ihr Freund, der sie stän-
dig mit seiner Eifersucht nervt ...

Eifersucht ist quälend. Sie tut weh. Dennoch ist es ein Gefühl, in das mancher geradezu verliebt ist. Warum? Weil Eifersucht zwar quälend ist, der Schmerz aber, den sie verdeckt, unendlich viel schlimmer erscheint. Mit dem eifersüchtigen Verhalten versucht man zu verhindern, mit diesem Schmerz konfrontiert zu werden.

Was steckt hinter Eifersucht?

Erst einmal Angst. Sehr, sehr große Angst. Die Angst, verraten zu werden; oder verlassen zu werden; oder gedemütigt zu werden. Oder die Angst, dass sich herausstellt, wie wertlos ich bin (der andere ist wertvoller). Was kann ich nicht ertragen, wenn ich mir vorstelle, das Ziel der Eifersucht – jawohl, das Ziel! – erfülle sich und mein Partner vergnüge sich mit einer anderen (oder was auch immer die Zielvorstellung dieses selbstquälerischen Gefühls ist)? Wie müsste ich mich fühlen? Ungeliebt? Gedemütigt? Minderwertig? Betrogen? Lächerlich?

Wenn ich das entdecke, merke ich, dass ich mich sowieso schon die ganze Zeit so gefühlt habe, eigentlich mein Leben lang. Und auf einmal wird mir klar, dass ich jetzt gerade die Gelegenheit habe, eine alte seelische Wunde zu heilen: indem ich mich dieses Schmerzes erbarme und ihn einmal bewusst fühle.

Danach bin ich aus der quälenden Grundüberzeugung aufgewacht. Ich habe entdeckt, dass es nur ein Gedanke ist. Somit habe ich keine Angst mehr. Und ich muss nicht mehr so eifersüchtig sein.

Oft stellt sich danach ein neues positives Gefühl ein (das mit der gleichen Bewusstheit wahr- und ins Herz genommen möchte!). Wenn ich dieses Gefühl in meinem Herzen trage, verändern sich nicht nur mein Verhalten und meine Sichtweise, sondern auch meine Ausstrahlung; und das wiederum ändert manchmal die ganze Situation. Dann habe ich tatsächlich keinen Grund mehr, eifersüchtig zu sein.

Die Sehnsucht und das gute Gefühl hinter der Eifersucht

Anthony: Ich war zwei Jahre alt, als mein Bruder Eric zur Welt kam. Auf einmal bekam nun mein Brüderchen all die Aufmerksamkeit meiner Eltern, die vorher mir gegolten hatte. Ich kämpfte, um die Aufmerksamkeit meiner Mutter wiederzuerlangen, aber das half nichts. Die Verbitterung, die mich damals befiel, trug ich mein Leben lang mit mir herum. Ich musste erst 60 Jahre alt werden, um sie zu bemerken! Da nämlich lernte ich die Körperzentrierte Herzensarbeit kennen, das Thema trat in mein Bewusstsein, und ich schaute es gründlich an.

Die Eifersucht tauchte sofort auf; ich konnte ganz gut mein Herz für sie öffnen. Aber das half nicht wirklich. Ich musste mich um viele weitere Gefühle kümmern, die mit ihr zu tun hatten: um den Schmerz, ungeliebt zu sein, nicht bewundert zu werden, und um die Sehnsucht danach, geliebt und bewundert zu werden.

Der Durchbruch kam, als ich mir die Wunscherfüllung vorstellte: geliebt und bewundert zu werden. Ich fühlte mich dann genährt, aufgehoben, geliebt. Als Oberbegriff nannte ich es »geliebt«. Seither übe ich, dieses Gefühl in mir wahrzunehmen. Ich habe den Eindruck, dass es schon angefangen hat, mich zu verändern. Ich lächele jetzt oft.

»Neid und Eifersucht« – kurz gefasst

- Neid ist ein aus Sehnsucht und Schmerz zusammengesetztes Gefühl. Er ist destruktiv, solange wir mit ihm identifiziert sind, er bindet uns an das, was uns wehtut. Die Wende zum Positiven kommt, wenn man diese beiden Komponenten voneinander trennt und nacheinander anschaut.
Öffnen Sie Ihr Herz für den Schmerz, lösen Sie dann die Sehnsucht von ihm los und betrachten Sie sie für sich: So wird sie zu einer Kraft, die das Ersehnte herbeiziehen kann.

- Eifersucht sucht etwas, nämlich den Schmerz – einen Schmerz, der schon in uns vorhanden ist, aber nicht bemerkt wird. Um bemerkt zu werden, beeinflusst er unser Verhalten so, dass wir das Gefürchtete anziehen. Und zugleich haben wir große Angst davor. Diesen Schmerz zu entdecken und als Gefühl zu erkennen (statt ihn weiter für eine unerträgliche Tatsache zu halten) hilft uns, aus dem quälenden Eifersuchtsdrama herauszugelangen.

- Sie können aber noch weitergehen und die Sehnsucht entdecken, die mit diesem Schmerz verbunden ist (die Sehnsucht nach dem Gegenteil), und das in dieser Sehnsucht verborgene positive Gefühl. Sich einfach die Wunscherfüllung vorstellen und darin das gute Gefühl entdecken! Das kann einen Durchbruch zu einer großen Veränderung bedeuten.

»Hilfe, ich versinke in Traurigkeit!«

Über Trauer, Traurigkeit, Verzweiflung, Resignation,
Sehnsucht und den Schmerz des Verlusts oder Verlassenseins

Trauer und Schönheit

Anders als andere negative Gefühle wie Wut, Angst oder Neid hat Trauer immer einen Hauch von Schönheit. Viele besonders berührende Lieder und Gedichte sind Äußerungen der Traurigkeit. Manche Menschen lieben dieses Gefühl.

Ein Leben in Moll

Caroline: Ich war immer traurig, schon als kleines Kind. Als ich erwachsen wurde und meine Liebe zur Musik entdeckte, spielte ich alles in Moll. Gewiss, Dur-Akkorde waren auch schön – strahlend, positiv –, aber Moll war weicher, sprach mehr zu mir. Als junge Frau trug ich nur schwarz. Alles Schöne machte mich traurig, da es vergänglich war. Traurige Menschen waren mir sympathisch.

Als ich die Körperzentrierte Herzensarbeit entdeckte, wurde mir zum ersten Mal bewusst, dass diese Trauer ein Gefühl war und keine Eigenschaft meines Wesens. Mir wurde auch klar, warum ich sie so liebte: weil sie mich mit dem Schönen verband, das ich so schmerzlich vermisste – meine Mutter. Aber ich liebte die Trauer auch, weil sie mir ersparte, den Schmerz fühlen zu müssen, von ihr verlassen worden zu sein. Ich erkannte, wie sehr die Angst vor dem Verlassenwerden und Verlust mich in allen Beziehungen beherrscht hatte; und wie sehr ich mich selbst verließ, um beim anderen zu sein – um nicht verlassen zu werden. Einen Großteil der Trauer hatte ich zudem von meiner Mutter übernommen und konnte ihn an sie zurückgeben.

Seither gibt es mehr Dur-Akkorde in meiner Musik und in meinem Leben – ich kann das Erfreuliche besser wahrnehmen und genießen. Manches löst noch Traurigkeit in mir aus; aber Trauer ist nicht mehr die Grundmelodie in meinem Wesen.

Erinnerung an unser wahres Wesen

Was ist das Schöne an der Trauer? Warum lieben Dichter und Sänger sie so sehr? Jene deutschen Balladen, die Trauer ausdrücken, gehören zu den schönsten überhaupt – wie etwa die »Lore-Ley« von Heinrich Heine: *»Ich weiß nicht, was soll es bedeuten, dass ich so traurig bin; ein Märchen aus uralten Zeiten, das kommt mir nicht aus dem Sinn ...«*

Oder über die zwei Königskinder: »*Es waren zwei Königskinder, die hatten einander so lieb, sie konnten zusammen nicht kommen, das Wasser war viel zu tief.*«

Die Liste der traurigen Songs, die Herzen in aller Welt bewegen, ist lang.

Trauer rührt an unser Herz, sie weckt die Erinnerung an unsere Seele. Eigentlich ist es nämlich die Seele, die trauert, denn sie vermisst ihre Freiheit, ihre Unbegrenztheit und ihre Verbindung mit allem. Jedes Mal, wenn uns etwas traurig macht, wird an diese Ur-Trauer gerührt, und wir erinnern uns an etwas Kostbares, das tief in unserem Innern schlummert. Die Erinnerung an unser wahres Wesen.

Trauer verbindet mit dem Verlorenen

Trauer oder Traurigkeit (zwei Nuancen ein- und desselben Gefühls, dennoch ist in der Herzensarbeit die genaue Bezeichnung wichtig) hat oft mit einem Verlust zu tun. Sie braucht als Herzensschlüssel »Würdigung«, da sie uns mit dem verbindet, was wir verloren haben oder vermissen.

Von der Trauer über den Verlust zur Verbindung

Meine Trauer war wie ein schwarzer Schleier.
Ich blieb gern in ihr gefangen, denn ich dachte, sie sei meine letzte Verbindung zu dem verlorenen Geliebten.
Erst später erkannte ich, dass sie mich im Gegenteil von ihm trennte.
Um die Verbindung zu ihm spüren zu können, musste ich mich öffnen, statt mich zu verschließen. Die Trauer war ja mein Gefühl – seines war vielleicht ein ganz anderes.
Also öffnete ich mein Herz für meine Trauer.
Dann stand sie mir nicht mehr im Weg.
Nun fühlte ich die Verbindung in meinem Herzen.

Trauer bezieht sich also meist auf etwas, das wir einmal hatten und verloren haben; oder auf etwas, das wir gerne hätten, aber nicht haben können. Wir trauern um die verlorene Heimat; das verlorene Paradies; einen Menschen, der uns verlassen hat; einen Ort, den wir vermissen; die Südseereise, die wir nicht machen können …

Trauer über Verlust ist manchmal mit dem Gedanken »unwiederbringlich« verbunden. In diesem Fall sollten wir wach sein, nicht mit dem Gedanken »unwiederbringlich« identifiziert bleiben, sondern ihn bewusst als Gedanken wahrnehmen, in den Körper hineinspüren, ob sich damit ein eigenes Gefühl verbindet, und dieses ins Herz holen.

Trauer verbindet sich oft mit Ohnmacht zu Resignation; diese Verbindung kann zu Hoffnungslosigkeit, Aussichtslosigkeit, Sinnlosigkeit führen (die auch als Gefühle wahr- und ins Herz genommen werden wollen!). Solche Gefühle verdunkeln einem den Horizont so sehr, dass man meint, nicht mehr leben zu wollen, oder dass man apathisch wird (Apathie ist auch ein Gefühl!). All diese Gefühlsketten wollen auseinandergenommen werden, jedes Gefühl will für sich gespürt und ins Herz geholt werden. Am wichtigsten ist natürlich der Schmerz, auf den sie sich beziehen.

Der tiefe Schmerz

Hinter Trauer steckt immer ein Schmerz; die Trauer ist nicht der Schmerz – wie manche glauben –, sondern unsere emotionale Reaktion auf diesen. Trauer ist ein weiches Gefühl, das vor der Schärfe des Schmerzes zu schützen versucht. Manchmal wird sie, ähnlich einem Witwenschleier, als etwas empfunden, das die Eindrücke der Realität abdämpft; andere empfinden sie wie ein Meer, in dem man untergehen kann.

Selbst dieses Untergehen jedoch wird immer noch als weniger schlimm empfunden als das Gefühl, vor dem wir in die Trauer flüchten: Verlassensein, Verlust, Alleinsein ... Aber Traurigkeit kann sich auch auf andere Grundschmerzen beziehen: Ich kann traurig sein, nicht wertgeschätzt zu werden, nicht gesehen oder falsch gesehen zu werden, nicht verstanden zu werden, nicht geliebt oder lieblos behandelt zu werden ... Der Schmerz heißt dann »nicht wertgeschätzt«, »nicht gesehen«, »falsch gesehen«, »nicht verstanden« oder »unverstanden«, »nicht geliebt« oder »lieblos behandelt«.

Bei manchen Menschen ist Trauer so etwas wie eine Grundidentifikation. Sie sind von einer Aura von Traurigkeit umgeben, und solange sie nicht auf die Idee kommen, einmal dahinterzuschauen, sind sie wie ein welkes Blatt, das auf dem Wasser dahintreibt.

»Traurigkeit & Co.« – kurz gefasst

- Viele Menschen lieben Traurigkeit. Sie hat immer einen Anteil von Schönheit. Das hat damit zu tun, dass sie uns wie kein anderes Gefühl mit unserer Seele verbindet.
- Viele Menschen verbleiben gern in der Traurigkeit, auch wenn sie darunter leiden. Das liegt daran, dass die Trauer einen Schutz vor dem Schmerz darstellt, auf den sie sich bezieht.
- In vielen Fällen heißt dieser Schmerz »Verlust« oder »Verlassensein«. Aber auch andere Grundschmerzen können hinter der Traurigkeit oder Trauer stecken wie das Gefühl, nicht geliebt, nicht gesehen oder nicht wertgeschätzt zu sein.
- Bei manchen Menschen ist Trauer die Grundmelodie ihres Selbstausdrucks. In diesem Fall kann die Trauer möglicherweise auch von Vater oder Mutter (oder anderen Bezugspersonen der Kindheit) übernommen sein und an diese zurückgegeben werden. (Auch prüfen, wenn ein eigenes Trauma hinter der Trauer steckt! Themen setzen sich oft in der Familie fort.)
- Als Herzensschlüssel braucht Trauer oft unter anderem »Würdigung«, da sie uns mit dem Schönen verbindet, um das wir trauern.

»Entschuldige,
dass ich da bin ...«

Über Schuldgefühle, schlechtes Gewissen und
das Gefühl, nicht existenzberechtigt zu sein oder
keinen Raum einnehmen zu dürfen; über Scham,
Angst und Verpflichtung

Wir sind voller Schuldgefühle. Einen Teil davon haben wir von unserem christlichen Kollektiv übernommen, einen anderen vielleicht von unserem Nationalkollektiv (die deutsche Kollektivschuld zum Beispiel), es wurde uns in unserer Kindheit möglicherweise antrainiert und aufgeprägt.

Die natürliche Funktion des Schuldgefühls (oder des schlechten Gewissens – auch ein Gefühl!) ist die, uns darauf aufmerksam zu machen, dass das, was wir gerade getan haben oder tun, nicht in Ordnung ist, weil es uns selbst oder jemand anderem schadet und nicht mit unserem Gefühl für Recht und Ordnung übereinstimmt. Eigentlich sagt es: »Tu das nicht wieder!« Wenn wir diesen Hinweis beachten, hat das Schuldgefühl seine Funktion erfüllt. Wir aber neigen dazu, uns mit diesem Gefühl zu identifizieren und eine bleibende Tatsache daraus zu machen – anstatt es einfach wahrzunehmen. *»Ich bin schuldig«*, denken wir. *»Ich bin schlecht.«*

Das grundsätzliche Schuldgefühl

Oft mit Schuldgefühl verbunden ist das Gefühl, nicht berechtigt zu sein, überhaupt nicht da sein zu dürfen. Ungewollte Kinder, deren Existenz das Ergebnis eines »Unfalls« war oder die nicht das Geschlecht hatten, das Mutter oder Vater sich gewünscht hatten, oder die sich auf andere Weise unerwünscht gefühlt haben oder die als Waisen-, Heim-, Pflegekinder aufgewachsen sind – sie alle nehmen oft ein ganz grundsätzliches Schuldgefühl ins Leben mit. Als seien sie schon dafür, dass sie überhaupt existieren, schuldig. Mancher Katholik glaubt obendrein fest an die »Erbsünde«: Wir sind schuldig, weil wir überhaupt Mensch sind.

Wie kann man da leben? Wie kann man da glücklich sein? Wie kann man seinen Platz in der Welt finden und einnehmen?

»Mir steht nichts zu«

Sarah: Ich störe nicht gern. Ich gehe auf Zehenspitzen an anderen vorbei, die gerade irgendwie beschäftigt sind. Wenn man mir etwas Gutes tut, fühle ich mich verpflichtet, zumindest große Dankbarkeit zu äußern, wenn nicht sogar eine Gegenleistung zu erbringen. Wenn ich etwas tue, ist es mir ganz wichtig, dass die Menschen, die diese Handlung betrifft, meine Beweggründe kennen und verstehen. So erkläre ich alles, was ich tue.

Wenn ich mich auf den besseren Platz setze, fühle ich mich unwohl und halte es nicht lange aus.

Der Schmerz dahinter

Menschen, die dieses Thema haben, werden manchmal wütend, wenn jemand sie kritisiert oder sich über sie ärgert. »Entschuldige, dass ich da bin!«, rufen sie aus und meinen es sarkastisch. In Wirklichkeit aber drücken sie damit ihren tiefsten Schmerz aus: nicht (existenz-)berechtigt zu sein, sich daher durch das bloße Existieren bereits schuldig gemacht zu haben.

»Schuldig« ist hier die negative Emotion.

»Nicht berechtigt« oder »nicht existenzberechtigt« der Schmerz dahinter.

Die obige Erzählung von Sarah enthält übrigens einige Gefühle, die als solche erkannt und angeschaut werden können: »verpflichtet«, »dankbar« und »unwohl«, eventuell auch »störend«.

Ein Trick, um den Schmerz unter dem Schuldgefühl zu finden: Fragen Sie sich: »Was wäre, wenn ich darauf verzichte, mich schuldig zu fühlen? Wie müsste ich mich dann fühlen?«

Sich hinter einem Schuldgefühl verschanzen

Manche Leute gehen ihren Mitmenschen mit ihrem ewigen Schuldgefühl auf die Nerven. Statt dauernd auf ihrer »Schuld« herumzureiten, denkt man, sollten sie sich lieber bessern!

Benjamin: Als ich jung war, trank ich ziemlich viel. Meine damalige Freundin mochte das nicht, aber ich konnte nicht aufhören. Ich fühlte mich schrecklich schuldig deswegen. Einmal sprachen wir darüber, und sie erzählte mir, dass nicht das Trinken sie so sehr störte, sondern die Tatsache, dass ich dann weinerlich wurde und immer wieder beteuerte, wie schuldig ich mich fühlte.

Später entdeckte ich, dass ich mich damals tatsächlich hinter meinem Schuldgefühl verschanzt hatte, weil es mich davor schützte, verurteilt zu werden, und letztlich, mich als schlecht erkennen zu müssen. Davon war ich nämlich seit meiner Kindheit überzeugt. Als ich – leider viel später – lernte, »verurteilt« und »schlecht« als Gefühle zu erkennen, konnte ich diese endlich einmal bewusst wahrnehmen. Hätte ich das damals schon entdeckt, hätte ich mich nicht so im Schuldgefühl suhlen müssen, und wir wären vielleicht immer noch zusammen.

Das gute Gefühl im Schuldgefühl gibt es auch

Im Schuldgefühl kann sich ein gutes Gefühl verstecken. Sie entdecken es, indem Sie sich einmal Ihr Schuldthema anschauen. Psycho-
Logik: Solange ich mich dazu bekenne, schuldig zu sein, gibt es noch
etwas Gutes in mir, fühle ich mich also gut (bin also vor dem Gedanken und Gefühl, schlecht zu sein, geschützt). Solange ich mich selbst
verurteile, werden die anderen mich nicht verurteilen. Ich fühle mich
also »gut« und »geschützt«. Beides Gefühle, die einmal bewusst
wahr- und ins Herz genommen werden wollen!

»Schuldgefühl & Co.« – kurz gefasst

- Ein Schuldgefühl kann (ganz oder teilweise) von einem Kollektiv
  (Nation, Kirche …) übernommen worden sein und zurückgegeben werden.
- Mit einem grundsätzlichen Schuldgefühl ist oft das Gefühl, nicht
  berechtigt oder nicht existenzberechtigt zu sein, verbunden sowie
  ein Gefühl von Verpflichtung und Schuld im Sinne von »etwas
  schuldig bleiben«, etwas zurückzahlen müssen.
- Wir sperren uns manchmal in Schuldgefühle ein, um den Schmerz
  dahinter nicht fühlen zu müssen: zum Beispiel den Schmerz unserer alten Grundüberzeugung, schlecht zu sein.
  Gefühle, die in diesem Kontext gehören: Schuld, schlechtes Gewissen, Scham; Angst (zum Beispiel davor, dass man entdeckt, wie
  schlecht ich bin); sich verurteilt oder abgelehnt fühlen.
- Mögliche Grundschmerzen unter dem Schuldgefühl:
  nicht (existenz-)berechtigt; unerwünscht; störend;
  schlecht;
  Verrat (man fühlt sich als Verräter); Ungerechtigkeit (man selbst
  ist ungerecht; oder man hat den Eindruck, privilegiert zu sein, und
  empfindet das als ungerecht).

- Immer auch prüfen, ob es nicht im Schuldgefühl verborgen auch ein positives Gefühl gibt, z.B. fühlt man sich vielleicht durch das Verharren in Schuld »gut« oder »geschützt«.

Unabhängig von den Tatsachen ist Schuldgefühl ein Gefühl wie jedes andere. Entdecke, wie es sich anfühlt, und öffne dein Herz dafür!

»Mein größtes Hindernis heißt Angst«

*Über Angst, Furcht, Panik und Unsicherheit sowie das Gefühl
der Unerträglichkeit. Und: der Nutzen der Angst.*

Wenn Angst uns beherrscht, ist sie ein Tyrann, der unser ganzes Leben im Griff hat. Sie hindert uns daran zu tun, was wir eigentlich tun möchten, sie engt uns ein und schränkt unsere Freiheit ein.

> *»Eigentlich möchte ich jetzt vor Freude hüpfen, aber ich habe Angst,*
> *dass es lächerlich wirkt. Deshalb verkneife ich es mir.«*

Von Angst beherrscht, verbergen wir unser wahres Wesen hinter einer Maske.

»Wenn ich mich so stark zeige, wie ich eigentlich bin, werde ich nicht geliebt. Daher zeige ich mich lieber von meiner schwachen Seite.«
(Oft ein Frauenthema)
»Wenn sie mitkriegen, wie unsicher ich bin, machen sie mich fertig. Daher habe ich mir angewöhnt, mit herrischer Sicherheit aufzutreten.« *(Oft ein Männerthema)*
»Ich zeige mich allen gegenüber liebenswert und hilfsbereit, auch wenn ich mich manchmal über sie ärgere, sie lästig finde oder sie mir total gleichgültig sind. Aber ich habe Angst, dass sie mich ablehnen, wenn ich mich so verhalte, wie ich mich fühle.«

Angst, die uns beherrscht, zwingt uns, Ja zu sagen, wenn wir Nein meinen, macht uns korrupt, abhängig, beeinflussbar, schwach. Und oft auch lieblos.

»Ich habe solche Angst, zu kurz zu kommen, dass ich mich immer vordrängele.«
»Wenn eine Beziehung wacklig wird, dann sorge ich immer dafür, dass ich derjenige bin, der geht. Ich würde es nicht ertragen, verlassen zu werden.«

Strategien gegen die Angst

Es gibt viele Strategien, mit Angst umzugehen: die Angst überwinden; das Gefürchtete beherzt angehen; die Angst herunterspielen oder -reden (»Es ist alles halb so schlimm«); sich desensibilisieren; laut pfeifen im Dunkeln, sich und der Umwelt verkünden, dass man keine Angst hat; sich Vertrauen einreden (»Ich vertraue dem Fluss des Lebens. Ich vertraue …«).

Aber ist es wirklich eine so gute Idee, unser eigenes Gefühl, eine Äußerung unserer Seele, aus unserem Herzen zu verbannen? Es durch ein künstlich erzeugtes anderes Gefühl zu ersetzen? Als Feind zu betrachten?

Und geht es davon weg?

Angst überwunden – und trotzdem noch ängstlich

Ich war immer ein großer Angsthase. Als ich einmal eine Einladung erhielt, an einem Feuerlaufen teilzunehmen, nahm ich sie als Herausforderung an. Ich dachte, wenn ich das schaffe, dann habe ich nie wieder Angst.

Der Holzstoß war drei Meter hoch und viele Meter lang, und wir sahen ihn herunterbrennen, bevor wir dann auf seinen glühenden Kohlen laufen sollten. Dank einer exzellenten Vorbereitung durch den Leiter habe ich es tatsächlich geschafft durch die Glut … nicht etwa zu laufen, sondern langsam zu spazieren! Es war unglaublich, und ich war sehr stolz darauf. Zu meiner großen Enttäuschung war ich aber nachher genauso ängstlich wie vorher. Heute könnte ich mir nicht vorstellen, so etwas noch mal zu tun.

Wenn Sie Körperzentrierte Herzensarbeit üben, werden Sie mit ziemlicher Sicherheit einige Ängste entdecken, die Sie längst überwunden glaubten. Ja, die Angst tritt vorübergehend in den Hintergrund, wenn ich dem Feind fest ins Auge blicke. Ja, ich bin danach vielleicht öfter in der Lage, gefürchteten Personen oder Situationen fest ins Auge zu blicken. Ich entwickele Mut, Frechheit, Kühnheit. Aber irgendwo, tief in den Zellen meines Körpers, sitzt immer noch die Angst. Genau die Angst, die ich in den Hintergrund gedrängt habe. Auf diesem Terrain zeigt sie sich nicht mehr – vielleicht weil sie weiß, dass sie dort doch nicht wahrgenommen wird; dafür zeigt sie sich auf einem anderen.

Wie Angst und Unsicherheit getarnt, aber dadurch nicht ausgemerzt werden

Hugo: In meiner Arbeit hatte ich mir angewöhnt, sehr sicher und autoritär aufzutreten, um meine Unsicherheit zu verbergen. Ich hatte Angst, dass man mich fertigmachen würde, wenn man entdecken würde, wie unsicher ich wirklich bin. Viele Menschen fürchteten mich, und das machte mich stärker. Ich hielt Angst und Unsicherheit für überwunden.

Aber dann gab ich meinen Beruf auf, um in einem anderen ganz neu anzufangen. Auf einmal war ich wieder voller Angst und Unsicherheit. Wieder ließ ich sie nicht zu, schob sie zurück und tarnte mich durch extrem selbstsicheres Auftreten. Meine neuen Kollegen und Untergebenen begannen, mich zu fürchten, abzulehnen, zu verurteilen und schließlich als Feind zu sehen; da sie mich aufgrund meines sicheren Auftretens als überlegen betrachteten, fanden sie es in Ordnung, mich mit allen, auch sehr unfairen Mitteln zu bekämpfen. So schafften sie schließlich genau das, wovor ich mich eigentlich hatte schützen wollen: mich »fertigzumachen«.

Erst als ich mich meiner Angst und Unsicherheit erbarmt, sie endlich einmal gefühlt und ins Herz geholt hatte, brauchte ich den Panzer nicht mehr und begann, mich offener zu zeigen. Nun fingen die Leute an, mich als Mensch zu sehen und zu akzeptieren. Dadurch fühlte ich mich sicherer.

Die Angst fühlen, statt sie zu bekämpfen

Solange wir mit Angst identifiziert sind und sie für eine Tatsache halten, brauchen wir Strategien, um mit ihr umzugehen, wenn wir uns nicht einfach weiter von ihr tyrannisieren lassen wollen. Aber wenn wir begriffen haben, dass Angst ein Gefühl ist und als solches wahrgenommen werden kann, brauchen wir keinerlei Strategien mehr.

Ich *bin* nicht die Angst, die Angst ist auch keine Tatsache, die mich einnimmt, besetzt, beherrscht, größer ist als ich – sie ist einfach ein Gefühl (neben vielen anderen Gefühlen), und wenn ich sie bewusst wahrnehme, erkenne ich, dass sie unendlich viel kleiner ist als ich.

Angst haben macht klein, Angst fühlen macht groß

Ich muss zu einer Unterredung mit einem Menschen, vor dem ich mich fürchte. Ich habe Angst. Am liebsten würde ich umkehren. Der Mann schafft es noch jedes Mal, mich zu einem Nichts schrumpfen zu lassen.

Auf dem Weg zu ihm wird mir meine Angst bewusst, und ich nehme mir einen Moment Zeit, um sie wahrzunehmen, anstatt sie einfach nur zu haben. Ich kann sie in meinem Körper spüren: in meinen wackligen Beinen, meinem flachen Atem, der Anspannung, die meine Schultern hochzieht. Eigentlich bin ich jetzt schon geschrumpft, obwohl ich noch gar nicht vor ihm stehe. Die Angst ist es, die mich schrumpfen lässt, nicht dieser Mann! Jedenfalls nehme ich diese Angst nun zum ersten Mal wirklich wahr.

Jetzt bin ich an seinem Büro angekommen, er öffnet die Tür, ich übe immer noch, die Angst bewusst wahrzunehmen, und … seltsam: Auf einmal ist der Mann eigentlich ganz freundlich und respektvoll und kommt mir überhaupt viel kleiner vor als sonst. Da hatte ich offensichtlich eine furchterregende Gestalt aus meiner Kindheit auf ihn projiziert!

Angst, die bewusst wahrgenommen wird, schützt uns vor Irrtümern und Gefahren, macht uns achtsam, gibt uns Zeit, uns zu überlegen, was wir tun oder sagen wollen. Auf diese Weise macht sie uns letztlich sicher und stark.

Angst bewusst zu fühlen kann auch körperliche Symptome erleichtern

Manchmal äußert sich Angst sehr stark in körperlichen Symptomen, die dann wiederum Angst machen. Diese Symptome lassen sich lindern, indem man sich der Angst zuwendet, anstatt sie zu verdrängen.

Susie: Ich hatte eine heftige, schmerzhafte Blasenentzündung. Trotz guter ärztlicher Versorgung überfielen mich in der Nacht Panik-

attacken, wenn ich an meine Krankheit dachte. In der Not fiel mir plötzlich ein, dass ich völlig mit meiner Angst identifiziert war. So fing ich nachts im Bett an, Herzensarbeit zu machen mit meiner Angst und Panik.

Wie nie zuvor habe ich erfahren, wie die Angst – mitten in der Situation selbst – gegenstandslos wurde und ich sie als pures Gefühl erkennen konnte. Es überfielen mich immer wieder neue Wellen der Angst, also begann ich den Prozess von vorn, und die Wellen wurden kleiner. Ich wurde ruhiger, die Schweißausbrüche und das Zittern hörten auf, die Schmerzen wurden weniger, und ich konnte in Ruhe wahrnehmen, dass ich nicht gar so krank war, wie ich befürchtet hatte.

Angst bewusst zu fühlen hilft auch in realen Gefahrensituationen

Auch wenn es um eine reale Bedrohung von außen geht, hilft es, sich von seiner Angst zu desidentifizieren und sie bewusst als Gefühl wahrzunehmen.

Esther: Vor Jahren bin ich einmal nachts überfallen worden. Die Panik hat mir die Kraft gegeben zu flüchten, sodass nichts weiter passiert ist. Danach hat mich lange die Angst vor weiteren tätlichen Angriffen verfolgt. Bis ich es gewagt habe, diese Angst einmal in ihrem vollen Ausmaß zu fühlen (wenn es um reale Bedrohungen geht, braucht das erst mal Mut) und mein Herz für sie zu öffnen. Der wichtigste Herzensschlüssel war »Beachtung«.

Ich habe mir dann vorgestellt, wie es ist, wenn ich diese Angst tatsächlich bewusst in Gefahrensituationen mitnehme und beachte; und ich habe gemerkt, dass ich mich dann selbst inmitten einer realen Situation mehr geschützt fühle: geschützt durch meine eigene Präsenz, dadurch, dass ich bei mir bin, bei meiner Angst, dass ich sie nicht im Stich lasse. Unabhängig von dem, was außen passiert, gibt mir das innerlich ein Gefühl von Schutz, ich bin dann nicht ganz so ausgeliefert.

Außerdem macht es mich sehr aufmerksam, sehr wachsam und be-
dachter. Ich wittere Gefahren dann schon lange im Voraus und kann
ihnen aus dem Weg gehen. Allerdings nur, wenn ich die Angst ganz
bewusst wahrnehme – nicht, wenn ich mich unterschwellig von ihr
beherrschen lasse. Dann benehme ich mich eher wie ein kopfloses
Huhn.

Was hinter der Angst steckt

Wie jedes negative Gefühl bezieht sich Angst auf einen Schmerz. Es
ist dieser Schmerz, den wir fürchten, vor dem wir flüchten, uns verschließen, den wir abzublocken versuchen. So wie Sehnsucht sich in
Wirklichkeit, wenn man sehr tief hinschaut, nicht auf ein äußeres
Objekt bezieht, sondern auf ein Gefühl, so ist es auch bei Angst. Es ist
nicht der autoritäre Mann, den ich fürchte, auch nicht seine Worte,
sein Verhalten, seine Handlungsweise mir gegenüber; es ist vielmehr
die Art, wie ich mich fühle, wenn er sich so verhält. Es tut mir nämlich weh.

Ich habe Angst, dass er mich wieder anschnauzt, mir wieder vorhält,
was ich alles falsch gemacht habe. In Wirklichkeit fürchte ich mich
jedoch nicht davor, sondern vor dem Gefühl, das in mir ausgelöst
wird: »kleingemacht, gedemütigt, erniedrigt«. Das erkenne ich aller-
dings nicht als Gefühl, sondern halte es für eine Tatsache. Sobald ich
aber diese Demütigung gefühlt, mit dem richtigen Bewusstsein wahr-
genommen habe, erkenne ich, dass es keine Tatsache ist, sondern ein
Gefühl. Eines, das ich übrigens schon lange in mir trage, und das von
diesem Menschen nur geweckt, aber nicht verursacht wird.
Nun, da ich es fühle und als Gefühl in meinem Herzen halte, kann
das Verhalten dieses Mannes mir nichts mehr anhaben. Es ist seine
Sache. Ich kann seinen Ausführungen jetzt auch viel offener zuhö-
ren. In manchen Punkten hat er ja recht. Aber das empfinde ich
nicht mehr als demütigend für mich.

Panik: Wenn Angst sich ins Unerträgliche steigert

Panik ist eine Verbindung von zwei Gefühlen: erstens Angst und zweitens das Gefühl, etwas nicht aushalten zu können. Hinzu kommt manchmal Orientierungslosigkeit (nicht wissen, wohin). »Nicht aushalten können« ist auch ein Gefühl – eine Umschreibung für eine Emotion. Solange ich damit identifiziert bin, denke ich, dass es eine Tatsache ist: dass ich es tatsächlich nicht aushalte. *Ich weiß nicht, wohin ich fliehen soll. Trotz aller Panik gelingt es mir, die bewusste Wahrnehmung einzuschalten und mich erst mal dem zuzuwenden, was ich gerade spüre: meinem Atem, der schnell geht, großer Unruhe in meinem Körper, einem Ziehen und Zappeln in alle Richtungen. Das ist das Gefühl, es nicht aushalten zu können. Es braucht, dass ich es als Gefühl wahrnehme und mich seiner erbarme, indem ich es fühle, bei ihm bin, es nicht im Stich lasse. Da beruhigt es sich. Dann weiß ich, was zu tun ist.*

Elemente, die oft in Panik enthalten sind:

Schock, Angst, nicht aushalten können, der Wunsch zu fliehen, Rat- oder Orientierungslosigkeit; Sehnsucht (hier: nach Sicherheit). Und dann natürlich das schlimme Gefühl, auf das die Angst sich bezieht, zum Beispiel angegriffen, vernichtet, getötet zu werden; das kann man sich auch noch als Gefühl anschauen: Obwohl es als potenzielle Tatsache erscheint, ist es dennoch zugleich ein Gefühl, das man wahrnehmen kann. Allerdings gelingt dieser Part eher nicht in der realen Gefahrensituation, sondern besser ruhig zu Hause in der »Trockenübung«.

Mehr Gefühle rund um die Angst

Außer Panik gibt es noch einige mit Angst verwandte Gefühle: Unsicherheit, Ängstlichkeit, Furcht, Schüchternheit, Scheu.

So blockierend und einschränkend Angst, Unsicherheit und verwandte Gefühle auf uns wirken können, wenn wir mit ihnen identifiziert sind, so wertvoll werden diese, wenn man sie bewusst wahrnimmt: Sie schützen uns davor, übereilt, unbedacht und unaufmerksam zu handeln.

In einigen Gefühlen ist Angst verborgen, beispielsweise: Peinlichkeit (Angst, lächerlich zu erscheinen), Scham (Angst, als schuldig, schlecht, lächerlich gesehen zu werden oder Ähnliches), Unentschlossenheit (Angst, etwas falsch zu machen, die falsche Entscheidung zu treffen), Eile, Hetze, unter Druck sein (Was wäre schlimm daran, wenn Sie sich nicht beeilen? Wovor haben Sie Angst?), Beflissenheit, Eifer, Zurückhaltung (Sind auch Gefühle und nicht nur innere Haltungen! Was wäre schlimm daran, wenn Sie die Zurückhaltung aufgeben? Wovor fürchten Sie sich?).

»Angst & Co.« – kurz gefasst

- Wenn Angst uns beherrscht, ist sie ein Tyrann, der uns zwingt, zu tun, was wir gar nicht tun wollen, oder zu vermeiden, was wir eigentlich tun möchten.
  Angst, die uns beherrscht, macht uns schwach.
- Es gibt viele Strategien, mit Angst umzugehen.
  Aber Angst braucht weder überwunden noch verringert noch transformiert zu werden; sie braucht lediglich mit der richtigen Bewusstheit wahrgenommen zu werden.
- Angst, die dich beherrscht, ist dein Feind; Angst, die von dir bewusst wahrgenommen wird, wird dein bester Freund. Sie macht dich wachsam und bedacht.

- Körperliche Symptome bessern sich manchmal oder verschwinden sogar ganz, wenn man die Angst bewusst wahrnimmt, die damit verbunden ist.
- Auch in Situationen realer Bedrohung hilft es, sich dem Gefühl von Angst zuzuwenden und sich um es zu kümmern. Man ist dann mehr bei sich, weniger ausgeliefert und aufmerksamer.
- Hinter Angst steckt immer noch ein tieferes Gefühl: ein (seelischer) Schmerz.

  Indem man diesen Schmerz bewusst wahrnimmt, entdeckt man, dass es sich hierbei nicht um eine Tatsache handelt, sondern um ein Gefühl.

  Indem man diesem Gefühl sein Herz öffnet, entzieht man der Angst die Grundlage.
- Das gilt sogar für Situationen, in denen die Angst sich auf reale Tatsachen bezieht.

  Auch wenn wir vor einer realen Situation Angst haben, fürchten wir uns letztendlich nicht vor der Situation, sondern davor, wie wir uns darin fühlen.
- Panik ist ein Konglomerat verschiedener Gefühle: Angst, nicht aushalten, Wunsch nach Flucht, Ratlosigkeit …
- Es gibt eine ganze Reihe anderer Gefühle, in denen Angst verborgen ist oder die immer von Angst begleitet sind.
- Die unsichtbar in einem Gefühl verborgene Angst finden Sie durch »Was wäre schlimm daran, wenn …«-Fragen. Wichtig: Lassen Sie nicht Ihren Verstand die Frage beantworten, sondern stellen Sie es sich vor und spüren Sie dann in Ihren Körper hinein!

**Angst, Unsicherheit und ähnliche Gefühle
erweisen sich als wertvolle Begleiter, sobald du
sie bewusst wahrnimmst. Sie schützen dich
vor Fehlern und Gefahren.**

»Ich kann nicht mehr!«

Über Erschöpfung, Überforderung, Kraftlosigkeit, Resignation, Apathie, Bequemlichkeit und Burn-out

Es ist alles zu anstrengend …

Wenn ich nach einem anstrengenden Arbeitstag in meine Wohnung zurückkomme, bin ich unfähig, das zu genießen. Mein Blick fällt auf den unordentlichen Schreibtisch, auf das Durcheinander von kleinen Objekten und Papieren auf der Kommode, auf den Staub unter dem Tisch, das schmutzige Geschirr – ich sehe überall nur Arbeit.

Arbeit, Arbeit, Arbeit. Ich kann nicht mehr. Es ist mir alles zu viel. Außerdem habe ich Hunger, ich bin schon ganz hohl vor lauter Hunger. Ich sollte mir ein gutes, warmes Essen zubereiten. Aber dann müsste ich erst abwaschen. Zu anstrengend. Ich durchstreife die Futterschränke auf der Suche nach etwas sofort Essbarem. Es gibt noch ein wenig altes Brot. Riecht nicht schimmelig. Okay. Brot geschnitten, Butter draufgeschmiert, Käse dazu, hinsetzen, essen. Ein Tee wäre gut dazu ... Zu anstrengend. Wasser tut's auch.

Ich weiß, dass das alles nicht richtig ist. Ich habe eigentlich auch ein schlechtes Gewissen deswegen. Ich sollte erst mal abwaschen, aufräumen und mir dann ganz gemütlich ein warmes Essen zubereiten. Ich sollte, sollte, sollte ...

Eigentlich beunruhigend: Dieser Zustand von »zu anstrengend« dauert schon so lange, dass sich an allen Ecken und Enden Arbeit anhäuft ... Besser gar nicht daran denken, denn es ist alles unmöglich zu bewältigen. Vielleicht sollte ich lernen, damit zu leben, dass es so ist. Allerdings habe ich das schon oft versucht, aber mein schlechtes Gewissen, meine Unzufriedenheit, mein Frust darüber gehen davon nicht weg, und entspannen kann ich mich auch nicht.

Jetzt setze mich mal hin und schaue mir »zu anstrengend« mit Herzensarbeit an, denn das ist sozusagen der Song, der sich in meinem Kopf immer wieder abspielt. Wie fühlt sich »zu anstrengend« an? Die Arme sind schlaff, als wäre es unmöglich, sie zu heben ... Wie fühle ich mich? Kraftlos. Das ist offenbar auch ein seelisches Gefühl und nicht nur ein Körperzustand. Kraftlosigkeit fühlen ... zulassen ... kennenlernen. Sie braucht Anerkennung. Da sein dürfen. Raum.

Ich bemerke auch eine Sehnsucht, dieser Kraftlosigkeit nachzugeben. Ich stelle mir vor, ich würde ihr nachgeben. Wie würde das aussehen? Alles fallen lassen. Alles aufgeben. Rumliegen. Nichts mehr tun. Wie fühlt sich das an? Wunderbar. Erleichtert. Entspannt. Daseiend. Der ganze Körper ist entspannt, es ist, als sei eine Last von mir abgefallen. Nicht mehr kraftlos, wie vorher, sondern einfach entspannt.

Und das seelische Gefühl: Wie fühle ich mich? Frei. Im Sinne von
entlastet. Als hätte ich auf einmal die Erlaubnis bekommen, einfach
nur da zu sein. Ein schönes Gefühl. Ich nehme mir Zeit, es kennen-
zulernen. Zu spüren. Sich ausbreiten zu lassen. Ich öffne mein Herz
dafür (jetzt nur nicht in die Falle tappen, es für »die neue Tatsache«
zu halten!): Es braucht Raum. Gefühlt werden. Viel Pflege. Immer
wieder fühlen. Mitnehmen.

Zurück ins reale Leben – und dabei üben, das neue Gefühl wahrzu-
nehmen. Ja, das ist ganz etwas anderes. Die Dinge, die Aufgaben, die
mich vorher so belastet haben … die sind jetzt »da draußen«, außer-
halb von mir, anstatt wie vorher in mich hineinzuwuchern. Ich bin
ganz bei mir, mit diesem Gefühl von Freiheit und Entlastung, und
die Dinge sind außerhalb von mir. Aus dieser Position heraus, bei
mir seiend und von meinem Umfeld abgegrenzt, kann ich nun ganz
entspannt entscheiden, was ich als Erstes tun möchte. Eins nach dem
anderen … Alles überhaupt kein Problem mehr.

Womit hat alles angefangen?

Wenn wir vor Erschöpfung zusammenbrechen, hat das immer eine
Vorgeschichte. Und ganz am Anfang dieser Vorgeschichte steht ein
Gefühl, das wir nicht wahrgenommen haben. Natürlich ist es besser,
so ein Gefühl sofort wahrzunehmen und nicht erst später, aber da wir
es nun mal versäumt haben, können wir das jetzt nachholen.

Also zurück an den Anfang. Wie kam es eigentlich dazu …?

Was war denn vorher? Als ich noch guter Dinge war und voller
Energie?

Womit fing es eigentlich an?

Seit wann gibt es denn diese Erschöpfung? Was war damals los?
Gab es eine Veränderung im Leben – wie ein neuer Job, ein neuer
Chef, neuer Partner; oder eine Scheidung, Trennung, ein Umzug,
Verlust …; eine Entscheidung, einen Beschluss, einen Verzicht …

Burn-out: Das Feuer ist weg

Kati: Ich war eigentlich immer ziemlich vital, bis zu dem Jahr, in dem in meinem Leben alles umgeworfen wurde. Von einem Tag auf den anderen änderte sich meine körperliche Verfassung, meine Beziehungssituation, meine Wohnsituation, und keine von diesen Änderungen hatte ich vorhergesehen. Sie geschahen einfach mit mir, ohne dass ich etwas dagegen tun konnte; ohne dass ich überhaupt Zeit oder Gelegenheit gehabt hätte, mich zu fragen, ob ich damit einverstanden bin. Das Leben hat mich nicht danach gefragt.
Seitdem ist alles ein wenig anstrengend geworden. Den Schwung, die Begeisterung, die Motivation, die Inspiration von früher sind verschwunden. Ich lebe mein Leben, ich liebe meinen Partner, ich arbeite, ich funktioniere, und manchmal genieße ich auch etwas – ein gutes Essen, eine schöne Landschaft oder die Liebe; aber das Feuer ist weg. Ausgebrannt.

Kati erzählte diese Geschichte, nachdem sie einen Zusammenbruch erlebt hatte und ich sie fragte, wie denn alles angefangen habe. Ich schlug ihr vor, sich in die Zeit zurückzuversetzen, in der diese massiven Veränderungen über sie hereingebrochen sind, und dort mal hineinzuspüren. Sie entdeckte, dass sie damals voller Zorn gewesen war; dass sie sich überrumpelt, ohnmächtig und als Opfer von Unrecht – sie nannte das Gefühl »entrechtet« – gefühlt hatte. Und dass ihre Antwort auf das, was mit ihr geschehen war, eine Art von Verweigerung war. »*Okay, ich mache mit, du zwingst mich ja dazu – aber ich mache ›Dienst nach Vorschrift‹. Ich werde brav sein und alles korrekt machen, aber meine Seele ist nicht dabei. Die kannst du nämlich nicht bezwingen.*« Das war sinngemäß ihre Antwort ans Schicksal.

Kati musste nun ihr Herz für ihren Widerstand öffnen, für ihren Zorn, ihre Ohnmacht, ihr Gefühl, überrumpelt und entrechtet zu sein, und dann für das gute Gefühl, das ihre Verweigerung ihr verschaffte. Sie nannte es »Eigenmacht«. Dieses Gefühl erwies sich als Schlüssel für eine Veränderung. Kati merkte, dass sich alles ändern würde, wenn sie das Gefühl von Eigenmacht in ihrem Herzen fühlte – nun herausgelöst aus seinem ursprünglichen Zusammenhang, einfach als Gefühl. Auf einmal entdeckte sie, dass sie in vielen Momenten eine Wahlmöglichkeit hatte (die sie früher nicht wahrgenommen hatte) – und dass sie auf einmal wieder über sehr viel Energie verfügte.

Wachsam sein

Meist wird man viel zu spät darauf aufmerksam, dass etwas nicht stimmt. Wir sind so sehr mit der Umwelt und dem, was sie von uns verlangt, beschäftigt, dass wir es versäumen, auf uns selbst zu achten. Wenn wir dann unter Überforderung leiden, ist es oft schon viel zu spät. Wir hätten früher wach sein sollen. Ganz am Anfang. Das ist überhaupt die allerbeste Übung: ganz am Anfang schon wach sein. Nur weiß man natürlich nicht, dass das jetzt gerade ein Anfang ist.

Bestimmte Gedanken sind Hinweise

Achten Sie auf bestimmte Stichworte in Ihren Gedanken, zum Beispiel: »Ich sollte …« Stopp!

Immer wenn Sie denken: »Ich sollte«, tun Sie sofort, was Sie »sollten«. Das ist das Einfachste.

Das »Ich sollte« untersuchen

Immer wenn Ihnen das nicht gelingt, sagen Sie sich: »Stopp, dieses ›Ich sollte‹ gucke ich mir mal an. Wie fühlt es sich an, ›Ich sollte‹ zu sagen? Wie fühle ich mich damit? Gequält? Unter Druck? Und wie fühlt es sich an, zwar zu sollen, aber nichts zu tun? Wie fühle ich mich damit? Schuldig? Was wäre schlimm daran, wenn ich es nie täte? Wie fühle ich mich mit dieser Vorstellung?«

Es lohnt sich vielleicht auch, »Ich sollte« einmal in seine Bestandteile zu zerlegen. Was beinhaltet es eigentlich?

»Ich wünsche mir …« Oder: »Ich verlange von mir …« Oder: »Man verlangt von mir …« (Wer?)

Ferner: »Ich schaffe es nicht.« »Ich möchte es nicht wirklich.« »Ich kann es nicht.« (Warum?) …

Und: »Ich wünsche mir, dass es erledigt ist.«

Wenn Sie diese Anregungen nutzen, arbeiten Sie aber immer körperzentriert, nicht »kopfzentriert«! Suchen Sie die Gefühle nicht, indem Sie darüber nachdenken, sondern indem Sie den Körperzustand spüren.

»Ich schaffe es nicht«

Auch ein Stichwort, auf das Sie achten können: »Ich schaffe es nicht« … Stopp! Untersuchen Sie das. Wie fühlt es sich an, das zu denken? Wie fühlen Sie sich damit?

Am Anfang steht immer ein Wunsch

Ganz am Anfang der Geschichte, die am Ende zu Erschöpfung und Zusammenbruch führt, steht ein Wunsch (Sie möchten etwas tun oder erreichen) oder ein Auftrag (Sie sollen etwas tun oder erreichen). Der Wunsch beinhaltet ein Gefühl (Sehnsucht), der Auftrag löst eines aus. Dieses erste Gefühl bewusst als Gefühl wahrzunehmen, anstatt nur unbewusst damit identifiziert zu sein, ändert die ganze Situation.

Nehmen Sie Ihre Sehnsucht (aus der heraus Sie etwas tun möchten) bewusst wahr, ohne mit ihr identifiziert zu sein, so wird sie Ihnen Kraft geben und Sie zugleich achtsam sein lassen.

Nehmen Sie das Gefühl, das der Auftrag in Ihnen ausgelöst hat, bewusst wahr, so wissen Sie schon gleich am Anfang, wie Sie zu diesem Auftrag stehen, ob er Ihnen ein Wohlgefühl oder Unbehagen vermittelt; und dadurch, dass Sie dieses Gefühl wahrnehmen, statt es zu verdrängen, sind Sie bei sich und somit in der Lage, den Auftrag auszuführen, ohne sich selbst (die Signale Ihrer Seele) dabei zu übergehen.

Oft übersehen: der innere Widerstand

Es gibt noch ein subtileres Gefühl, das oft am Anfang der energetischen Abwärtsentwicklung steht, nämlich das Gefühl von Widerstand oder Nicht-einverstanden-Sein. Dieses Gefühl wird oft übersehen. Wir verdrängen es, indem wir uns sagen, dass es ja keinen Zweck hat, nicht einverstanden zu sein – unsere Meinung ist nicht gefragt. Wir müssen weitermachen, ob wir wollen oder nicht.

Wenn ich damit identifiziert bin – also nicht einverstanden bin –, dann stemme ich mich unterschwellig dem Strom der Ereignisse entgegen; ich will ja eigentlich aussteigen oder in eine andere Richtung rudern. Da dieser Widerstand mir nicht bewusst ist, nehme ich ihn nicht wahr, aber er zeigt sich dennoch. Er bahnt sich irgendwie seinen Weg, um an die Oberfläche zu kommen. Ich verweigere mich dann eben in Kleinigkeiten, boykottiere etwas oder meckere ständig, kritisiere alles – oder werde krank.

Auf diese Weise ist mein Widerstand sozusagen impotent; ich mache mit, aber eben nicht richtig; und ich stemme mich dagegen, aber eben auch nicht richtig. Das ist sehr anstrengend (sowohl für mich als auch für meine Mitmenschen). Ich verliere Energie. Überhaupt investiere ich ja gar nicht alle Energie, die mir zur Verfügung steht, in die Sache; denn unterschwellig bin ich ja nicht einverstanden. So kommt es, dass ich nur mit halber Kraft rudere und dennoch die ganze Strecke bewältigen muss. Kein Wunder, dass ich irgendwann zusammenbreche!

Was tun? Sich eingestehen, dass es ein grundsätzliches »Nicht-einverstanden-Sein« gibt; das Gefühl darin entdecken (»ich fühle mich nicht einverstanden«, »Widerstand«?), dieses einmal ganz bewusst und in seinem ganzen Ausmaß fühlen und dann prüfen, was es vom Herzen braucht.

In diesem Widerstand steckt, ganz verborgen, eine Sehnsucht. Denn wenn ich mit etwas nicht einverstanden bin, dann gibt es ja auch eine Vorstellung davon, wie es sein sollte, wenn es nach mir ginge! Und danach sehne ich mich eigentlich. Nur dass ich dieser Sehnsucht nie Aufmerksamkeit geschenkt habe.

Sie werden sehen: Wenn Sie diese Sehnsucht »ausgraben« und in Ihrem Herzen leben lassen (unabhängig von der Frage ihrer Realisierbarkeit), wird Ihre Energie zurückkommen, und mit dieser Energie neue Perspektiven oder Wahlmöglichkeiten.

Präsent statt absorbiert

Um schon ganz am Anfang der destruktiven Entwicklung wach zu werden und achtsam zu sein, muss man ständig Achtsamkeit üben. Atmen. Fühlen. Bewusst wahrnehmen. Immer wieder: Wie fühlt sich das an? Wie fühle ich mich damit?

Ohne diese Präsenz, dieses Bei-sich-Sein sind wir ausgeliefert: Die Ereignisse, die Verpflichtungen, die Kontakte, die Erledigungslisten, das alles wächst sozusagen in uns hinein, anstatt schön draußen zu bleiben, wo es hingehört. Ein Objekt, das sich in der Außenwelt befindet, kann ich mit Distanz betrachten, beurteilen, und ich kann abwägen, was damit zu tun ist. Vorausgesetzt, dass ich da bin und es wahrnehme.

Stattdessen jedoch lasse ich mich von den Eindrücken gefangen nehmen, verschwinde darin, verliere mein Bewusstsein. Ich bin hypnotisiert von dem, was jemand anderes sagt, oder von dem, was im direkten Kontakt oder im indirekten durch die elektronischen Medien an Input hereinkommt; oder von dem, was geschieht; oder von meinen Gedanken darüber. Wie ein Blatt im Wind treibt es mich hierhin und dorthin, bis ich schließlich das Gefühl habe, überhaupt keine Kontrolle mehr über mein Leben zu haben, aber auch keine eigene Substanz, kein Zentrum, keine Kraft.

Bei sich sein statt außer sich

Nur aus diesem Nicht-bei-mir-Sein heraus kann es geschehen, dass ich »ausbrenne«. Denn wenn ich präsent bin statt absorbiert – was gleichbedeutend ist mit bewusst statt unbewusst –, dann bin ich in dieser berühmten Mitte, von der in spirituellen Kreisen so viel die Rede ist. Von dieser Mitte aus kann ich das Geschehen rund um mich her bewusst beobachten. Von dieser Mitte aus kann ich mir – und sei es nur einen Atemzug lang! – Zeit nehmen, um zu prüfen, wie ich mich mit einer Situation fühle oder wie ich mit einer Herausforderung umgehe. Und in dieser Mitte bin ich verbunden mit den tieferen Schichten meines Wesens, aus denen ich neue Kraft und Inspiration schöpfen kann.

Wer sich allerdings niemals Zeit nimmt, um sich hinzusetzen und in sich zu gehen, der wird es schwer haben, diese Mitte überhaupt zu finden.

Atmend die innere Mitte finden

Sie ist übrigens kein bestimmter Ort im Körper; wenn Sie sie lokalisieren möchten, dann lokalisieren Sie sie beim Atem. Spüren Sie einfach Ihren Atem bewusst. Bemühen Sie sich nicht, auf besondere Weise zu atmen – tiefer oder langsamer –, sondern seien Sie nur mit Ihrer Aufmerksamkeit beim Atem. Wecken Sie sich immer wieder aus Ihren Gedanken oder der Hypnose eines Gesprächs oder eines Bildschirms auf, indem Sie Ihren Atem spüren und zu den Sinneseindrücken erwachen. Was sehen Sie? Was hören Sie? Was spüren Sie gerade? Jetzt sind Sie wieder da.

Sich aufzuwecken und »in die Mitte zu kommen« ist leicht. Die Schwierigkeit besteht nur darin, dass es uns oft nicht einfällt. Und so sind wir nicht präsent, nicht bei uns. Was übrigens auch die beste Voraussetzung dafür ist, sich negative Gefühle oder Energiezustände anderer einzufangen. Denn viele der Menschen in unserem Umfeld sind erschöpft; und wenn wir nicht achtsam sind, übernehmen wir auch noch ihre Erschöpfung!

Wie wir Energie an andere verlieren

Je nachdem, mit welchen Menschen Sie in Berührung kommen, mit wem Sie zusammenarbeiten oder -leben oder wem Sie die Hand schütteln, kann es Ihnen passieren, dass Sie von einem Moment auf den anderen durch den Kontakt Energie verlieren. Das geschieht immer dann, wenn Sie in einem rezeptiven oder unbewussten Zustand sind und jemandem begegnen, der energieschwächer ist als Sie. Ganz automatisch geben Sie von Ihrem Mehr an Energie jenem ab, der weniger hat. Es sei denn, Sie sind bewusst und ganz bei sich. Bei geplanten Begegnungen kann man sich vornehmen, bewusst zu bleiben; aber bei überraschenden Begegnungen hat man nicht immer die nötige Geistesgegenwart.

Energieverlust durch eine Begegnung

Ich bin guter Dinge und denke an nichts Böses; die Sonne scheint, es weht ein lauer Wind, und ich will mich gerade aufs Rad schwingen. Da kommt ein Bekannter auf mich zu. Er beginnt zu reden, und aus Erfahrung weiß ich: Jetzt bin ich wieder für mindestens eine Viertelstunde festgenagelt und muss mir seine Geschichten anhören. Nach fünf Minuten schaffe ich es, ihn unter einem Vorwand abzuschütteln, und radele davon. Allerdings ist die Luft raus, das Radfahren ist anstrengend, und anstatt die schöne große Tour zu machen, die ich mir vorgenommen hatte, lande ich im nächstgelegenen Café und erhole mich bei einem Cappuccino, zu dem ich dummerweise aus lauter

Frust auch noch ein Schokoladenhörnchen esse. Fazit: schlechte Lau-
ne, schlechtes Gewissen, übersäuert und sicher ein halbes Pfund di-
cker geworden – statt erfrischt und gestärkt zu sein durch eine herrli-
che Radtour in Wald und Wiesen. Dieser lästige Kerl!

Sie haben sicher schon Ähnliches erlebt. Nehmen wir das einmal mit
Herzensarbeit unter die Lupe.

Viele Gefühle wurden ausgelöst, aber nicht wahrgenommen, und
zwar schon im Vorfeld der schwächenden Begegnung.

Der Schwung, die Vorfreude auf die Radtour – beides wurde nicht
bewusst wahrgenommen. Ein gutes Gefühl, das nicht bewusst wahrgenommen wird, sondern mit dem man einfach unbewusst identifiziert ist, kann einem mit Leichtigkeit wieder weggenommen werden.
So wie hier geschehen.

Hätte ich die Vorfreude bewusst wahrgenommen, so hätte ich sie mir
nicht wegreden lassen, hätte den fremden Text nicht in mich eindrin-
gen lassen, sondern mit freundlicher Leichtigkeit darüber hinwegge-
hen können.

Der Bekannte nähert sich … Stopp. Hier gibt es schon ein Gefühl. Es
äußert sich gedanklich mit: »*Nein, nicht schon wieder.*« Das wurde
ebenfalls nicht bewusst wahrgenommen. Darin steckt: Abwehr, Hilflosigkeit …

Hätte ich die Abwehr bewusst wahrgenommen, hätte ich sagen kön-
nen: »*Ein andermal, jetzt habe ich keine Zeit.*«

Hätte ich die Hilflosigkeit wahrgenommen, so wäre ich zumindest
mehr bei mir gewesen, anstatt mich so zutexten zu lassen …

Weiter in der Story. Er fängt an zu reden, ich fühle mich verpflichtet
zuzuhören. Stopp! »Verpflichtet« ist ein Gefühl. Das kann man bewusst fühlen.

Hätte ich »verpflichtet« bewusst gefühlt, so wäre mir klar gewesen,
dass es keine Tatsache ist – dass ich nicht verpflichtet bin.

Ferner hätte ich fühlen können, dass ich mir wünsche abzuhauen
und dass ich Angst hatte, mich schuldig zu machen, wenn ich ihm
das Wort abschneide und wegfahre.

Welches ist nun das wichtige Gefühl, auf das ich in Zukunft achten muss, um anders handeln zu können? Ich probiere es mal mit der Abwehr.

Bei der nächsten Gelegenheit passe ich gut auf und nehme das Gefühl von Abwehr schon beim Beginn der Begegnung wahr; das bringt mich zu mir, zur Besinnung und gibt mir einen winzigen Moment Zeit, um zu entscheiden, ob ich jetzt zuhören möchte oder nicht.

Aber damit ist es noch nicht getan, denn das Schuldgefühl besetzt mich immer noch – obwohl ich es im Vorfeld angeschaut und ins Herz geholt habe. Ich lasse mich immer noch festnageln, weil ich mich schuldig fühle. Ich erkenne: Es hält mich deshalb besetzt, weil ich nicht merke, dass es gar nicht meins ist. Es ist er, mein schwatzhafter Bekannter, der sich schuldig fühlt (er ist sich unterschwellig dessen bewusst, dass er die Leute zum Zuhören zwingt, und findet das selbst nicht ganz in Ordnung), und ich habe einfach sein Gefühl aufgefangen. Beim nächsten Mal werde ich es gleich als sein Gefühl wahrnehmen.

Das öffnet mir übrigens mein Herz für ihn, und auf einmal kann ich fühlen, wie es ihm geht. Er ist einsam und sehnt sich nach Verbindung. Paradoxerweise, das geht mir jetzt auf, komme ich dieser seiner Sehnsucht mehr entgegen, wenn ich ihm ehrlich antworte (»Ich habe jetzt keine Lust, deine Geschichte anzuhören, vielleicht ein andermal.« Oder: »Du hast mir das schon dreimal erzählt.«). Das ist besser, als wenn ich unehrlich bin, indem ich ihm zuhöre, obwohl ich überhaupt kein Interesse an seinen Geschichten habe! Denn durch Ehrlichkeit bin ich mit ihm in Kontakt, während ich ihn durch mein scheinbares Anteilnehmen in seiner Einsamkeit lasse.

Burn-out

Für ein Burn-out gibt es immer Vorzeichen. Man ist nicht »plötzlich« ausgebrannt oder krank. Die Seele meldet sich frühzeitig und macht uns darauf aufmerksam, wenn etwas nicht in Ordnung ist. Sie meldet sich durch seelisches Unbehagen; durch Deprimiertsein; durch körperliche Schwäche und andere Symptome. Nur meinen wir, wir müssten diese Anzeichen verdrängen und weiter »funktionieren«. Warum? Weil wir befürchten, etwas ändern zu müssen, wenn wir die Zeichen der Seele beachten; und weil wir nichts ändern wollen.

Hier steht uns also eine Angst im Wege (die Angst vor der eventuell notwendigen Veränderung und ihren Folgen) sowie ein Wunsch (es zu lassen, wie es ist). Beide Gefühle bewusst wahrzunehmen, verändert unser Verhältnis zur Situation.

Warum lassen wir überhaupt zu, dass wir ausbrennen?

Wenn man sich mit Körperzentrierter Herzensarbeit durch alle dazugehörigen Gefühle hindurchfühlt, findet man den psychischen Nutzen: das, was es uns bringt.

»Wenn ich ganz und gar zusammenbreche, dann wird mein Leid endlich gesehen.« (Sehnsucht nach Mitgefühl, Anerkennung)

»Erst wenn ich ganz und gar nicht mehr kann, darf ich mich um mich selbst kümmern.« (Täte ich es vorher schon, müsste ich mich schuldig und schlecht fühlen.)

Um den psychologischen Nutzen zu finden, wenden Sie einen Trick an: Geben Sie sich explizit die Erlaubnis, in der Situation zu verbleiben, und schauen Sie sich an, wie sich das anfühlt und wie Sie sich darin fühlen.

Was ist das Gute daran, sich kaputt zu arbeiten?

Okay. Ich darf also weiter wie ein Blöder malochen. Nehmen wir an, dass ich die höchstrichterliche Erlaubnis dazu habe. Was ist das Gute daran, wenn ich mich kaputtschufte?

Ich schaue mir die Bilder an, die zu dieser Frage auftauchen, und merke, dass ich da nicht allein im Bild bin, sondern es sind da die anderen, die mir zuschauen, und zwar anerkennend und bewundernd. Aha! Fühlt sich gut an. Meine Brust schwillt ein wenig an. Ich

fühle mich ... stolz! Ach, du liebe Güte! Ein Gefühl, das ich immer
ein wenig verachtet oder jedenfalls lächerlich gefunden habe.
Stolz! So fühlt sich das an. Er braucht: Erlaubnis – dass er da sein
darf, von Verurteilung und von Lächerlichmachung befreit wird!
Ganz besonders braucht der Stolz Würdigung. Und schließlich: dass
er als Gefühl wahrgenommen wird statt als Tatsache.
Bei der Gelegenheit fällt mir mein Vater ein, der ebenfalls bis an sein
Lebensende wie blöd geschuftet hat, ohne dafür jemals Anerkennung
oder auch nur genügend Geld bekommen zu haben, aber er schien
das nicht vermisst zu haben. Er war stolz darauf. Das habe ich wohl
von ihm übernommen. Im Geist gebe ich ihm den Stolz zurück und
sage ihm dazu, dass es ein Gefühl ist und vielleicht mal gesehen und
anerkannt werden möchte. Ich habe den Eindruck, dass es ihn er-
leichtert. Ich selbst fühle mich auch ein wenig erleichtert, so als sei
ein fremdes Programm von mir abgefallen.
Wenn ich nun an die Arbeit denke, bin ich froh, das Gefühl kennen-
gelernt zu haben, denn irgendwie bin ich nun aufrechter. Auch hier
steckt noch ein unentdecktes Gefühl drin ... Aufrechter. Aufgerichtet.
Gerade. Wie fühle ich mich? Größer. Gewachsen. So als sei ich den
Aufgaben auf einmal gewachsen. Schwer, einen Namen für das Ge-
fühl zu finden ... Ich nenne es »gewachsen« (und merke mir dazu:
im Sinne von »einer Sache gewachsen sein«). Und ich hole es auch
noch ins Herz.
Die Aufgaben scheinen mir irgendwie geschrumpft zu sein, und mir
fällt auf, dass ich sie ein wenig mehr »mit links« bewältige.

Aus Bequemlichkeit immer weitermachen ...

Kurioserweise ist es oft Bequemlichkeit, die uns zwingt, in einer Situation zu verharren, die uns stressig und unbequem geworden ist. Es
erscheint uns einfach bequemer, so weiterzumachen, uns von der Situation weiterschleifen zu lassen, als etwas zu ändern. Das Allerbe-
quemste ist, sich so lange weitertreiben zu lassen, bis es tatsächlich

nicht mehr geht, bis der Körper nicht mehr mitspielt, um uns dann –
unter allgemeiner Anerkennung – das große Aus zu gönnen, und
zwar richtig.

Sollten wir dann nicht von Anfang an gegen diese Bequemlichkeit
angehen? Nein, sondern die Bequemlichkeit einfach bewusst wahrnehmen. Auch sie ist ja in ihrer Essenz ein Gefühl.

Das erlösende Gefühl in der Bequemlichkeit

*Während ich mich mit der Aufmerksamkeit auf diese Bequemlich-
keit zubewege, nehme ich all die inneren Gegenstimmen wahr. »Du
solltest endlich aussteigen.« »Das kann nicht so weitergehen.« »Du
bringst dich noch um.« »Es ist falsch, was du machst. Es ist nicht in
Ordnung. Du bist nicht in Ordnung.« Anstatt, wie üblich, mit diesen
Stimmen identifiziert zu sein, aber – aus Bequemlichkeit – nicht auf
sie zu hören, nehme ich sie nun bewusst wahr, merke mir vor, mich
ihnen später zu widmen, und bleibe bei meinem Vorhaben, die Bequemlichkeit anzugucken.*

*Ich wende einen Trick an: Ich erlaube mir, bequem zu sein, um das
endlich mal bewusst fühlen zu können. »Ist mir alles zu anstrengend«, sagt die Stimme der Bequemlichkeit, »ich schaffe es nicht auszusteigen. Es ist bequemer, einfach alles weitergehen zu lassen.«
Stopp.*

*Da ist er, der Sog der Bequemlichkeit. Jetzt habe ich ihn am Wickel.
Der innere Eindruck ist so, als gäbe es vor meinem Körper irgend-
welche Zügel, die mich ziehen, während der Körper selbst sich schlaff
anfühlt, passiv. Offenbar habe ich die Macht über mein Schicksal
abgegeben, lasse mich ziehen. Es ist eigentlich gar nicht so unange-
nehm. Eher bequem.*

*Die Bequemlichkeit besteht nicht etwa darin, dass ich nichts tun,
nichts entscheiden, nichts regeln muss – das alles muss ich, und zwar
in übermenschlichem Tempo –, sondern darin, dass mein Schicksal
sich in den Händen irgendeiner Macht befindet, die mich durchs Leben schleift. Oder es ist, als befände ich mich in einem Zug, aus dem*

man nicht aussteigen kann. Wie ich mich fühle? Passiv. Machtlos. Widerstandslos.

Und das gute Gefühl darin? Denn das ist es ja, was ich suche. Um es zu finden, begebe ich mich ganz bewusst in den schlaffen, passiven Zustand und gebe mir noch einmal ausdrücklich – als Trick – die Erlaubnis, darin zu verweilen. Wie fühle ich mich? Aufgehoben. Versorgt. Gelebt (als wenn jemand anders mich lebt). Passiv. Ich gebe diesem Gesamtzustand die Überschrift »bequem«. Dieses Gefühl möchte: entdeckt werden. Wahrgenommen werden. Da sein dürfen. Von Verurteilung befreit werden. Raum bekommen. Gefühlt werden. Würdigung. Als Gefühl wahrgenommen werden.

Ach ja: Und es ist nicht nur meins. Ich habe es auch aus dem Kollektiv übernommen. Aus dem Kollektiv all jener, die sich wie ich durch ein stressiges Leben schleifen lassen, anstatt zu bremsen und auszusteigen. Ich gebe es zurück und fühle mich erleichtert. Das Gefühl ist immer noch da, aber kleiner, handlicher, nicht mehr so übergroß. Ich kann es besser als Gefühl wahrnehmen, anstatt in ihm wie in einem Zustand zu verschwinden.

In den darauffolgenden Tagen übe ich erst einmal, dieses Gefühl überall, wo es eine Rolle spielt, bewusst wahrzunehmen. Es ist erstaunlich, bei wie vielen Gelegenheiten ich das bisher immer verdrängt habe!

Ich beginne zu ahnen, dass dieses Gefühl so sehr ans Licht gedrängt hat, dass es unbedingt gesehen werden wollte, und hätte ich es nicht jetzt bewusst entdeckt, dann hätte es mich wahrscheinlich in den Zusammenbruch getrieben, um eine Situation zu schaffen, in der ich gezwungen bin, es zu erleben, weil ich nicht anders kann, als bequem im Bett zu liegen und passiv zu sein!

Mal sehen, was passiert, wenn ich es nun mitten im Berufsalltag bewusst wahrnehme.

Ich merke schon, dass es mich ruhiger macht, irgendwie gewichtiger, so, als könne ich zu Menschen, Eindrücken und Ereignissen sagen: »Mal langsam …«

Die Angst wahrnehmen

Eine hilfreiche Frage in solchen Situationen: »Wovor habe ich Angst? Was wäre schlimm daran, wenn ich ein wenig herunterbremsen würde? Was wäre schlimm daran, wenn ich die Situation in meinem Sinne ändern würde?«

Die Angst formulieren, im Körper aufspüren, ins Herz holen.

Danach das Bild anschauen, das die Angst Ihnen malt – das Gefürchtete. Und darin das schlimme Gefühl entdecken. Und ins Herz holen. Nehmen wir als Beispiel die Angst, seinen Job zu verlieren.

Ich habe Angst, meinen Job zu verlieren

Und wenn ich ihn dann verloren habe? Was stelle ich mir dann vor? Verhungern. Die Miete nicht mehr zahlen können. Oder: Angst, abgelehnt, verurteilt, ausgestoßen zu werden, nicht mehr dazuzugehören. Wie fühlt sich das an – nicht die Angst, sondern der befürchtete Endzustand? Und wie fühle ich mich darin? Hilflos, ausgeliefert, arm ... oder ausgestoßen, verachtet, nicht dazugehörend ... oder als Versager, als schlecht, schuldig, wertlos? Oder ist es eher ein Gefühl von Ungerechtigkeit, an dem ich leide? Oder Scham?

Der tiefere Sinn

Neben den emotionalen Hintergründen, den psychischen Programmen, die wir von unseren Eltern übernommen haben, und dem Einfluss der Menschen, mit denen wir in Kontakt sind, gibt es möglicherweise auch noch seelische Aspekte zu entdecken. Wie bei jeder Erkrankung bezweckt die Seele hiermit ja vielleicht auch etwas.

Worin könnte dieser Zweck bestehen? Manchmal geht es darum, sich durch die Zeiten der Ruhe und Muße inspirieren zu lassen, sozusagen ein paar Schritte zurückzutreten, um einen neuen Anlauf zu nehmen, neue Ideen zu gewinnen, alte Programme neu zu überdenken. Aber manchmal geht es um weit mehr; dann geht es darum, dass wir selbst umgekrempelt werden, dass Schichten unserer selbst ans Tageslicht kommen, die im stressigen Alltagsleben und in der Maske, die wir uns zugelegt haben, um in der Welt zu funktionieren, nicht zum Tragen kommen.

Manchmal geht es einfach darum, dass die alltäglichen Lügen von uns abfallen, dass wir der nackten Wahrheit über uns selbst, über unsere Motivation, über die Art, wie wir uns selbst belügen und austricksen, ins Gesicht schauen. Manchmal geht es darum, wieder mit der Seele in Kontakt zu kommen, sich selbst wieder zu finden, sich an das zu erinnern, was man eigentlich im Leben wollte, wieder zur Besinnung zu kommen.

Bei der Wahl der Therapie geht es also nicht nur darum, die Wiederherstellung des ursprünglichen Zustands anzustreben, wie manche es tun – damit man so schnell wie möglich wieder genau so weitermachen kann wie vorher –, sondern auch zu schauen, wie die Erkrankung Sie verwandeln möchte. Um diese Verwandlung zu erreichen, müssen Sie die Erkrankung machen lassen, sich ihr bewusst und aufmerksam hingeben.

Ausgebrannt durch Elektrosmog

Eine beängstigende Zahl von Menschen leidet heute unter Burn-out, und diese Zahl steigt ständig an. Es wird oft psychischen und sozialen Faktoren zugeschrieben. Ein anderes Phänomen wird leider oft übersehen: Elektrosmog. Künstliche elektromagnetische Felder umgeben und durchdringen uns heute überall. In vielen Arbeitsstätten hat man es mit der Strahlung von Computermonitoren, WLAN, Handys, Schnurlostelefonen plus allen möglichen anderen elektrischen und elektronischen Geräten zu tun, die die für uns lebenswichtigen Negativ-Ionen zerstören und uns krank und müde machen. Gehirn und Nervensystem werden von chaotischen Strahlungen bombardiert. Da ist es kein Wunder, dass der Organismus irgendwann in Streik tritt.

Da Funk und Elektrosmog fast allgegenwärtig sind, kann ich Ihnen leider nicht allzu viel Nützliches dazu raten, außer überall, wo es Ihnen möglich ist, die Strahlung zu reduzieren und sich so oft wie möglich zu entladen – durch Duschen, Schwimmen, Barfußlaufen oder Meersalzbäder.

Es gibt bereits Firmen, die begriffen haben, wie gefährlich der Elektrosmog ist, und ihn in ihren Arbeitsstätten reduziert haben: Alle Geräte sind geerdet; Telefon und Internetzugang gibt es nur per Kabel (statt drahtlos durch die Luft); Negativ-Ionen werden erzeugt, zum Beispiel durch Wasserfälle, Brunnen oder Luft-Ionisatoren.

»Erschöpfung, Burn-out & Co.« – kurz gefasst

- Zu viele Aufgaben, zu viel Anstrengung, zu viel »sollte« … all das kann ein Gefühl von Kraftlosigkeit erzeugen. In diesem verborgen ist oft Sehnsucht, der Kraftlosigkeit nachzugeben; in der Wunscherfüllung (wenn man sich vorstellt, man würde ihr vollständig nachgeben) findet sich ein gutes Gefühl, zum Beispiel Freiheit, Losgelöstsein, Entspannung. Dieses gute Gefühl im Herzen zu halten und in die Situation mit hineinzunehmen, kann Ihnen ein anderes Verhältnis dazu geben.
- Burn-out hat immer eine Vorgeschichte; ganz am Anfang steht ein Gefühl, das übersehen wurde. Dieses Gefühl können Sie auch im Nachhinein noch entdecken und ins Herz holen: beispielsweise einen Widerstand oder das Gefühl, nicht einverstanden zu sein.
- In diesem Gefühl verborgen sitzt eine Sehnsucht, die unterdrückt wurde (dass es anders sein soll). Diese bewusst wahr- und ins Herz zu nehmen (unabhängig von der Frage, ob sie erfüllbar ist oder nicht) bringt Energie und Motivation zurück.

- Achten Sie auf erste Anzeichen von Überforderung; beachten Sie »Überforderung« als Gefühl. Fühlen Sie es. Öffnen Sie ihm Ihr Herz.
- Präsenz zu üben, in die Mitte zu kommen, bei sich zu sein, schützt vor dem Ausbrennen.
- Manchmal geben Sie unfreiwillig Energie an andere ab. Auch hiervor schützt Präsenz.
- Reduzieren Sie Elektrosmog. Entladen Sie sich, erholen Sie sich in der Natur.
- Unbewusst lassen Sie sich auf einen Zusammenbruch ein, weil Sie etwas damit bezwecken. Es gibt Ihnen ein gutes Gefühl (das einmal bewusst wahrgenommen werden möchte); und außerdem bezweckt Ihre Seele damit eine Veränderung oder Neuentwicklung.
- Manchmal ist es Bequemlichkeit, die Sie an einer stressigen und eigentlich untragbaren Situation festhalten lässt. Bequemlichkeit ist auch ein Gefühl und will ins Herz.
- Unterschwellig gibt Ihnen die stressige Situation vielleicht auch ein gutes Gefühl: zum Beispiel Stolz, wichtig sein, gesehen werden ... Dynamisch, tatkräftig sein ... Wenn Sie dieses positive Gefühl bewusst wahrnehmen, müssen Sie sich nicht mehr so sehr stressen lassen.

Gefühle, die oft mit Burn-out verbunden sind beziehungsweise dahinterstecken
- Überforderung (meist das zentrale Gefühl)
- Apathie (= Trotz, verbunden mit Resignation und Ohnmacht)
- Erschöpfung
- Anstrengung (wird stets übersehen)
- Angst (vor dem, was passiert, wenn man nicht mehr mitmacht)
- Schuldgefühl; Gefühl, schlecht zu sein
- Verantwortung
- Hilflosigkeit, Wehrlosigkeit, Ohnmacht
- Wertlosigkeit, Rechtlosigkeit

- Sehnsucht (vergessen Sie nicht, auch darauf zu achten, was Sie sich eigentlich wünschen: auf der einen Seite Sehnsucht nach Anerkennung, Respekt, danach, dazuzugehören, viel Geld zu verdienen oder was auch immer dieser Art; auf der anderen Seite Sehnsucht nach Ruhe, nach Entspannung, Sehnsucht danach, auszusteigen, etwas ganz anderes zu tun, alles fallen zu lassen …).
  Sehnsucht kann sich auch als Ehrgeiz äußern.

»Ich möchte ja loslassen, aber ich kann nicht«

Von der Angst vor dem Loslassen, der Sehnsucht nach dem Festhalten und der Sehnsucht nach dem Loslassen

Über unerfüllte Sehnsüchte und Illusionen

Loslassen ist schön. Und wird oft angeraten. Nur, wie kann man loslassen, was man festhalten möchte? Loslassen können ist ein Segen, aber »lass doch einfach mal los« ist leicht gesagt … Am schwersten fällt das Loslassen, wenn es um eine Sehnsucht geht, die nicht in Erfüllung gegangen ist. Wir können sie loslassen, so oft wir wollen, aber sie kommt immer wieder zurück.

Eine Sehnsucht kann man nicht loslassen, aber man kann anders mit ihr umgehen

Mein Traum war immer, als Sängerin auf der Bühne zu stehen und mich sozusagen auf den Flügeln meiner Stimme in die höchsten Höhen des Selbstausdrucks hinaufzuschwingen. Natürlich gäbe es ein Publikum, und zwar ein großes. Tatsächlich habe ich mein Berufsleben als Sängerin begonnen, aber das Leben nahm dann einen anderen Verlauf, und irgendwann gab es für die Musik keinen Platz mehr darin. Obwohl meine Arbeit immer interessant, kreativ und erfüllend war, trauerte ich meiner ursprünglichen beruflichen Vision nach. Natürlich sang ich für mich allein, vor mich hin, aber das war nicht dasselbe.

»Lass es doch einfach los«, riet mir ein Freund. »Unverwirklichte Träume werden zur Bürde und nehmen dir Energie. Man sollte sie loslassen.«

Leichter gesagt als getan!

Schließlich hatte ich Erbarmen mit mir selbst. Anstatt die Sehnsucht unter »unmöglich« abzubuchen oder zu versuchen, sie loszulassen, ließ ich sie einmal ganz zu und schenkte ihr meine volle Aufmerksamkeit. Auf die Frage, was sie von meinem Herzen brauche, sprachen fast alle Herzensschlüssel an; die stärkste Rührung aber erzeugte seltsamerweise der Schlüssel »als Gefühl wahrgenommen werden statt als Tatsache«. Obwohl die Sehnsucht durch diesen Schlüssel im Verhältnis zu mir kleiner geworden war (vorher war ich in ihr gefangen, nun war sie in meinem Herzen geborgen), erschien sie nun umso kostbarer, schützenswerter, der Achtung und Beachtung wert. Ich merkte, dass ich durch diese Herzensarbeit der Sache eine neue Wendung gegeben hatte. Ich litt nicht mehr; ich trug diese Sehnsucht im Herzen wie einen kostbaren Schatz und wusste, sie würde mich irgendwie zur Erfüllung führen. Seither singe ich wieder viel mehr.

Am Ende einer Sehnsucht steht immer ein positives Gefühl; es ist latent in ihr verborgen, nur wissen wir das nicht. Eigentlich sehnen wir uns nach diesem Gefühl, aber das wissen wir ebenfalls nicht. Um dieses Gefühls willen halten wir fest, anstatt loszulassen. Loslassen entsteht, wenn Sie Ihr Herz fürs Festhalten öffnen.

So kann man die illusorische »große Liebe« loslassen

Sarah (von deren Geschichte wir schon beim Thema Wut gehört haben): Vom ersten Moment an wusste ich: Das ist ER. Der Mann, der zu mir gehörte. Mein wahrer Partner. Ich fühlte mich magisch zu ihm hingezogen. Manchmal waren wir für kurze Zeit zusammen; kostbare Stunden oder Tage, die er mir schenkte, und ich war im siebten Himmel. Meine Freunde und Bekannten rauften sich die Haare; sie sahen seine Macken, meine unselige Besessenheit, und vor allem wussten sie, dass ich mir Illusionen machte. Während ich den Eindruck hatte, dass wir füreinander bestimmt waren, hatte er noch einige andere Freundinnen und darunter eine, in die er wirklich verliebt war. Irgendwann begriff ich das auch, ich verstand, warum alle meinten, ich solle ihn loslassen, aber das konnte ich nicht.

Was mir endlich half, war nicht der Versuch, ihn loszulassen, sondern mein Herz dafür zu öffnen, dass ich ihn festhielt. Ich gestattete mir das und versetzte mich tief hinein in den Zustand, der entstand, wenn ich festhalten »durfte«. Ich entdeckte, dass dahinter eigentlich eine Sehnsucht und ein schönes Gefühl steckten. Was ich festhalten wollte, war eigentlich gar nicht dieser Mensch, sondern dieses Gefühl.

Es war eine Art Seligkeit. Die Seligkeit des Einander-Begegnens, Einander-Erkennens, die Ekstase der Nähe zu dem Einen (eigentlich zu Gott). Es wollte vor allem als Gefühl erkannt und gefühlt werden.

Wie gut es tat, es endlich einmal bewusst zu fühlen! Wie es Herz und Körper belebte! Es wollte auch in meinem Herzen gehalten und in Erinnerung behalten werden. Letztendlich hieß das Gefühl – losgelöst von allen äußeren Umständen und Begegnungen – einfach »Seligkeit«, und ich konnte mir merken, dass es durch Kontakt ausgelöst wurde.

Danach konnte ich mich innerlich von diesem Mann lösen. Ich bedankte mich im Stillen bei ihm dafür, dass er mir geholfen hatte, dieses Gefühl zu entdecken, und konnte ihn seiner Wege gehen lassen.

Warum halten wir fest, was wir loslassen möchten?

Manchmal sind es nicht Projekte, Visionen, Beziehungen, Wünsche, an denen wir festhalten, ohne es wirklich zu wollen, sondern Gedankenkreise, Verhaltensmuster, emotionale Ketten. Auch wenn wir ihnen mit Herzensarbeit auf den Grund gehen, verschwinden sie oft nicht. In diesem Fall hilft es, einmal nach dem guten Gefühl Ausschau zu halten, das uns das Festhalten verschafft.

Festhalten an Zwangsgedanken

Dieter: Ich steckte hoffnungslos in einem endlosen Gedankenkreis fest. Nach Begegnungen mit anderen Menschen hatte ich fast immer den Eindruck, »verarscht« worden zu sein. In meinem Geist lief dann der Film dieser Begegnung wieder und wieder ab, und stets interpretierte ich das Verhalten der anderen so, als hielten sie mich für blöd. Es waren immer wieder dieselben Gedanken, und sie gingen im Kreis, hielten mich fest. Ich wusste ja, dass das blöd war, ich sagte mir immer wieder, dass ich diese Gedanken loslassen müsse, aber das änderte überhaupt nichts.

Als ich die Körperzentrierte Herzensarbeit kennengelernt hatte, nahm ich mir das sogleich zum Thema. Mein Übungspartner fragte mich, ob dieses Festhalten am Gedankenkreis mir womöglich ein gutes Gefühl gäbe. Tatsächlich konnte ich entdecken, dass es mir eine Art Energie gab, ein Gefühl von Stärke. Dafür konnte ich mein Herz öffnen.

Später entdeckte ich noch das Gefühl, »nicht loslassen zu können«. (Ich konnte es nicht anders benennen.)

»Was kannst du nicht loslassen?«, fragte mein Übungspartner.

»Den Gedanken, für blöd gehalten zu werden«, antwortete ich spontan. Dieser Gedanke war mit einem Schmerz verbunden: Ich fühlte mich klein und minderwertig. Endlich hatte ich den Grund des Problems berührt.

Nachdem ich mein Herz für diesen Schmerz geöffnet hatte, war es, als seien mir die Augen geöffnet worden. Endlich verstand ich, warum ich nicht anders konnte, als mich so zu verhalten, wie ich mich immer verhalten hatte. Und dann konnte ich das Thema endlich loslassen.

Manchmal stellen sich die typischen alten Gedanken noch ein, aber ich bemerke sie gleich als Gedanken und identifiziere mich nicht mehr mit ihnen.

Warum möchten wir loslassen, was wir festhalten?

Einmal andersherum gefragt: Warum möchten Sie denn loslassen? Was versprechen Sie sich davon? Ist es nur, weil man Ihnen eingeredet hat, loszulassen sei gut? Oder verbinden Sie einen Wunsch damit? Was soll denn am Ende dabei herauskommen?

Das ist ein weiterer Weg zum Loslassen: sich vorstellen, man hätte losgelassen (dafür muss man aber erst sein Herz fürs Festhalten öffnen – oder sich zumindest signalisieren, dass man das auch noch vorhat). Vorstellen kann man sich ja mal, wie es wäre, losgelassen zu haben!

Loslassen kann ich nicht, aber ich kann mir anschauen,
wie es wäre loszulassen

Da Mobilfunk sich immer weiter verbreitet und ich ihn gesundheitlich nicht vertrage, bin ich seit vielen Jahren gezwungen, immer wieder umzuziehen. Währenddessen wächst in mir die Sehnsucht heran, endlich (wieder) ein festes Zuhause zu haben. Anzukommen. Und zwar nicht irgendein Haus mit fremden Möbeln – wie die, mit denen ich jetzt vorliebnehmen muss –, sondern ein Haus nach meinen Vorstellungen. Was wäre – nur mal so zum Betrachten –, wenn ich diese Sehnsucht fallen lassen würde? Kann ich mir vorstellen, sie vollständig losgelassen zu haben?

Erst fällt es schwer, und ich muss der Sehnsucht versprechen, dass sie nachher wieder in mein Herz zurückdarf. Dann schaffe ich es, mir vorzustellen, ich sei frei von ihr, ich bewegte mich frei in der Welt, und es sei mir völlig egal, wo und wie ich wohne (um Gefühle hervorzulocken, ist es manchmal gut, mit Übertreibung zu arbeiten). Wie fühlt sich das an? Frei und losgelöst.

Das hat einen unangenehmen und einen angenehmen Aspekt. Der unangenehme ist »entwurzelt«, ähnlich wie ein »Blatt im Wind«; irgendwie zu leicht. Der angenehme Aspekt heißt einfach »frei« und ist mit Energie und Zuversicht verbunden. Mit diesem Gefühl im Herzen, merke ich, kann ich überall wirklich da sein und ankommen, ganz gleich, wie die Behausung ist und wie lange ich dort bleiben kann.

Dadurch entsteht wieder ein gutes Gefühl. Ich fühle mich »angekommen«. Ich öffne mein Herz dafür (es braucht, dass es wahrgenommen wird und Raum bekommt). Und ich merke dann, dass es ja genau das Gefühl ist, das ich gesucht und vermisst hatte! Nur dass ich jetzt das »feste Haus nach meinen Vorstellungen« dafür nicht mehr brauche!

»Loslassen und Festhalten« – kurz gefasst

Loslassen ist manchmal eine gute Idee, aber es geht nicht, wenn wir festhalten.

Lösungsmöglichkeiten: Die bewusste Wahrnehmung einschalten und alle Gefühle, die mit dem Festhalten verbunden sind, ins Herz holen:

- die Sehnsucht, die sich im Festhalten äußert,
- das gute Gefühl in der Erfüllung dieser Sehnsucht,
- das Festhalten,
- das gute Gefühl, das das Festhalten Ihnen gibt;
- die Angst vor dem, was passiert, wenn Sie loslassen;
- das schlimme Gefühl, auf das diese Angst sich bezieht;
- und/oder das gute Gefühl, das Sie finden, indem Sie sich vorstellen loszulassen.

Beachte: Es sind alles Gefühle und keine Tatsachen!
Sie bewusst zu fühlen befreit dich aus der Zwickmühle.

»Ich bin so enttäuscht …
Dabei hatte ich mich so gefreut!«

Wie Hoffnung zu Enttäuschung wird und in Entmutigung und Verbitterung mündet; wie die Wiederentdeckung der Sehnsucht uns aus dem Teufelskreis herausführen kann

Enttäuschung, Entmutigung, Resignation … Hier haben wir eine Gruppe von Gefühlen, die mit Energieverlust verbunden sind, mit körperlicher Schlaffheit, Kraftlosigkeit. An ihrem Anfang jedoch steht immer ein positives Gefühl, eins, das Energie in uns weckt. Und je weniger wir dieses gute Gefühl wahrnehmen, desto stärker erwischt uns nachher der Absturz in die kraftlose Negativität. Umgekehrt: Wenn ich merke, dass ich in Enttäuschung oder Entmutigung versinke, dann weiß ich, dass ich ein positives Gefühl übersehen habe, das ganz am Anfang der Entwicklung stand. Es heißt Hoffnung, manchmal Sehnsucht.

So groß wie die Hoffnung war,
so groß ist die Enttäuschung

Therese: Ich bin seit 30 Jahren glücklich verheiratet – na ja, glücklich insofern, als wir einander mögen und nicht allzu sehr auf die Nerven gehen. Sternstunden gibt es in unserer Ehe seit Langem nicht mehr.

Ich war immer der Ansicht, dass dies daran lag, dass wir nie miteinander verreist sind. Also habe ich darauf bestanden, dass wir zu unserem 30. Hochzeitstag eine Urlaubsreise zusammen machen. Der erste Urlaub seit 30 Jahren – und überhaupt der erste Urlaub zusammen! Sie können sich vorstellen, wie ich mich gefreut habe.

Wir entschieden uns für eine griechische Insel. Am Strand liegen, schwimmen, auf einer Terrasse in der Sonne sitzen – es war fast zu schön, um wahr zu sein, und ich war fieberhaft mit den Vorbereitungen beschäftigt, damit auch alles tatsächlich so schön sein würde, und zwar für uns beide. Und nun stellen Sie sich vor, was passiert ist. Mein Mann hatte einen Schwächeanfall – nichts Dramatisches, wie er immer wieder beteuerte, aber immerhin beunruhigend genug, um zum Arzt zu gehen. Und dieser Arzt verbot ihm die Urlaubsreise! Zu riskant fürs Herz. Nur Ruhe, und zwar zu Hause. Ein wenig leichte Gartenarbeit, um nicht aus der Übung zu kommen. Das war alles, was ihm auf absehbare Zeit erlaubt war.

So enttäuscht war ich noch nie in meinem Leben. Das war schon keine Enttäuschung mehr, das war eine totale Entmutigung. Ich hatte zu nichts mehr Lust, schleppte mich nur noch durchs Leben. Den Haushalt konnte ich kaum noch bewältigen; ich war zu schlapp, um überhaupt die Arme zu heben. Da habe ich mich aufs Sofa gelegt und mir nach Jahren der Abstinenz mal wieder einen Schnaps und eine Zigarette gegönnt.

Therese hatte sich, als ihr Urlaubsprojekt endlich akzeptiert worden war und nun Wirklichkeit werden sollte, extrem stark mit ihrer Sehnsucht und ihrer Hoffnung identifiziert, diese Gefühle jedoch nicht bewusst als solche wahrgenommen, denn sonst wäre sie nicht so tief in die Enttäuschung gestürzt! Um diese nicht fühlen zu müssen, tröstete sie sich mit Schnaps und Zigarette, und hier könnte die traurige Geschichte enden, wenn nicht eine gute Fee aufgetaucht wäre …

Hoffnung ist ein Gefühl –
was für eine Entdeckung!

Gottlob habe ich dann durch eine Bekannte die Herzensarbeit von Safi kennengelernt – ich sage »gottlob«, denn fast wäre ich wieder rauch- und trunksüchtig geworden, wie ich es früher schon einmal war. Die Bekannte hat mich erst einmal durch meine Entmutigung geführt, dann durch die Enttäuschung, und schließlich hat sie mir geholfen, die Hoffnung zu fühlen, die ich vor der Reise gehabt, aber überhaupt nicht wahrgenommen hatte.

Es war erst komisch, eine Hoffnung fühlen zu sollen, die doch zerstört worden ist. Aber meine Freundin sagte mir, dass Hoffnung keine Tatsache und keine Sache sei, also könne sie auch nicht zerstört werden, sondern sie sei ein Gefühl, und ich könne sie ruhig wieder und weiter fühlen und mein Herz für sie aufmachen.

Es war sehr schön, die Hoffnung nun auch einmal richtig zu fühlen. Meine Brust wurde weiter dabei, es wurde irgendwie frei darin, und ich atmete viel tiefer. Ein schönes Gefühl, die Hoffnung. Meine Freundin half mir, dieser Hoffnung einen Platz in meinem Herzen zu geben, und fragte mich, was die Hoffnung denn von meinem Herzen brauche. Sie bot mir eine ganze Reihe von Schlüsselwörtern an. Alle haben mir gutgetan, vor allem aber das Schlüsselwort »gefühlt werden«, »bewusst als Gefühl wahrgenommen werden« und »hochgehalten werden«. Irgendwie war die Hoffnung jetzt in sich eine gute Sache, unabhängig davon, ob sie sich erfüllen würde oder nicht. Es war ein schönes Gefühl, mit Hoffnung im Herzen durchs Leben zu gehen.

Der Bericht von Therese endet hier. Ich habe mir erlaubt, ihn ein wenig weiterzuspinnen, denn Therese könnte ja auch noch weiter hingucken, und vielleicht würde sie dann das Folgende entdecken.

In der Hoffnung liegt ein Wunsch, und in diesem ist ein schönes Gefühl verborgen

In der Übung habe ich dann auch gemerkt, dass da ja ein Wunsch in der Hoffnung enthalten war. Eigentlich war der in ihr versteckt. »Ich wünsche mir Urlaub«, dachte ich. »Einen richtigen Urlaub mit allem drum und dran. Und zwar gemeinsam mit meinem Mann. Damit wir uns endlich mal Zeit nehmen können für uns, für unsere Beziehung und für Spaß und Genuss und Entspannung. Und mal etwas anderes sehen!«

Ich brauchte nicht lange daran zu arbeiten, mir das auch bildlich vorzustellen, die Bilder waren sofort da. Ich sah uns, meinen Mann und mich, Hand in Hand über eine Strandpromenade schlendern, während die Sonne im Meer unterging. Tut mir leid, wenn das kitschig klingt, aber so war nun mal das Bild. Ich begab mich ganz in das Bild hinein und achtete darauf, wie sich das im Körper anfühlte. Ich hatte den Eindruck, dass ich meinen Körper zum ersten Mal überhaupt fühlte. Es war ein weiches, angenehmes, sinnliches Gefühl. Und sehr entspannt.

Nun wollte ich feststellen, wie ich mich darin fühlte – nicht meinen Körper fühlte, sondern mich selbst, in meinem Körper, in diesem Zustand meines Körpers. »Lebendig …«, so hieß das Gefühl. Ich fühlte mich lebendig. Dieses Gefühl bekam seinen Platz in meinem Herzen, und ich nahm mir vor, es immer wieder zu fühlen und überallhin mitzunehmen.

Es war seltsam, dieses neue weiche, sinnliche Körpergefühl mit dieser Lebendigkeit in unser Alltagsleben hineinzubringen. Es machte eine andere Frau aus mir – eigentlich muss ich sagen: Es machte eine Frau aus mir. Und irgendwie schien das den Mann in meinem Mann wieder zum Leben zu erwecken. Er sah mich mit neuen Augen an, und ich glaube, dass wir so etwas wie einen Neubeginn unserer Beziehung erleben.

Enttäuschung, Entmutigung, Verbitterung …

Wenn wir in unserer Enttäuschung stecken bleiben, kann daraus Entmutigung werden; diese entsteht, wenn Enttäuschung über ein konkretes Ereignis auf etwas Größeres projiziert wird, etwa auf alles, was zum Thema gehört, oder auf die ganze Beziehung, auf Beziehung an sich oder auf das ganze Leben. Entmutigung ist natürlich genau wie Enttäuschung ein Gefühl, und als solches möchte sie einfach bewusst gefühlt und ins Herz geholt werden – statt dass wir damit identifiziert bleiben, als sei die Nichterfüllung und Nichterfüllbarkeit von Hoffnung und Sehnsucht für immer und generell eine Tatsache.

Es ist gefährlich, in Entmutigung stecken zu bleiben; gefährlich insofern, als es uns in die Selbstzerstörung treiben kann. Zum einen geschieht das deshalb, weil wir einen ständigen Energieverlust erleben – mit dem »Mut« (Wortbestandteil von Entmutigung) verschwindet auch die Energie. Aber Entmutigung ist auch deshalb gefährlich, weil sie zu Bitterkeit führen kann, und Bitterkeit ist der Anfang der Selbstzerstörung. Wer verbittert ist, zerstört selbst seine Aussichten, seine Beziehungen, seine Schönheit und Attraktivität – und letztlich sich selbst.

Nun sollte man ja meinen, dass niemand das möchte. Weit gefehlt! Seltsamerweise ist Verbitterung ein attraktives Gefühl, eines, das man gerne festhält. Denn im Zustand der Verbitterung erlaubt man sich Verhaltensweisen, die man selbst zuvor niemals gutgeheißen hätte – und man genießt es.

»Endlich kann ich mal so richtig böse, gemein, rücksichtslos, grausam sein! Schließlich bin ich ja ein Opfer des Schicksals und somit gewissermaßen berechtigt, mich so zu verhalten.«

Bevor man »ver-bittert«, ist da einfach das Gefühl von Bitterkeit. Das hat noch etwas Menschliches, der Schmerz, die Trauer ist noch darin zu ahnen und sogar noch ferne Spuren der ursprünglichen Sehnsucht oder Hoffnung.

Verbitterung ist jener Zustand, der sich einstellt, wenn Bitterkeit nicht als Gefühl, sondern als Dauerzustand wahrgenommen und stets von Neuem durch Ereignisse genährt wird – in Wirklichkeit meist nicht durch die Ereignisse selbst, sondern durch die Art, wie wir sie immer wieder interpretieren. »*Natürlich. Das musste ja passieren.*« Bitterkeit ist noch leicht als Gefühl zu erkennen und hat noch etwas Bewegliches – Verbitterung jedoch ist etwas Festes, Starres.

In dieser Verbitterung ist nun eine neue Sehnsucht enthalten, so verrückt es klingt: die Sehnsucht danach, dass es so schlimm bleiben soll, dass die finstere Überzeugung, die zur Verbitterung geführt hat, sich immer wieder bestätigt. Denn diese Bestätigung – »*Da, siehst du, es passiert schon wieder!*« – wird als Selbstbestätigung empfunden. Und Selbstbestätigung tut gut, auch wenn sie auf eine solch verdrehte Weise geschieht.

Aber natürlich steckt in Verbitterung auch eine positive Sehnsucht, die jedoch unter all diesen negativen Gefühlen begraben liegt. Graben wir sie aus, gewinnen wir eine neue Perspektive.

Die Geschichte einer Verbitterung (und ihr Happy End)

Sie kennen sie auch bestimmt, diese Leute mit den nach unten ziehenden Mundwinkeln, diesen eingemeißelten Verbitterungsfalten und den schmalen Lippen. Ich konnte sie nie leiden. Entsprechend entsetzt war ich, als ich im Spiegel in meinem eigenen Gesicht die Züge der Verbitterung entdeckte. Ich? Verbittert? Das war doch unmöglich.

Als Fan der Körperzentrierten Herzensarbeit beschloss ich jedoch, der Sache sofort auf den Grund zu gehen. Ich schloss die Augen und vertiefte mich in die Wahrnehmung meines Gesichts. Ich spürte den Atem, während ich meine Gesichtszüge fühlte. Als ich in den Mundwinkeln angekommen war, merkte ich, dass sie sich regelrecht nach unten bogen, dass es da auch ein wenig Spannung im Kiefer gab und die Zähne sich leicht gegeneinanderpressten. Die Lippen erschienen mir seltsam verschlossen. Der Geschmack im Mund war bitter. Weiter spürend und forschend merkte ich, dass mein Körper von der Umwelt irgendwie abgetrennt, zurückgezogen erschien. Als hätte ich mit dem Leben abgeschlossen. Das Gefühl in diesem Körperzustand war tatsächlich Verbitterung.

Worüber war ich denn so verbittert? »Dass mir alles systematisch zerstört wird, dass ich selbst zerstört werde …«, lamentierte eine innere Stimme. Aha. Auf diese Stimme hatte ich noch nie geachtet. Ich öffnete mein Herz für die Verbitterung (Verständnis, Erlaubnis, Daseinsberechtigung brauchte sie vor allem). Dann entdeckte ich, dass die Verbitterung mit einem Wunsch verbunden war. Einem destruktiven Wunsch: dem Wunsch, dass es nichts wird mit all meinen großen Projekten, dass all meine Talente und Kenntnisse für die Katz waren, dass ich elend zugrunde gehen würde, ohne all das zustande zu bekommen, wofür das Schicksal oder Gott mich ausersehen hatte, wie ich dachte. Am Ende dieser grässlichen Wunscherfüllung – die ich mir natürlich bewusst ausmalte – stand eine Art Rache: am Schicksal, am Leben, an Gott. Das war ein ganz angenehmes Gefühl, ein böses, rechthaberisches Gefühl, diese Rache. Ich hatte mich gerächt – dafür, dass das Schicksal mir all meine Pläne vereitelt hatte –, und nun fühlte ich mich gerächt = gerecht!

Nachdem ich diese Gefühlskette aufgelöst, alle Gefühle einzeln kennengelernt und ins Herz geholt hatte, sagte mir die Logik, dass, wenn am Ende der Kette das Gefühl stand, »gerecht« zu sein, es am Anfang doch irgendwie Ungerechtigkeit gegeben haben musste. Also zurück an den Anfang … nicht in die Mundwinkel, die waren jetzt nicht mehr so stark spürbar, sondern an den Anfang dieser ganzen Geschichte.

Am Anfang gab es Pläne. Mit diesen verbunden – nie gefühlt – Hoff-
nung. Am Anfang der Pläne: eine Sehnsucht. Jetzt, mit ein paar Jah-
ren Verspätung, fühlte ich diese beiden und öffnete ihnen mein Herz.
Dann kamen mir die Tränen, die Trauer darüber, dass sich alles
nicht erfüllt hatte. Aber da war mehr. Da war auch eine Rebellion –
auch nie gefühlt: gegen all die Schicksalsschläge, die mich immer
weiter von der Lebenslinie fortgeführt hatten, die ich mal für mich
skizziert hatte; gegen die Ohnmacht; gegen das, was mir angetan
wurde; gegen das Unrecht.

Da war er, der Schmerz. Unrecht. Ungerechtigkeit. Er wollte – end-
lich! – gesehen werden. Gefühlt werden. Als Gefühl erkannt werden.
Und vor allem: Anerkennung.

Ganz eng mit diesem Schmerz verbunden war eine Sehnsucht: dass
alles ganz anders wäre, dass ich mein Leben leben, meine Träume
verwirklichen könnte. Diese Sehnsucht hatte ich immer unter-
drückt – ich hielt das für aussichtslos. Sie hatte unter dem Schmerz
begraben gelegen. Nun konnte ich sie endlich fühlen und ins Herz
holen. Sie wollte hochgehalten werden, unter allen Umständen. Sie
wollte in meinem Herzen mitgenommen werden. Es fühlte sich an,
als sei ich zu mir selbst heimgekommen.

Auf einmal war alles, was mich vorher hatte verbittern lassen, gar
nicht mehr relevant. Ich war wieder auf meinem Weg. Irgendwie,
ahnte ich, würde alles sich erfüllen, jetzt, wo ich das Hindernis aus
dem Weg geräumt hatte, das ich mir selbst durch das Verharren in
Verbitterung geschaffen hatte. Ich fühlte, wie die Energie in Bewe-
gung kam, wie der Fluss meines Lebens mich weitertrug, meinen ei-
genen Zielen entgegen, auch wenn ich keine Ahnung hatte, auf wel-
che Weise ich diese erreichen würde.

Der Schmerz, der unter Verbitterung liegt, heißt oft Ungerechtigkeit. Mit Verbitterung oft verbunden: Wut, Zorn, Empörung, Ohnmacht; aber auch Trauer, Resignation, Aussichtslosigkeit oder Hoffnungslosigkeit. Im Positiven: das Gefühl, gerecht zu sein; bestätigt zu sein; sogar Zufriedenheit.

**Mit Aussichtslosigkeit identifiziert zu bleiben,
schützt dich eventuell davor, einen Schritt tun zu müssen,
vor dem du Angst hast!**

»Hoffnung, Enttäuschung & Co.« – kurz gefasst

- Enttäuschung, Entmutigung und Resignation sind mit Energieverlust verbunden.
- Bevor sie auftauchten, gab es ein Gefühl, das Ihnen Energie gab: Hoffnung.
  Wenn Hoffnung nicht bewusst wahrgenommen wird, ist der Absturz in die Enttäuschung ebenso groß, wie die Hoffnung zuvor war.
  Hoffnung bewusst als Gefühl wahrzunehmen löst sie von ihrem Kontext und macht sie allgemein. Sie gehen dann mit Hoffnung durchs Leben, unabhängig von den Umständen.
- In Hoffnung verborgen ist eine Sehnsucht. In dieser ist ein gutes Gefühl. Beide können entdeckt und ins Herz geholt werden.
- Enttäuschung kann zu Entmutigung werden und Entmutigung zu Bitterkeit.
  In Bitterkeit stecken zu bleiben macht verbittert.
  Aber Verbitterung muss kein Dauerzustand sein – sie ist auch ein Gefühl und kann als solches wahr- und ins Herz genommen werden!

In ihr verborgen gibt es eine destruktive Sehnsucht, die es sich lohnt, zu entdecken (zum Beispiel die Sehnsucht, dass alles schiefgehen soll). Und in dieser wiederum ist ein gutes Gefühl verborgen (sich bestätigt oder gerecht – oder gerächt – zu fühlen).

»Es hat ja doch alles keinen Zweck mehr ...«

Über Aussichtslosigkeit, Hoffnungslosigkeit und Depression; über Gleichgültigkeit, Apathie und Sinnlosigkeit; und über unterdrückte Sehnsucht und Energieverlust

Werde ich immer gleichgültiger meinem Leben und allem gegenüber, oder ist das ein Zeichen von Depression? Vielleicht habe ich aufgegeben, irgendetwas zu wollen, weil das, was ich wirklich will, unerreichbar ist. Und überhaupt ist alles zu anstrengend. Und zu

schwierig. Und zu viel. Weil fast jeder lebendige Impuls von mir un-
terdrückt wird, unterdrückt werden muss, in meiner Situation. Das
wird wohl leider so weitergehen, bis ich tot bin. Lebe ich überhaupt
noch? Es ist, als wäre ich irgendwann nur noch auf Widerstände ge-
stoßen und hätte mich letztlich ergeben. Nun lebe ich nur noch ein
Schmalspur-Leben.

Depression ist eine Äußerung der Seele

Wenn wir deprimiert sind, kann die Sonne scheinen, die Blüten können duften und die Vöglein singen, es berührt uns alles nicht. Es ist uns
egal. Wir befinden uns allein in einer Blase; und in dieser Blase sind wir
damit beschäftigt, deprimierende Gedanken wiederzukäuen. Irgendwie finden wir sogar Gefallen daran, so ganz und gar negativ zu sein.

Depression ist eine Äußerung unserer Seele, die gehört werden
möchte. Die Seele leidet, weil sie keinen Platz in unserem Leben findet. Wir sind dann jedoch im Allgemeinen so sehr mit den negativen
Gedanken und Gefühlen identifiziert, dass wir taub dafür sind. Körperzentrierte Herzensarbeit kann hier natürlich helfen. (Möglicherweise gibt es aber auch auf der körperlichen Ebene Faktoren, die ab-
geklärt werden müssen: Schilddrüsenfunktion, hormonelle Situation,
Medikamente, Wohnumfeld, Elektrosmog ...)

Das Depressive ganz fühlen

Erst muss überhaupt die Bereitschaft, diese Gefühle bewusst wahrzunehmen, geweckt werden. Zu diesem Zweck sagen Sie sich nicht: »Ich
will aus dieser Depression heraus und wieder fröhlich sein.« (Wenn
Sie sich das sagen, sind Sie mit diesem Wunsch identifiziert, unterdrücken den Teil, der in der Depression verbleiben will, und sind
nicht neutral und somit nicht bewusst.) Sagen Sie sich vielmehr:
»Diese Gedanken und Gefühle schaue ich mir jetzt mal bewusst an.«

Seien Sie ganz und gar deprimiert, aber erleben Sie diesen Zustand bewusst. Spüren Sie ihn im Körper. Öffnen Sie Ihr Herz für alle damit verbundenen Gefühle: das Gefühl, »deprimiert« zu sein; das Eingesperrtsein; die Verschlossenheit. Eventuell: die Gleichgültigkeit, die Apathie, den Trotz, der darin enthalten ist, die Wut oder den Zorn, der wiederum darin enthalten ist, und den Schmerz, der sich darin verbirgt. Die Verbitterung, Resignation, Aussichtslosigkeit … Die Trauer, die Sehnsucht … und das schöne Gefühl am Ende der Sehnsucht (wenn Sie sich die Erfüllung der Sehnsucht vorstellen).

Die Sehnsucht dahinter

Wenn Sie depressiv sind, gibt es mit Sicherheit eine Sehnsucht, die Sie unterdrücken, weil Sie sie für unerfüllbar halten. Welche Sehnsucht haben Sie irgendwann in sich begraben? Graben Sie sie aus. Fühlen Sie sie.

Ganz gleich, ob erfüllbar oder nicht: Sehnsucht ist ein Gefühl, und wie jedes andere möchte sie gefühlt werden. Öffnen Sie Ihr Herz für sie. Sehnsucht braucht oft den Herzensschlüssel »vom Deckel der Unmöglichkeit befreit werden« (anders gesagt, »es für möglich halten«). Achtung: Hier geht es nicht um die Frage, ob die Erfüllung möglich ist, sondern ob der Gedanke, sie sei möglich, Sie berührt! Eine solche Sehnsucht braucht sehr oft auch »Achtung« oder sogar noch mehr: »geehrt werden« und »hochgehalten werden«. Sie werden sehen, dass Sie danach ein anderes Verhältnis zu der Frage haben, ob sie sich erfüllen kann oder nicht!

Sehnsucht, Hoffnung, Gewissheit … lauter emotionale Etappen auf dem Weg zur Erfüllung! Auch wenn der Verstand da nicht immer mitkommt – innerlich weiß man es.

Woher kommt die Energielosigkeit?

Wenn Sie deprimiert sind, ist Ihr Energieniveau stark abgesunken. Ihre Energie steht Ihnen nicht ganz zur Verfügung, sie ist teilweise an die unterdrückte Sehnsucht gebunden. Ein Teil Ihrer selbst steigt sozusagen aus, macht nicht mit, da er nicht gehört wird. Sobald diese Sehnsucht aus der Verbannung erlöst und gefühlt wird, taucht neue Energie auf.

Umgekehrt führt ein niedriges Energieniveau auch zu einem deprimierten Zustand. Viel Energie = Freude, wenig Energie = Freudlosigkeit, Depression. Alles erscheint auf einmal anstrengend und zwecklos.

Prüfen Sie, woher dieser Energieabfall kommt. Verursacher Nummer eins ist heutzutage Elektrosmog. Reduzieren Sie ihn. Schalten Sie zumindest nachts alles aus, was strahlt – WLAN, Handy, wenn's geht den Stromkreis um Ihr Bett herum (Sicherung der Nachttischlampen abschalten), oder schaffen Sie sich einen Netzfreischalter an. Überall, wo Sie Internet per Kabel bekommen, brauchen Sie kein WLAN, deaktivieren Sie es. Überall, wo Sie mit Kabel telefonieren können, brauchen Sie kein Schnurlostelefon. Ist Ihre Raumluft zu elektrisch, dann liegt das an einem Überschuss an Positiv-Ionen, die für Ihren Körper Gift sind und müde machen. Lüften Sie oft durch, oder schaffen Sie sich einen Luft-Ionisator an. Auch Zimmerbrunnen können für eine gesunde Atmosphäre sorgen oder bestimmte Pflanzen wie etwa der Felsenkaktus (Cereus peruvianus monstruosus) oder der Geldbaum (Crassula ovata).

»Depression & Co.« – kurz gefasst

- Sie sind deprimiert, weil Sie Ihre Seele vergessen haben, weil sie keinen Platz in Ihrem Leben findet.
- Zwingen Sie sich nicht, freudig zu sein, sondern schalten Sie einfach Bewusstheit ein. Lernen Sie den depressiven Zustand

bewusst kennen, öffnen Sie Ihr Herz für alle damit verbundenen Gefühle.

- Graben Sie die Sehnsucht aus, die Sie irgendwann für unerfüllbar erklärt und vergraben haben. Holen Sie sie ins Herz! Das wird Sie mit Ihrer Seele rückverbinden und Ihnen frische Energie geben.
- Eliminieren Sie Energieräuber aus Ihrem Umfeld, vor allem Elektrosmog.
- Pumpen Sie sich mit Negativ-Ionen voll (lüften, Ionisator, Wald, Wasserfall, Meer ...).
- Nehmen Sie Nahrung zu sich, die Energie gibt (anstatt solche, die Energie raubt, wie Fastfood, Zucker, Weißmehl, Fertigfutter und in der Mikrowelle Gekochtes!). Essen Sie frisch, vollwertig, Salate, verwenden Sie so viele Gewürze, wie Sie vertragen können (die geben Pep!).
- Gehen Sie auch sehr bewusst mit zweibeinigen Energieräubern um; bleiben Sie bei sich und nehmen Sie Ihr eigenes Gefühl wahr, das wird Sie schützen. Oder gehen Sie ihnen aus dem Weg.
- Sollte die Depression Sie zwingen, das Bett zu hüten, so lassen Sie den inneren Prozess, der sich abspielt, ablaufen und nehmen Sie ihn bewusst wahr. So nutzen Sie Ihre Chance, als neuer Mensch daraus hervorzugehen.

»Hätte, wäre, könnte ...« –
Wie wir unseren Erfolg vereiteln

Über die destruktiven Konjunktive

Eine der effektivsten Weisen, sich selbst am Erfolg zu hindern, besteht darin, in Konjunktiven zu denken. (Konjunktiv ist die Möglichkeitsform: Der Konjunktiv von »ich habe« ist zum Beispiel »ich hätte«.) Besonders destruktiv ist die Vergangenheitsform. »Wenn das damals nicht gewesen *wäre* ...« »*Hätte* ich doch nicht ...« Damit verknüpfen wir unsere jetzige Situation mit einer bestimmten Gegebenheit in der Vergangenheit – sei diese nun durch uns selbst oder jemand anderen verursacht. Auf diese Weise erklären wir unser jetziges Missgeschick als unreparierbar. Denn die Vergangenheit kann man ja nicht ändern. Also muss alles so schlecht bleiben, wie es ist.

Aber auch die Gegenwartsform kann eine sehr wirksame Weise der Selbstsabotage sein: »Ach, *könnte* es doch anders sein.« »Das *wäre* schön.«

Machtvoll oder machtlos denken

Es gibt eine machtvolle und eine machtlose Weise, sich mit einem Thema zu beschäftigen. Dies ist die machtlose. Sie ist deshalb machtlos, weil die Sehnsucht, die ja in diesen Konjunktiven enthalten ist, keine Chance hat: Wir decken sie mit allerlei negativen Gedanken und Gefühlen zu.

Die Kraft der Sehnsucht

Sehnsucht ist die universale schöpferische Kraft in uns, die sich immer irgendwie den Weg zu ihrer Erfüllung bahnt – bahnen *könnte*, wenn wir das nicht selbst vereiteln *würden* ...

»Ach, könnte es doch anders sein« impliziert: Ich wünsche es mir anders; mir ist jedoch klar, dass das unmöglich ist; ich hoffe aber, dass es doch möglich ist; all das äußere ich in diesem sehnsüchtig-ohnmächtigen Seufzer, diesem machtlosen Konjunktiv, in dem sich viele Gefühle vermischen:

»Ach, könnte ich doch wieder jung sein!«

Schon wesentlich machtvoller wird die Äußerung, wenn wir unsere Sehnsucht und die mit ihr verbundenen Gefühle klar ausdrücken, ohne sie miteinander zu vermischen:

»Ich bedaure, dass ich nicht mehr jung bin. So schwer und schwach zu sein macht mich traurig. Ich möchte gerne wieder fit sein. Ich sehne mich nach dem leichten, frischen Gefühl der Jugend.«

Und mithilfe Körperzentrierter Herzensarbeit können Sie der Realisierung Ihres Wunsches noch ein Stück näherkommen:

Ich öffne mein Herz für das Bedauern und die Trauer; ich erforsche den Körperzustand »schwer und schwach« einmal ganz bewusst und entdecke darin das Gefühl von Erschöpfung, für das ich ebenfalls mein Herz öffne. Nun wird mir schon leichter.

Ich richte meine Aufmerksamkeit auf die Sehnsucht, spüre sie, prüfe, was sie von mir braucht (Achtung und »es für möglich halten«); und ich stelle mir die Wunscherfüllung vor. Ich sehe mich frisch, fit und jung. Ich spüre den Körperzustand und achte darauf, welches Gefühl sich darin ausdrückt. Leicht, unternehmungslusig, lebendig. Ich gebe ihm einen Hauptnamen, unter dem ich es »abspeichern« kann: »lebendig«. Dann nehme ich mir Zeit, es mit allen Fasern zu fühlen und mir zu merken, wie es sich anfühlt. Von meinem Herzen braucht es: wahrgenommen, gefühlt und gepflegt werden.

Ich nehme mir vor, mich immer wieder an dieses Gefühl zu erinnern und es ganz bewusst überallhin mitzunehmen. Schon jetzt merke ich, wie wieder Zuversicht und Lebensfreude einkehren und ich neuen Schwung bekomme.

Schuldzuweisung und Ohnmacht

Wenn wir lieber an Konjunktiven festhalten, als etwas zu ändern, dann auch deshalb, weil es uns etwas bringt. Wenn ich zum Beispiel sage: »*Wenn du damals nicht so gehandelt hättest, dann säßen wir jetzt nicht in der Tinte*«, dann schiebe ich die Verantwortung für die Situation dem anderen zu und bin fein aus dem Schneider. Er ist ja schuld; ich kann mich als Opfer fühlen und damit das befriedigende Gefühl genießen, im Recht zu sein. Ich muss mich nicht damit konfrontieren, dass ich möglicherweise eine falsche Entscheidung getroffen oder eine Unterlassungssünde begangen habe und somit auch schuld bin. Und ihm, nicht mir, obliegt es, die notwendige Veränderung herbeizuführen.

Die Beschuldigung des Partners in der Vergangenheitsform des Konjunktivs ist eine Waffe, gegen die der Beschuldigte machtlos ist. Er kann es ja nicht ändern. Selbst wenn er seinen Fehler bereut – der Schaden, den er angerichtet hat, ist da, und der andere trägt ihn. Schrecklich, nicht wahr?

»Hättest du damals nicht gesagt, dass wir unbedingt nach Frankfurt umziehen sollen, dann säße ich jetzt nicht mit diesem unterbezahlten Job in diesem grässlichen Büro.«

Doch der Schuss geht auch nach hinten los. Denn wenn ich mich so äußere, mache ich mich selbst gleich doppelt ohnmächtig: Erstens lege ich mein (Miss-)Geschick in die Hände des anderen; und zweitens koppele ich es untrennbar an etwas, das vergangen und daher nicht zu ändern ist.

Die Wahrheit, klar ausgedrückt, gibt mir die Macht zurück

»Ich grolle dir immer noch, weil du damals mit Nachdruck verlangt hast, dass wir nach Frankfurt umziehen. Ich fühle Ohnmacht, Wut und Bedauern über die Situation, in der ich mich jetzt befinde. Ich wünsche mir so eine angenehme und gut bezahlte Arbeit, wie ich sie damals hatte, bevor wir umgezogen sind. Ich wünsche mir auch, dass du deinen Fehler erkennst und zugibst. Außerdem wünsche ich mir, dass ich in der nächsten ähnlichen Situation wacher bin, meinen eigenen Wunsch beachte und mich nicht zu etwas überreden lasse, das ich nicht möchte. Ich wünsche mir für solche Fälle, dass wir einander so lange mit offenem Herzen und wirklichem Interesse zuhören, bis wir eine Lösung gefunden haben, mit der wir beide zufrieden sind.«

Klingt besser als »Wenn du damals nicht …, dann wären wir jetzt nicht …«, nicht wahr? Nur dass wir uns oft von Situationen überrumpeln lassen und nicht auf die Idee kommen, erst einmal zu sagen: »Stopp. Ich möchte erst nach innen schauen.«

Vorbeugend üben

Körperzentrierte Herzensarbeit im Nachhinein mit einer solchen Sache zu machen, erleichtert es, beim nächsten Mal wacher zu sein.

Was passiert eigentlich, wenn ich sage: »Hättest du damals nicht …, dann wäre ich heute nicht …«?

Wie fühlt es sich körperlich an, das zu sagen? Welche Gefühle tauchen da auf? Groll, Wut, Ohnmacht, Bedauern sowie drei Wünsche … Eins nach dem anderen kennenlernen, spüren, fühlen und feststellen, was sie von meinem Herzen brauchen.

Am Ende sind Sie im Frieden mit dem Thema, wissen, was Sie zu tun haben, und die Situation kann sich in für Sie befriedigender Weise entwickeln.

Und vergessen Sie bei Ihrer Herzensarbeit nicht die Frage nach dem Nutzen:

Was bringt es mir, in der ohnmächtig-anschuldigenden Haltung zu verbleiben? Welches ist das gute Gefühl darin? Und welche Angst verbirgt sich dahinter: Was wäre, wenn ich aufhören würde, den anderen zu beschuldigen und an der Vergangenheit haften zu bleiben, und stattdessen Verantwortung für die Gegenwart übernehmen würde?

Das Wörtchen »eigentlich«

Ich möchte dieses Kapitel nicht abschließen, ohne auf ein kleines Wörtchen einzugehen, das in den Katalog der Selbstsabotage-Werkzeuge gehört: das Wörtchen »eigentlich«. Mit diesem Wörtchen gebe ich auf eine vage Weise die Macht ab.

»Eigentlich möchte ich nach Honolulu …«

Dieses »Eigentlich« impliziert eine Sehnsucht und einen Erfüllungsverhinderer.

»Der Flug ist zu teuer.« »Die Reise ist zu weit.« »Ich kann nicht in ein Flugzeug steigen.« »Das wäre zu schön, um wahr zu sein.«
Herzensarbeit sortiert diese Gefühle auseinander und betrachtet jedes einzelne für sich. Die Sehnsucht, die durch die Verklebung mit den übrigen Gefühlen (Angst, Aussichtslosigkeit, Unglauben …) sozusagen impotent gemacht wird, muss aus diesem Gefühlsknäuel herausgeholt und gesondert ins Herz geholt werden. Sie werden

merken, dass Sie einen Schritt in Richtung Realisierung getan haben, sobald der richtige Herzensschlüssel gefunden ist und die Sehnsucht ihren Platz in Ihrem Herzen eingenommen hat.

Sie können Ihre Sehnsucht jedoch auch von ihrem konkreten Ziel (hier: Honolulu) loslösen und sich somit von der Wunscherfüllung unabhängig machen: Betrachen Sie die Bilder, die sich beim Gedanken an Ihr Ziel einstellen, versetzen Sie sich in sie hinein und entdecken Sie das gute Gefühl darin. Wenn Sie dieses Gefühl in Ihrem Herzen hegen, müssen Sie vielleicht nicht unbedingt die Reise machen (Sie haben ja das Gefühl schon, das Sie sich davon versprochen haben); oder aber es wird Ihnen helfen, Ihr Ziel schneller zu verwirklichen (weil Sie jetzt etwas ausstrahlen, das mit Ihrem Ziel kompatibel ist).

»Eigentlich sollte ich wieder Sport treiben ...«

Noch so eine Art, sich selbst das Leben schwer zu machen. Damit sage ich nämlich:

»So, wie ich jetzt lebe, ist es nicht in Ordnung (schlechtes Gewissen!); ich sehne mich nach Fitness (oder Sport oder Bewegung oder Schlankheit oder was auch immer); ich fühle mich aber damit überfordert (oder nicht in der Lage oder daran gehindert).«

Merken Sie, wie sich hier wieder Gefühle zu einem Klumpen zusammenballen, der uns im Negativen festhält?

Der Ausweg ist wie immer das Auseinandernehmen der Gefühle, die den Klumpen bilden:

Ich nehme das schlechte Gewissen wahr; ich nehme die Sehnsucht wahr; ich nehme die Überforderung (oder Erschöpfung oder Ohnmacht etc.) wahr.

Ich destilliere aus der Sehnsucht das Bild der Wunscherfüllung heraus und entdecke darin das gute Gefühl (das ich mir vom Sporttreiben verspreche). Ich nehme dieses Gefühl ins Herz und betrachte dann die Situation mit neuen Augen.

Und dann der andere Teil: Ich frage mich, welches gute Gefühl es mir verschafft, in der »Eigentlich sollte ich«-Position zu verbleiben (Erleichterung, Entspannung, Bequemlichkeit, Schutz ...?). Ich öffne mein Herz für dieses Gefühl. (Dann kann ich dieses Gefühl auch haben, wenn ich die »Eigentlich«-Position aufgebe und mein Training wieder anfange!)

Entscheidungen delegieren oder selbst treffen

In Beziehungen dient das »Eigentlich« oft dazu, dem anderen die Entscheidung zu überlassen.

»Was möchtest du denn heute Abend essen?«

»Eigentlich hätte ich gern mal wieder eine Pizza ...« Damit sage ich: *»Ich sehne mich nach einer Pizza. Aber ich weiß, dass das nicht so gesund ist und dass du sagen wirst, dass wir doch gestern erst Pizza gegessen haben. Daher bestehe ich nicht darauf, die Pizza zu bekommen. Ich überlasse dir die Entscheidung. Ich hoffe, dass sie pro Pizza ausfällt.«*

Wovor schützt mich dieses »Eigentlich«? Davor, eine Entscheidung treffen zu müssen. In mir selbst kämpfen zwei Teile miteinander: die Lust auf Pizza und die Anti-Pizza-Fraktion (was auch immer dahintersteckt: Gesundheitsbewusstsein, Geldsorgen, Wunsch nach Abnehmen etc.). Da ich mit diesem Kampf identifiziert bin und keine Lösung sehe, übertrage ich den Entscheidungsjob auf den Partner.

Auf diese Weise finde ich Klarheit:

Ich nehme den Wunsch wahr, dass mir die Entscheidung abgenommen wird. Ich nehme den Wunsch nach Pizza wahr. Ich nehme den Wunsch nach Gesundheit/Sparen/Schlankheit etc. wahr, der sich der Pizza entgegenstemmt.

Ich öffne mein Herz für all diese Gefühle und finde die Entscheidung. Meine Entscheidung.

Und nun könnte der Dialog so ablaufen:

»Was möchtest du heute Abend essen?«

»Pizza.«

»Aber haben wir nicht erst gestern Pizza gegessen … Und wolltest du nicht …«

»Ich weiß.«

Oder:

»Was möchtest du heute Abend essen?«

»Ich toaste mir das Brot von gestern und lege mir Käse, Tomaten und Oregano drauf. Bist du dabei?«

»Hätte, wäre, könnte« – kurz gefasst

- Mit Konjunktiv-Formulierungen wie »hätte, wäre, könnte« vereiteln Sie selbst Ihren Erfolg. Ebenso mit »sollte« und »eigentlich«. Mit dieser Art zu denken und sich auszudrücken verbleiben Sie in einer Position, in der Sie unzufrieden sind.
- Darin ist jedoch zugleich ein positives Gefühl verborgen. Entdecken Sie es, indem Sie sich fragen, welches gute Gefühl es Ihnen verschafft, in dieser Position zu verbleiben. Öffnen Sie Ihr Herz für dieses gute Gefühl.
- Immer ist in diesen Formulierungen eine Sehnsucht enthalten, die jedoch von negativen Gefühlen geknebelt und gefesselt wird. Öffnen Sie Ihr Herz für die negativen Gefühle und befreien Sie diese Sehnsucht. Fühlen Sie sie und prüfen Sie, was sie von Ihrem Herzen braucht.
- Destillieren Sie aus dieser Sehnsucht das positive Gefühl heraus, das Ihr wirkliches Ziel ist.

**Arbeite immer körperzentriert (nicht kopfzentriert)
und spüre deinen Atem!**

»Leben ist gefährlich!
Wie kann ich mich absichern?«

*Über Unsicherheit, Angst und das Gefühl, ungeschützt,
bedroht, ausgeliefert zu sein – und über Sicherheit und Schutz*

Die Welt ist ein unsicherer Ort. Leben ist gefährlich, ob wir es wollen
oder nicht. Wir sichern uns gegen die existenziellen Gefahren ab, so
gut wir können. Aber gefährlich ist und bleibt das Leben auf der
Erde. Ein Sturm, eine Überschwemmung, ein Brand können unserem Leben ein plötzliches Ende bereiten, und Sie wissen, die Liste
ließe sich fortsetzen. Selbst wenn wir von alldem verschont bleiben,
droht uns am Ende ... das Ende. Ist es nicht der Tod, gegen den wir
uns absichern? Und ist er nicht das Einzige, das uns überhaupt sicher
ist?

Wie können wir mit der Unsicherheit umgehen? Uns versichern,
uns schützen, verbarrikadieren, alles meiden, was gefährlich sein
könnte ...? Oder im Gegenteil den Gefahren trotzen, um Angst und
Unsicherheit zu überwinden? Oder die Unsicherheit einfach als Gegebenheit hinnehmen? Sie uns mit positiven Affirmationen ausreden
und uns Sicherheit einreden: »Wo auch immer ich mich befinde, bin
ich sicher ...« Uns mit magischen Tricks absichern?

Merken Sie etwas? Wenn Sie sich mit derartigen Strategien abmühen, sind Sie mit Ihren Überlegungen auf der Ebene der Tatsachen, aber die Drahtzieher im Hintergrund sind eigentlich Gefühle: Ihr Gefühl von Unsicherheit, von Bedrohung, von Verletzlichkeit, Ihre Angst und Ihre Sehnsucht nach Sicherheit.

Die einzige Lösung

Wenden Sie Ihre Aufmerksamkeit einmal dem eigentlichen Schlachtfeld zu, der Welt Ihrer Gefühle. Da dort das Problem liegt, ist auch nur dort die Lösung zu finden. Sicherheit als Tatsache gibt es nämlich nicht. Sie können sich in einem Bunker unter der Erde eingegraben haben und Wasser, Nahrung, Licht und Lektüre für 50 Jahre bei sich haben; aber es braucht nur ein großer Meteorit daherzukommen, und schon ist Ihre schöne Sicherheit dahin.

Unsicherheit fühlen

Ich fühle mich selten irgendwo sicher. Aber wenn ich die Unsicherheit, die ohnehin im Hintergrund überall vorhanden ist, auch noch in den Vordergrund hole und mich darauf fokussiere, passieren dann nicht erst diese schlimmen Dinge, die ich insgeheim befürchte? Solange ich die Unsicherheit aus meinem Bewusstsein verdränge, kann ich mich einigermaßen sicher fühlen, und wenn ich mich einigermaßen sicher fühle, bin ich vielleicht auch sicher. Oder?
In Wirklichkeit ist das Gegenteil der Fall. Wenn Unsicherheit in den Hintergrund geschoben wird, stellt sie eine ständige Bedrohung dar, und es kostet Energie, sie nicht zu beachten. Diese Energie könnte besser verwendet werden, um der jeweils aktuellen Situation wache Aufmerksamkeit zu schenken.

Wird Unsicherheit jedoch bewusst gefühlt, entpuppt sie sich als wertvoller Begleiter.

Ich entscheide mich, die Unsicherheit einmal ganz bewusst wahrzunehmen, statt sie in den Hintergrund zu drängen. Ich spüre sie. Sie bewirkt, dass meine Füße irgendwie zu leicht auf dem Boden stehen, meine Beine etwas wacklig sind, mein Herz etwas nervös ist; es ist eine feine, nervöse Bewegung im ganzen Körper. Sie macht mich leicht, aber auf unangenehme Art.

Ich konzentriere mich darauf, in diesem körperlichen Zustand das seelische Gefühl zu entdecken. Die Unsicherheit. Ja, jetzt kann ich sie fühlen. Mein Herz öffnet sich ihr mit Erbarmen und Verständnis; und mit Würdigung. Die Unsicherheit will außerdem als Gefühl wahrgenommen werden statt als Tatsache – und sie will beachtet werden. Jetzt bin ich aus der Hypnose der Unsicherheit erwacht, und das Gefühl ist auf den richtigen Platz gerutscht, in meinem Herzen. Ich nehme das Gefühl nun mit in die Situation und beachte es. Das macht Geist und Augen sehr wach. Die Unsicherheit in meinem Herzen wahrzunehmen und zu beachten schützt mich davor, etwas Wichtiges zu übersehen, übereilt zu handeln oder Fehler zu machen.

Die Ängste bewusst wahrnehmen

Unsicherheit ist mit Angst verbunden – oder mit Ängstlichkeit oder Furcht. (Drei Varianten eines Gefühls, aber jede fühlt sich ein wenig anders an. Prüfen Sie immer, welche Bezeichnung zutrifft.) Wenn ich unsicher bin, ob der Balkon mich trägt, dann habe ich ja auch Angst, dass er abstürzt.

Oft nehmen wir solche Ängste nicht wahr, weil wir Angst haben, das Gefürchtete anschauen zu müssen; in diesem Fall muss man erst sein Herz für die Angst vor der Angst öffnen. Oder wir nehmen diese Ängste nicht wahr, weil wir sie für lächerlich halten; dann muss diese Verachtung bewusst wahrgenommen (vielleicht auch zurückgegeben) werden.

Übrigens reicht es nicht, Ihr Herz nur für die Angst zu öffnen; schauen Sie sich auch das bewusst an, wovor Sie Angst haben. (Wie fühlt es sich an, und wie fühle ich mich, wenn das Befürchtete eingetreten ist?) Auch das ist nämlich ein Gefühl.

Unsicherheit übernehmen und zurückgeben

Hinter Schüchternheit stecken oft Unsicherheit und Angst; manchmal auch hinter Introvertiertheit. Unsicherheit tarnt sich manchmal in übertrieben selbstsicherem oder einschüchterndem Auftreten. Wenn Sie sich in Gegenwart eines Einschüchterers unsicher fühlen, probieren Sie einmal, die Unsicherheit an Ihr Gegenüber zurückzugeben. Sie könnten eine Überraschung erleben!

Fast jeden Tag begegne ich meinem Hausbesitzer, einem alten Herrn, der Arzt und enorm gebildet ist. Er kontert alles, was ich sage, mit eigenen Weisheiten, die meine Bemerkungen als unüberlegte Dummheiten erscheinen lassen. Jedes Mal fällt mir auf, dass ich klein und unsicher werde, sobald er eine Weile geredet hat. Nach einer Weile höre ich nur noch zu und schaffe es nicht mehr, irgendetwas zu kommentieren oder richtigzustellen.

Woher diese Unsicherheit? Ob sie womöglich ihm gehört – ein abwegiger Gedanke, aber immerhin, ich kann ja mal schauen, was passiert, wenn ich versuche, sie ihm zurückzugeben.

Ja, tatsächlich, das verändert etwas. Ich merke, dass ich mehr bei mir bin und mich nicht mehr so unsicher fühle. Und dass mein Herz sich diesem Mann geöffnet hat. Nächstes Mal kann ich mehr von Herz zu Herz mit ihm reden, von Gleich zu Gleich.

Einschüchtern ist, nebenbei bemerkt, auch eine Art, jemandem seine Energie zu rauben (ebenso wie zu viel reden und sich Gehör erzwingen). Wenn Sie unsicher sind, sind Sie ein leichtes Opfer für Energieräuber. Wenn Sie jedoch Ihre Unsicherheit bewusst fühlen, sind Sie geschützt. Probieren Sie es aus!

»Unsicherheit und Angst« – kurz gefasst

- Unsicherheit aus dem Bewusstsein zu verdrängen macht unsicher.
- Unsicherheit bewusst als Gefühl wahrzunehmen und zu beachten macht sicherer.
- Beachten Sie auch die Angst, die hinter der Unsicherheit steckt, sowie das, wovor Sie Angst haben. Auch das ist letztlich ein Gefühl!
- Hinter Schüchternheit und Introvertiertheit stecken auch Angst und Unsicherheit; ebenso hinter übertrieben selbstsicherem oder einschüchterndem Auftreten.
- Wenn Sie sich in Gegenwart einer solchen Person unsicher fühlen, prüfen Sie, ob es nicht vielleicht die Unsicherheit des anderen ist, die Sie wahrnehmen! Geben Sie sie zurück und schauen Sie, was passiert.
- Unsicherheit bewusst zu fühlen, schützt Sie vor Fehlern, aber auch vor Energieräubern.

**Wappne dich nicht gegen deine Unsicherheit,
sondern fühle sie bewusst. Dann erweist sie sich
als hilfreicher Begleiter.**

»Was soll ich tun, welche Entscheidung ist die richtige?«

Über Unentschiedenheit, Zerrissenheit, Zweifel, Ratlosigkeit und die damit verbundenen Ängste und Sehnsüchte

Irgendwo in Ihrem Innern gibt es das Wissen, welches die richtige Entscheidung ist. Es ist nur verdeckt durch Ihre vielen einander widersprechenden Emotionen.

Schritt für Schritt vorgehen

Vorweg müssen Sie sich klarmachen, in welchem Sinne die Entscheidung »richtig« sein soll. Letztlich gibt es keine richtigen oder falschen Entscheidungen; richtig oder falsch sind sie nur im Hinblick auf das, was Sie bezwecken.

Den Wunsch oder die Sehnsucht fühlen

Als Erstes müssen Sie also klären, was Ihr Ziel ist.

Falls das nicht klar ist, spüren Sie Ihr Herz und fragen Sie sich, was Sie sich wünschen oder wonach Sie sich sehnen (in Bezug auf die betreffende Angelegenheit). Nehmen Sie diesen Wunsch oder diese

Sehnsucht ganz bewusst als Gefühl wahr und fragen Sie sich, was dieses Gefühl von Ihrem Herzen braucht.

Denken Sie dann an die Entscheidungsfrage.

Manchmal ist die Entscheidung in diesem Moment schon klar.

Falls nicht, machen Sie sie zum Gegenstand Körperzentrierter Herzensarbeit.

»Wohin soll ich gehen?« Der Herzensweg zur Antwort

Ich weiß nicht, wohin ich gehen soll – nach A, nach B, nach C? Ich weiß, ich muss hier weg, aber wohin?

Stopp. Körper und Atem spüren, wie fühle ich mich? Ratlos. Ratlosigkeit fühlen, ins Herz holen.

Drei Optionen tauchen auf, die zur Debatte stehen. Meine Gedanken streifen von einer zur anderen, finden keinen Halt. Stopp. Wie fühlt sich das an, wie fühle ich mich? Unentschieden. Die Unentschiedenheit, merke ich beim Durchprobieren der Herzensschlüssel, braucht Raum. Was auch bedeutet, dass ich sie einfach mal da sein lasse und jetzt nicht weiter in Richtung Entscheidung dränge. Das fühlt sich gut an!

In den kommenden Tagen, jedes Mal wenn ich merke, dass meine Gedanken damit beschäftigt sind, die richtige Entscheidung zu finden, gebe ich dem Gefühl von Unentschiedenheit Raum. Wunderbar. Das drängt den Entscheidungszwang zurück, gibt mir Zeit und Raum, die Sache reifen zu lassen.

Inzwischen tauchen all die Emotionen auf, die sich mit den Optionen A, B und C verbinden, und ich kümmere mich um sie. Eine nach der anderen hole ich sie ans Licht und ins Herz.

Nachdem alle Gefühle aufgetaucht und von meinem Herzen versorgt sind, erinnere ich mich wieder an den Wunsch, um den es eigentlich geht, dem die Entscheidung dienen soll. Und schon lande ich bei Entscheidung C! Mein Herz hat entschieden. Jetzt heißt es nur noch, Wege zu finden, das zu realisieren.

Achtung: Bei A- oder-B-Entscheidungen, wenn es um die Wahl zwischen verschiedenen, schon definierten Möglichkeiten geht, bleiben Sie nicht in der Perspektive gefangen, in der Sie nur A und B sehen! Treten Sie auch mal einen großen Schritt zurück, um eventuellen weiteren Möglichkeiten Raum zu geben, die Ihnen noch gar nicht in den Sinn gekommen sind.

Aus der Identifikation mit dem Wunsch aufwachen

Achten Sie bei Ihrer Herzensarbeit zur Entscheidungsfindung hauptsächlich auf den Wunsch, den Sie durch Ihre Entscheidung erfüllt sehen wollen. Wecken Sie sich aber aus der Identifikation mit diesem Wunsch oder dieser Sehnsucht auf, indem Sie dieses Gefühl ebenso bewusst wahrnehmen wie alle anderen und die Herzensschlüssel dafür abfragen. Sonst verhindern Sie vielleicht selbst, dass Sie die im Sinne dieses Ziels richtige Entscheidung finden. Denn wenn Sie mit Wunsch oder Sehnsucht identifiziert bleiben, bleiben Sie ja auch mit dem Mangel (aus dem diese hervorgehen) identifiziert und tragen somit dazu bei, dass dieser bestehen bleibt.

Ich sehne mich nach Gesundheit.

Denn ich bin krank.

Wohin soll ich gehen – nach A, B oder C –, um Heilung zu finden?

Nachdem ich für alle Gefühle mein Herz geöffnet habe, die mit A, B und C verbunden sind, fühle ich, dass C das Richtige ist.

Nun gehe ich nach C als »die Kranke« (denn damit bin ich identifiziert).

Es stellt sich heraus, dass C mich noch kränker macht.

Warum? Weil ich mir als »die Kranke« einen Ort ausgesucht habe, der zu meinem Kranksein passt.

Besser ist es so:

Ich öffne mein Herz für die Sehnsucht nach Gesundheit.

Ich versetze mich in die Wunscherfüllung hinein, sehe mich strahlend gesund und entdecke (über die Körperwahrnehmung) das gute Gefühl darin. Ich fühle mich energiegeladen und frei.
Ich stelle mir erneut die »A-, B- oder C«-Frage. Nun lande ich bei A.

Das gute Gefühl in der Entscheidungslosigkeit

Wenn Sie trotz allem völlig außerstande sind, eine Entscheidung zu treffen, machen Sie sich auch das gute Gefühl bewusst, das es Ihnen gibt, in der Entscheidungslosigkeit zu verharren!

Ich stelle mir – als Trick – vor, ich dürfe für immer unentschieden bleiben, ich müsse nicht entscheiden. Wie fühlt sich das an, wie fühle ich mich? Erleichtert.

Das Erleichtertsein fühlen und ins Herz holen.

Und weiter: Erleichtert in Bezug auf ...? Von was erleichtert? Es gibt da eine Angst, die vor der Entscheidung steht: die Angst, aus meiner gemütlichen, geborgenen Ecke herauskommen und etwas Neues tun zu müssen, etwas Ungemütliches, Herausforderndes ... Diese Angst ins Herz holen.

Dann das schlimme Gefühl angucken. Wie fühlt es sich an, entschieden zu haben und sich in Gang setzen zu müssen? Als ob ich aus einem Kokon heraustrete ... Ungeschützt? Unsicher? Bedroht? Stimmt alles ein bisschen. Es sind drei Worte, die ein Gesamtgefühl beschreiben. Ich nenne es »unsicher«. Und öffne mein Herz dafür. Es braucht vor allem Rehabilitation, also von Verurteilung befreit werden, und Beachtung. Ich verspreche ihm, es ganz bewusst in meinem Herzen zu halten und zu beachten, wohin auch immer ich gehe. Es ist zufrieden.

Nun bin ich in der Lage, meine Entscheidung zu treffen.

»Entscheidungsprobleme« – kurz gefasst

- Bei der Frage nach der richtigen Entscheidung muss geklärt werden, welchem Wunsch oder welcher Sehnsucht die »richtige« Entscheidung dienen soll.
  Wichtig ist, nicht mit diesem Wunsch oder dieser Sehnsucht identifiziert zu bleiben, sondern sie bewusst wahr- und ins Herz zu nehmen! Und am besten auch gleich das gute Gefühl, das bei der Vorstellung der Wunscherfüllung entsteht. Das wird Ihnen helfen, sich auf das Ziel zuzubewegen, das zu diesem guten Gefühl passt.

- Holen Sie bei allen Entscheidungsproblemen das aktuelle Gefühl ins Herz, das ganz zuoberst sitzt: beispielsweise Unentschiedenheit, Zerrissenheit, Unsicherheit, Zweifel, Ratlosigkeit. Manchmal ist es auch Überforderung.

- Unentschiedenheit braucht als Herzensschlüssel oft »Raum«. Sie tatsächlich eine Zeit lang ganz bewusst da sein zu lassen, ihr Zeit zu geben, lässt oft von selbst die richtige Entscheidung auftauchen.

- Eventuell gilt es, die Angst, sich überhaupt entscheiden zu müssen, sowie das schlimme Gefühl, auf das sie sich bezieht, wahrzunehmen. Und das gute Gefühl, das der Verbleib in der Unentschiedenheit Ihnen beschert.

- Dann wollen alle Gefühle, die sich mit den verschiedenen Wahlmöglichkeiten verbinden, kennengelernt und versorgt werden.

- Statt sich nur auf die bereits bekannten Optionen zu konzentrieren, lassen Sie Raum für eventuelle weitere Möglichkeiten. Konzentrieren Sie sich darauf, den Wunsch wahrzunehmen, dessen Erfüllung die Entscheidung dienen soll. Das erleichtert das Auftauchen neuer Möglichkeiten in Ihrem Gesichtsfeld.

Öffne dein Herz für alle mit der Entscheidungsfrage verbundenen Gefühle, und die richtige Entscheidung wird auftauchen.

»Ich blicke nicht mehr durch!«

Sich verwirrt, verloren, geistesabwesend, zerstreut, denkunfähig fühlen ... und die guten Gefühle, die sich dahinter verbergen. Speziell: Angst vor Demenz

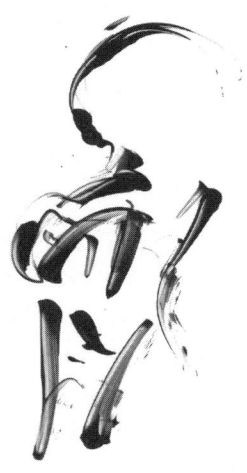

Erst das gute Gefühl entdecken

Heute bin ich irgendwie nicht da. Kann mich auf nichts konzentrieren, weiß oft überhaupt nicht, worum es gerade geht, bin abwesend, zerstreut. Mir fällt ein, dass ich das ja auch mal bewusst wahr-

nehmen könnte – auch wenn es erst mal schwerfällt, mich darauf zu konzentrieren, da ich mich ja gerade nicht konzentrieren kann.

Aber stopp! Fehler. Ich muss ja meinen Zustand nicht verändern, sondern nur bewusst wahrnehmen. Ich merke, dass meine Augen ein wenig schielen, ein wenig starren, dass ich den Eindruck habe, in meinem Kopf und um diesen herum ausgebreitet zu sein und da ein wenig verloren herumzuschweben. Was ist das für ein Gefühl? Ich nenne es »nicht da«. Oder abwesend? Nein, »nicht da« trifft es besser.

Das ist offensichtlich keine Tatsache (ich bin ja da), sondern ein Gefühl. Es braucht von meinem Herzen Erlaubnis und Raum. Und als Gefühl wahrgenommen werden? Theoretisch ja, aber irgendwie schaffe ich das nicht. Ich bleibe in diesem Zustand von »nicht da sein« drin.

Na gut. Dann schaue ich mir eben diesen Zustand einmal bewusst an. Wie ist es denn, darin zu sein? Es ist eine Zuflucht, ich fühle mich geschützt, geborgen.

Und wenn ich nun dieses Gefühl, geschützt und geborgen zu sein, in meinem Herzen mitnehme in die Welt, ins Hier und Jetzt, in die Realität ... wie ist das? Besser. Dann kann ich wieder da sein. Das Gefühl von Geborgenheit im Herzen gibt mir eine Art Puffer zwischen mir und der Welt. Ich merke, dass ich nun wieder im ganzen Körper anwesend und aus der Hypnose der Abwesenheit aufgewacht bin.

Die Moral von der Geschichte: Wenn du merkst, dass du »nicht da bist«, halte Ausschau nach dem guten Gefühl, das dir dieser Zustand verschafft, und gib ihm einen Platz in deinem Herzen.

Auch wenn ich ganz durcheinander bin, wenn ich vergessen habe, was ich gerade tun wollte, ja, selbst wenn ich gar nicht weiß, wo oder wer ich bin: Bewusstheit kann ich immer einschalten.

Sich den klaren Geisteszustand einprägen

Wenn Sie merken, dass Sie sich gerade in einem klaren, wachen, geordneten Geisteszustand befinden, dann schließen Sie einmal die Augen und erleben Sie diesen Zustand ganz bewusst! Prägen Sie sich ein, wie sich das anfühlt. Entdecken Sie, wie Sie sich darin fühlen. Geben Sie diesem Gefühl einen Namen und öffnen Sie ihm Ihr Herz. Pflegen Sie dieses Gefühl, indem Sie sich oft daran erinnern.

Äußere Ursachen

Nicht immer steckt ein psychologisches Thema hinter der Geistesverwirrung. Sie kann auch Folge von Elektrosmog, Bildschirmarbeit oder zu langer Beschäftigung mit dem Handy sein. Zu viel »connected« zu sein macht »disconnected«! Informieren Sie sich über die Wirkung von künstlichen elektromagnetischen Feldern aufs Gehirn und treffen Sie dann Ihre bewusste Entscheidung, wie viel, wie lange und wie oft Sie sich der Strahlung von Monitoren und Mobiltelefonen aussetzen möchten!

In der Kinesiologie gibt es den Begriff »Switching«: Er bezeichnet eine Art Verhedderung zwischen der rechten und der linken Gehirnhälfte; das Ergebnis sind Denkblockaden, Stress und Verwirrung. »Deswitchen« Sie sich so oft wie möglich, indem Sie Über-Kreuz-Bewegungen machen (das heißt: den rechten Arm zugleich mit dem linken Bein bewegen und umgekehrt, so wie beim Marschieren oder Tanzen). Im Internet finden Sie weitere Deswitching-Übungen. Informieren Sie sich über die richtige »Gehirn-Nahrung« (zum Beispiel gute Fette).

Manchmal tritt die Verwirrung auch als Folge von starkem Wind auf, von extremem Wetterwechsel oder von Überarbeitung, von Sauerstoffmangel, Erschöpfung oder Mangel an bestimmten Vitaminen, Mineralstoffen oder an Wasser, Bewegung oder frischer Luft.

Spazierengehen, Wandern, Joggen, Sport in gesunden Maßen helfen dem Gehirn; und sie helfen, Geist und Körper zusammenzuhalten.

Manchmal fangen wir die Verwirrung von anderen Menschen auf. Sobald es Ihnen auffällt, dass Sie zerstreut, verwirrt, blockiert oder abwesend sind: Bewusstheit einschalten. Atem und Körper spüren. Dann: Wie fühle ich mich gerade? Was braucht das Gefühl von mir? Habe ich es womöglich übernommen? Von wem? Zurückgeben!

Angst vor Demenz

Falls Sie Angst haben (und sie vielleicht verdrängen), irgendwann auch einmal dement zu werden wie so viele Menschen heute, dann öffnen Sie Ihr Herz für diese Angst (wahrscheinlich braucht sie »Beachtung«) und die damit verbundenen Gefühle – und denken Sie auch daran, Angst, Erwartung und die anderen Gefühle ans Kollektiv zurückzugeben!

Dadurch erlauben Sie dem Wunsch, bis ans Ende Ihres Lebens fit und klar im Kopf zu sein, einmal hervorzutreten. Formulieren Sie ihn, fühlen Sie ihn und prüfen Sie, was er von Ihrem Herzen braucht.

Versteckte Depression entdecken

Die echte Alzheimer-Demenz, so erklärte mir ein darauf spezialisierter Psychiater, hat immer auch mit Depression zu tun. Wenn man deprimiert ist, haben die Synapsen (die Schaltstellen in unserem Gehirn) keine Lust mehr, zu funktionieren, und dann können die Informationen zwischen den verschiedenen Teilen des Gehirns nicht mehr weitergeleitet werden.

Wenn Sie sich also um Ihre geistige und Gehirn-Gesundheit Sorgen machen, dann fragen Sie sich, ob Sie vielleicht an einer versteckten Depression leiden. Kümmern Sie sich um alle Gefühle, die damit verbunden sind.

Halten Sie Ausschau nach der Sehnsucht, die Sie vergraben haben, weil Sie dachten, dass ihre Erfüllung unmöglich sei. Graben Sie diese Sehnsucht aus, unabhängig von der Frage, ob sie realistisch ist oder nicht. Sehnsucht ist ein Gefühl – mehr als das, es ist *das zentrale* Gefühl, in dem sich Ihre Seele in Ihnen ausdrückt. Erlauben Sie diesem Gefühl, in Ihrem Herzen zu leben, und es wird Sie wiederbeleben und Ihnen neue Perspektiven schenken.

Lernen Sie auch das gute Gefühl kennen, auf das die Sehnsucht sich bezieht, und holen Sie es ebenfalls ins Herz.

Eine Überforderung fühlen

Oft geht der Demenz auch eine Identifikation mit Überforderung voraus. Alles wird zu viel, man schafft es nicht mehr, und davon wiederum will man nichts wissen, also verdrängt man es … Aber der Körper kann es nicht verdrängen, er drückt es aus. Überforderung ist auch ein Gefühl und kann bewusst wahr- und ins Herz genommen werden! (Lesen Sie hierzu das Kapitel »Ich kann nicht mehr« ab Seite 162.)

Vielleicht gibt es auch eine Sehnsucht, versorgt zu werden, geborgen, aufgehoben zu sein. Diese kann ebenfalls bewusst wahr- und ins Herz genommen werden.

»Geistige Verwirrung« – kurz gefasst

* Auch wenn Sie ganz durcheinander sind, Bewusstheit lässt sich immer einschalten:
  Atem spüren, Körper spüren, dann das Gefühl benennen, das man gerade hat – ob man sich nun »abwesend«, »verwirrt«, »blockiert«, »überfordert« oder »zerstreut« fühlt. Öffnen Sie Ihr Herz für dieses Gefühl.

Sollten Sie die Tendenz haben, darin verweilen zu wollen, dann gestatten Sie sich das und entdecken Sie das gute Gefühl darin. Holen Sie es ebenfalls ins Herz.

- Holen Sie ebenfalls den Wunsch, bis ans Ende des Lebens klar und wach zu bleiben, ins Herz.

- Wenn Sie oft darunter leiden, verwirrt, abwesend oder vergesslich zu sein, reduzieren Sie die Zeit vor Bildschirmen und den Elektrosmog in Ihrem Umfeld. Deswitchen Sie Ihr Gehirn.

- Prüfen Sie, ob Sie genügend Bewegung und Sauerstoff haben, ob es Ihnen eventuell an bestimmten Mineralstoffen mangelt. Verzehren Sie gesunde Fette.

- Fragen Sie sich, von wem Sie das Gefühl übernommen haben könnten. Geben Sie es zurück. (Denken Sie dabei nicht nur an Ihre Angehörigen, Bekannten und Arbeitskollegen, sondern auch ans Kollektiv.)

- Angst, dement zu werden, kann bewusst als Gefühl wahrgenommen und beachtet werden, anstatt sie zu verdrängen und sich von ihr beherrschen zu lassen. Eventuell ans Kollektiv zurückgeben, samt der Erwartung!

- Prüfen Sie, ob Sie an Überforderung leiden, und kümmern Sie sich um dieses Gefühl und alles, was damit zusammenhängt.

- Fragen Sie sich, ob es in Ihnen eine unterschwellige Sehnsucht gibt, passiv zu sein, alles loszulassen, versorgt, aufgehoben, geborgen zu sein. Nehmen Sie sie bewusst wahr. Öffnen Sie Ihr Herz dafür.

»Man sagt Danke!«

Über Dankbarkeit und die Verpflichtung zur Dankbarkeit,
über Schuldgefühl sowie über die positiven Gefühle
hinter der Dankbarkeit

Dankbarkeit ist eine schöne Sache. Vorausgesetzt, man empfindet sie tatsächlich und redet sie sich nicht nur ein, weil man gehört hat, dass das eine gute Lebensphilosophie sei; oder weil Mami und Papi so oft gesagt haben: »Du musst Danke sagen!« Als Grundhaltung im Leben kann Dankbarkeit etwas anstrengend werden, es sei denn, man ist von Natur aus damit gesegnet.

Die Verpflichtung zur Dankbarkeit

Jeder Tag, an dem die Sonne scheint, erfüllt mich mit Dankbarkeit.
Manchmal versuche ich auch, dankbar zu sein, wenn sie nicht scheint oder wenn ich müde bin oder mich geärgert habe. Aber es gelingt mir nicht wirklich.
Aber wenn die Sonne scheint und die Vögel singen … Ja, da fällt es mir leicht, da bin ich voller Dankbarkeit.
Da Dankbarkeit etwas ist, das man empfindet, ist sie auch ein Gefühl. Und wenn man sie als Gefühl wahrnimmt, wird die Sache schon wesentlich leichter und lockerer.

Die Sonne scheint, die Vöglein singen, ich bin voller Dankbarkeit. Ich erinnere mich daran, dass Dankbarkeit ein Gefühl ist, und erlebe sie ganz bewusst in meinem Körper, spüre, wie sie mir die Brust weitet, wie mein Atem tiefer geht, mein Mund lächelt. Ich öffne mein Herz für die Dankbarkeit: Sie möchte gefühlt werden, Raum bekommen, Würdigung – und als Gefühl wahrgenommen werden. Jetzt endlich nehme ich sie wirklich wahr. Vorher war ich nur mit ihr identifiziert. Der Himmel zieht sich zu, es wird dunkel, kalter Wind kommt auf; die Dankbarkeit jedoch kann er nicht fortblasen, sie ist ja ein Gefühl und für äußere Umstände nicht erreichbar. Sie hat ihren Platz in meinem Herzen.

Ich übe, sie weiter zu fühlen; und wenn ich das einmal vergesse, brauche ich mir nur in Erinnerung zu rufen, wie sie sich anfühlt, und schon ist sie wieder da!

Danksagezwang und Schuldgefühle

Dankbarkeit ist manchmal mit Schuldgefühlen verklebt. Vielleicht weil MamiPapi böse geworden sind, wenn wir uns bei der netten Tante nicht für die Kekse bedankt haben … Als Kind wussten wir vielleicht noch nicht wirklich, was Dankbarkeit bedeutet, und so fühlten wir uns jedes Mal verpflichtet, »Danke« zu sagen, und schuldig, wenn wir das vergessen hatten. Und dann haben sich Verpflichtung, Dankbarkeit und Schuld in unserem kindlichen Geist irgendwie zu einer Einheit entwickelt.

Jedes Mal, wenn man mir etwas gibt – wenn mir jemand Tee einschenkt, Essen auftut, etwas mitbringt –, sage ich Danke. Natürlich ist das schön, nichts dagegen einzuwenden, wir sind ja auch alle so erzogen. Nur fällt mir auf, dass ich nicht anders kann. Manchmal ist das etwas lästig, wenn mein Mann mich zum Beispiel beim Essen bedient und ich am Schluss etwa zwanzigmal Danke gesagt habe. Wozu diese zwanghafte Danksagerei? Was wäre, wenn ich darauf verzichte? Um das herauszufinden, übe ich, mich bedienen zu las-

sen, ohne Danke zu sagen. Tee wird eingeschenkt – ich schwei-
ge. Essen aufgetan – Schweigen. Nachschlag auf meinen Teller
gelegt – ich bleibe stumm. Schwer durchzuhalten. Weil ich mich
schuldig fühle. Das ist das Gefühl, das hinter dem Danksagereflex
steckt!

Aber vorher, wenn der Reflex auftaucht, gibt es auch ein Gefühl. Es
heißt Dankbarkeit. Ich fühle tatsächlich Dankbarkeit. Und es gibt
den Wunsch, sie auszudrücken. Warum? Wozu soll das gut sein?
Damit der andere sich wertgeschätzt fühlt. Aber was ist dann mein
eigenes Gefühl, wie fühle ich mich dabei? Erleichtert. Als sei eine
Schuld von mir abgeglitten. Es fühlt sich so an, als bände mich eine
Schuld an ihn, solange ich mich nicht bedankt habe.

Ich öffne mein Herz also für: Schuldgefühl; Dankbarkeit; den Wunsch,
die Dankbarkeit auszudrücken. Am Ende merke ich, dass hinter der
Dankbarkeit noch ein weiteres Gefühl steckt. Denn Dankbarkeit be-
zieht sich ja auf etwas, und dieses Etwas ist das eigentliche, das primä-
re Gefühl.

»Wofür bin ich dankbar?« Das gute Gefühl finden

Ich bin ja nicht nur einfach dankbar, ich bin für etwas dankbar. Wo-
für? Wie fühle ich mich eigentlich, wenn ich bedient werde, beschenkt
werde, etwas bekomme? Versorgt fühle ich mich oder umsorgt. Und
das ist es, was diese große Dankbarkeit erzeugt. Weil ich nämlich als
Kind daran Mangel gelitten habe und es mir daher keineswegs selbst-
verständlich ist, sich so zu fühlen.

Jetzt aber bin ich kein Kind mehr, und ich kann feststellen, dass »ver-
sorgt« (auch) ein Gefühl ist. Es braucht, dass ich es einmal bewusst
wahrnehme, mir Zeit nehme, es kennenzulernen, es zu fühlen; es
braucht Raum in meinem Herzen.

Nun, da ich dieses Gefühl in meinem Herzen habe, merke ich, dass
der Danksagezwang entfällt. Das Gefühl von Dankbarkeit ist noch
da, aber es gibt keine Identifikation mehr mit Schuldgefühl oder

Verpflichtung. Ich kann die Dankbarkeit noch ausdrücken, aber es ist kein Zwang mehr.

»Dankbarkeit« – kurz gefasst

- Dankbarkeit ist ein Gefühl. Ihm einen Platz im Herzen zu geben macht es unabhängig von den äußeren Umständen. Das ist weniger anstrengend, als sich zu zwingen, dankbar zu sein!
- Dankbarkeit ist manchmal mit Schuldgefühl und Verpflichtung verwoben:
  Dankbarkeit als Gefühl wahrnehmen; Schuldgefühl als Gefühl wahrnehmen; Verpflichtung als Gefühl wahrnehmen; dann ist der Dank »rein«.
- Dankbarkeit bezieht sich immer auf ein gutes Gefühl. Machen Sie sich bewusst, wofür Sie dankbar sind, und finden Sie das gute Gefühl! Das ist, worum es eigentlich geht.
- Wenn Sie sich gezwungen fühlen, ständig Danke zu sagen, dann untersuchen Sie, wovor Sie Angst haben. Stellen Sie sich vor oder üben Sie tatsächlich, auf das Danken zu verzichten. Dadurch locken Sie das Gefühl, vor dem Sie Angst haben, hervor. Dieses Gefühl ins Herz zu holen befreit Sie von dem Zwang.
  Vielleicht entdecken Sie dann das echte Gefühl von Dankbarkeit.

»Ich mach mir solche Sorgen!«

Über Sorge, Angst und Fürsorge –
wie wir sie projizieren oder bewusst fühlen können

Wenn ich mich um etwas oder jemanden sorge, dann ist meine Aufmerksamkeit bei diesem Etwas oder dieser Person und ich projiziere negative Gedanken und Bilder auf das Objekt meiner Sorge. »Er könne sich erkälten ... sich wehtun ...« »Es könnte verloren gehen ... kaputtgehen ... gestohlen werden ...« »Ich mache mir Sorgen um meine Zukunft ... Wenn ich nun mit meiner kleinen Rente nicht auskomme ...« So ist es, wenn ich mit Sorge identifiziert bin.

Sich der Sorge zuwenden, statt sich zu sorgen

Geben Sie Ihrer Aufmerksamkeit eine andere Richtung. Statt auf das, worum Sie sich sorgen, richten Sie sie auf die Sorge selbst. Wie fühlt es sich an, sich zu sorgen? Was macht der Körper? Was ist das für ein Gefühl? Lernen Sie es kennen, fühlen Sie es, anstatt es nur zu haben! Sorge braucht neben anderen Herzensschlüsseln manchmal Würdigung, manchmal Beachtung. Wenn Sie Ihr Gefühl von Sorge bewusst als Gefühl wahrnehmen, hören Sie auf, sie auf die Person oder Sache, der Ihre Sorge gilt, zu projizieren.

Mit Sorge ist oft Angst verbunden. Fühlen Sie die Angst, versorgen Sie sie mit den richtigen Herzensschlüsseln. Welches ist der Schmerz, das schlimme Gefühl, das Sie meinen, nicht aushalten zu können, und dem Sie mit Sich-Sorgen-Machen vorbeugen wollen? Entdecken Sie es und öffnen Sie Ihr Herz dafür.

Ich hoffe, dass inzwischen ganz klar geworden ist, dass es nie darum geht, sich zu einem anderen Verhalten zu zwingen oder Gefühle zu unterdrücken. »Ich sollte mich nicht sorgen, also höre ich jetzt auf damit.« Stattdessen einfach fühlen, was man fühlt – aber bewusst und mit Herz.

Fürsorge und Sehnsucht

Manchmal steckt in Sorge auch ein fürsorglicher Aspekt: der Wunsch zu beschützen, sich zu kümmern. Auch dieser ist ein eigenes Gefühl und im eigenen Herzen besser am Platz, als ihn auf die fragliche Person zu projizieren, die das als Last empfinden könnte. Wenn jemand auf mich den Gedanken projiziert, dass ich klein und schutzbedürftig bin, dann werde ich mich möglicherweise auch so fühlen und meine Größe und Stärke vergessen. Ebenfalls mit Sorge verbunden ist eine Sehnsucht. Diese wird jedoch von den Sorgen verdeckt wie die Sonne von Wolken. Fragen Sie sich: »Was wünsche ich mir, wonach sehne ich mich in Bezug auf diese Sache oder Person?« Da gibt es eine Sehnsucht und ein positives Gefühl zu entdecken.

Was steckt hinter dem ständigen Sorgenmachen?

Manchmal halten wir an einem negativen Gefühl fest, weil es einen guten Grund dafür gibt.

»Was wäre, wenn ich die Sorgen über Bord werfe und einfach lebe?« Mit dieser Frage möchte ich die Gefühle hervorlocken, die hinter meiner Sorgenmacherei stecken.

Erst einmal fühle ich mich leicht und befreit. Ein schönes Gefühl, und ich öffne mein Herz dafür.

Aber dann taucht auch eine Angst auf.

Es ist, als hätte ich dann nicht mehr alles im Auge, nicht mehr alles im Griff ... als wäre das Sorgenmachen meine Art der Kontrolle über die Umstände, und wenn ich die aufgebe, dann habe ich Angst ... wovor? Überrascht, überrumpelt, überwältigt zu werden. Plötzlich Opfer von Umständen zu sein, ausgeliefert.

Ich öffne mein Herz für diese Angst und für das Gefühl, ausgeliefert zu sein.

Dann merke ich: Ich fühle mich ja ohnehin ausgeliefert. Ob ich mich nun sorge oder nicht. Die Sorge hat dieses Gefühl nur verdeckt, sodass ich es nicht wahrnehmen konnte, aber vorhanden war es trotzdem. Nun liegt es sozusagen frei. Jetzt, da ich es wahrnehme, macht mich das irgendwie wachsamer, aufmerksamer und eben, paradoxerweise, nicht mehr so ausgeliefert.

Somit brauche ich mir nicht mehr so viele Sorgen zu machen.

»Sorge & Co.« – kurz gefasst

- Wenn Sie mit Sorge identifiziert sind, projizieren Sie negative Bilder auf die Person oder Sache, der Ihre Sorge gilt.
  Richten Sie Ihre Aufmerksamkeit stattdessen auf das Gefühl der Sorge und prüfen Sie, was es von Ihrem Herzen braucht. Auf diese Weise hören Sie auf, das Negative zu projizieren.
- Mit Sorge ist immer Angst verbunden und mit dieser ein Schmerz. Lernen Sie beide kennen und holen Sie sie ins Herz.
- In Sorge steckt manchmal auch Fürsorge: der Wunsch, zu beschützen oder sich zu kümmern. Wenn Sie diesen auf eine Person projizieren, wird sie möglicherweise die Projektion auffangen und sich schwach und schutzbedürftig fühlen. Öffnen Sie Ihr Herz für

das Gefühl von Fürsorge und den darin enthaltenen Wunsch, dann hören Sie automatisch auf, dies zu projizieren.

- In Sorge ist immer auch eine Sehnsucht versteckt, die aber vor lauter Sorgenmachen nicht bemerkt wird. Denken Sie an das, worum Sie sich sorgen, und fragen Sie sich dann: »Was wünsche ich mir? Wonach sehne ich mich?« Formulieren Sie Wunsch oder Sehnsucht genau. Lassen Sie dabei alle Verneinungen weg – sonst ist Ihre Aufmerksamkeit bei dem, was Sie befürchten, statt bei dem, was Sie sich wünschen. Anstatt »Ich wünsche mir, dass nichts Schlimmes passiert.« formulieren Sie »Ich wünsche mir, dass alles gut geht.«. Holen Sie diese Sehnsucht ins Herz.

- Bei chronischem Sorgenmachen empfiehlt es sich, nach dem guten Gefühl Ausschau zu halten, das Ihnen das Sorgenmachen verschafft, und Ihr Herz dafür zu öffnen. Dann müssen Sie sich nicht mehr so viel sorgen, sondern können stattdessen einfach leben.

»Du bist an allem schuld!«

Über Vorwurf, Anklage, Beschuldigung und Kritik

Der personifizierte Vorwurf …

Kennen Sie diese Menschen, die stets vorwurfsvoll sind? Mir jedenfalls begegneten sie in einer bestimmten Phase meines Lebens an allen Ecken und Enden. Ich konnte sie nicht leiden! In ihrer Gegenwart fühlte ich mich immer schuldig und schlecht, auch ohne irgendetwas angestellt zu haben. Ich schwor mir, niemals solch eine vorwurfsvolle Tante zu werden. Eines Tages stellte ich zu meinem Entsetzen fest, dass ich es doch geworden war.

Einige Unterlassungssünden, kleine Unfreundlichkeiten oder Rücksichtslosigkeiten seitens meines damaligen Partners waren bei mir hängen geblieben und hatten sich im Lauf der Zeit in meinem Gedächtnis zu einem dicken Berg männlicher Sünden angehäuft, aus dem ich jederzeit schöpfen konnte, wenn ich Gründe für meine vorwurfsvolle Haltung brauchte. Denn ich war ein wandelnder Vorwurf geworden. Manchmal fragte ich mich, wieso ich dem armen Mann denn so zusetzte, immerhin war er ja die meiste Zeit über vorbildlich umsichtig, rücksichtsvoll und lieb – aber ich konnte nicht anders. Was steckte eigentlich dahinter?

Also das Thema einmal anschauen. Es taucht die Erinnerung an eine Situation auf, in der ich voller Vorwurf war (den ich übrigens nicht äußerte, sondern ausstrahlte). Ich fühle mich durch die verschiedenen Körperzustände hindurch, die sich nach und nach dazu manifestieren, und entdecke sukzessive darin: Ich fühle mich anklagend, zornig, ohnmächtig, als Opfer von Unrecht und im Recht. Ich habe den Eindruck, dass der Zustand »Vorwurf« aus diesen Gefühlen zusammengesetzt ist.

Nachdem ich mein Herz für all diese Gefühle geöffnet habe, merke ich, dass hinter dem Ganzen eine Sehnsucht steckt – beziehungsweise sogar mehrere Sehnsüchte. Jedes Mal, wenn ich vorwurfsvoll war, hatte ich eigentlich etwas Bestimmtes erwartet, doch der andere hatte sich nicht meinen Erwartungen entsprechend verhalten. Ist »Erwartung« auch ein Gefühl oder heißt das Gefühl vielmehr Sehnsucht?

Ich vertiefe mich in die »Erwartung« und merke, dass zwei Komponenten darin enthalten sind: Ich wünsche mir etwas, und ich betrachte es als selbstverständlich, es zu bekommen. Eigentlich recht kindlich, oder? Ich kann also mein Herz für den Wunsch öffnen (in diesem Fall handelte es sich um den Wunsch nach Zuwendung); und ich kann den Gedanken »Es ist selbstverständlich, dass der andere das merkt und meinem Wunsch entspricht« als Gedanken wahrnehmen. Und ich erkenne, dass dieser Gedanke vom Anfang meines Lebens stammt und in die Kind-Eltern-Beziehung gehört, nicht in meine jetzige erwachsene Beziehung.

Anklage und Schuld

Manchmal lieben wir es, andere zu beschuldigen. Etwas ist passiert, das uns nicht gefällt; um uns von dem unangenehmen Gefühl abzulenken, das es auslöst, suchen wir nach einem Schuldigen.

»Die sind schuld. Wären die nicht hier / Täten die nicht, was sie tun ... dann ginge es uns jetzt anders.«

»Du bist schuld, dass wir jetzt in dieser Lage sind!«

Sind Sie jemand, der gern Schuldige sucht und kein Problem damit hat, andere zu beschuldigen, dann können Sie folgende Fragen als Anregungen für eine Körperzentrierte Herzensarbeit zum Thema nutzen:

- Wie fühlt es sich an, einen Schuldigen gefunden und ihn oder sie erfolgreich beschuldigt zu haben? Was ist das für ein Gefühl?
- Was wäre, wenn Sie darauf verzichten würden? Wenn Sie die Lage so, wie sie ist, hinnehmen würden, ohne jemandem dafür die Schuld zu geben? Verstehen Sie mich recht: Ich sage nicht, dass Sie tatsächlich darauf verzichten sollen; ich schlage nur vor, sich das vorzustellen, um den Schmerz zu entdecken, den Sie durch das Beschuldigen zu vermeiden versuchen.
- Halten Sie auch nach einer Sehnsucht Ausschau: Was haben Sie sich ursprünglich gewünscht (bevor es schiefgegangen ist), wie soll es sein, wonach sehnen Sie sich? Öffnen Sie Ihr Herz für diese Sehnsucht.

Manchmal sind wir diejenigen, denen man Vorwürfe macht. Dann erleben wir die andere Seite. Vielleicht fühlen wir uns dann verletzt und gedemütigt, vielleicht schuldig oder verurteilt oder als Opfer von Unrecht (je nachdem, an welchem Grundschmerz wir unbewusst leiden).

Das heikle Thema Kritik

Auch Kritik kann verletzend erscheinen. Wenn wir nicht wachsam sind, verwechseln wir die Kritik, die jemand in Bezug auf eine bestimmte Aktion oder Verhaltensweise äußert, mit Kritik an unserer ganzen Person, unserem Sosein. Dahinter steckt oft das Gefühl von Vernichtung (sich vernichtet fühlen). Oder wir fühlen uns gedemütigt, herabgesetzt, unfähig oder als Versager. Möglicherweise auch schuldig oder schlecht.

In anderen Fällen sind wir es vielleicht selbst, die Kritik üben müssen, und merken, dass wir uns schwertun.

Andere kritisieren

In manchen Berufen muss man das können. Obwohl man sagt, Lob sei besser als Kritik. Damit ist gemeint, dass es besser ist, die Aufmerksamkeit auf die positiven Seiten zu richten als auf die Mängel. In der Praxis ist das jedoch manchmal kompliziert, manchmal unsinnig.

Für einen Klavierlehrer hat es keinen Zweck, seinem Schüler zu sagen:»Das A, das du da gespielt hast, klingt sehr schön. Interessant, dass du da ein A gespielt hast. Sehr kreativ. Aber eigentlich hatte Beethoven ein H gemeint. Möchtest du mal probieren, ob du es mit einem H spielen kannst?«

Dahinter steckt der Wunsch, die Kritik in etwas Nettes einzupacken (um geliebt zu werden? Oder weil man sich sonst schuldig fühlt?), ein guter Pädagoge zu sein, und/oder die Angst vor dem, was passiert, wenn man seine Kritik einfach und direkt äußert. Einfacher und weniger verwirrend für den Schüler wäre es zu sagen:»Das A war an der Stelle falsch, da musst du H spielen. Noch mal bitte.« Solche Kritik ist eine hilfreiche Information.

Wer Schwierigkeiten hat, Kritik zu äußern, kann sich Folgendes anschauen:»Wie fühlt es sich an, zu beschönigen? Was wäre schlimm daran, wenn ich es nicht täte, sondern direkt kritisiere? Wie fühle ich mich dann? Was wünsche ich mir? Wovor habe ich Angst?«

Oft projiziert man seine eigenen Ängste und Wünsche in den anderen hinein, und das macht die Sache kompliziert. Der Schüler möchte vielleicht einfach nur so schnell und so gut wie möglich Klavier spielen lernen und auf jeden Fehler oder jede Unvollkommenheit aufmerksam gemacht werden, um an den entsprechenden Stellen arbeiten zu können. Möglicherweise kommt er/sie überhaupt nicht auf die Idee, dass Kritik verletzend sein könnte. Er/sie fühlt sich möglicherweise verwirrt durch unklare Aussagen des Lehrers und kann viel besser mit eindeutigen zurechtkommen.

Kritik annehmen

Umgekehrt: Wenn Sie sich schwertun, Kritik anzunehmen, können Sie sich dies so anschauen:»Wie fühlt es sich an, kritisiert zu werden? Wie interpretiere ich diese Kritik für mich? Was macht das mit mir?«
Er sagt:»Du hast das falsch gemacht.«
Ich fühle mich getroffen. Es tut mir richtig weh. Was trifft mich so?
Ich spüre meinen Körper: Wie fühlt es sich an, wenn man mir sagt,
»du hast das falsch gemacht«?
Wie etwas, das ins Herz trifft. Aufmerksam an der Stelle in meiner Brust verweilend, entdecke ich, dass ich mich »angegriffen« fühle. Und getroffen. Und letztlich: vernichtet.
Da wird mir klar, dass das alles Gefühle sind und keine Tatsachen.
Und endlich verstehe ich, dass er nicht gesagt hat:»Du bist von Grund auf falsch«, sondern lediglich:»Du hast das falsch gemacht.«
»Stimmt«, sage ich.»Da hast du recht.«

»Vorwurf, Kritik & Co.« – kurz gefasst

- Der Zustand, vorwurfsvoll zu sein, setzt sich aus mehreren Gefühlen zusammen, zum Beispiel aus Zorn, Opfer von Unrecht sein, Ohnmacht, im Recht sein. Und außerdem gibt es eine Erwartung, die Sie sich ebenfalls ins Bewusstsein und ins Herz holen können.
- Wenn Sie, umgekehrt, darunter leiden, dass man Ihnen Vorwürfe macht oder Sie kritisiert, löst das vielleicht einen alten Schmerz aus (gedemütigt, klein, vernichtet, nicht richtig zu sein, nicht zu genügen ...). Nutzen Sie die Gelegenheit, um diese alte seelische Verletzung zu heilen, indem Sie den Schmerz bewusst fühlen!

Werden Sie also immer aufmerksam, wenn Kritik Sie verletzt. Kümmern Sie sich um das Gefühl. Dann können Sie aufhören, Kritik an einer bestimmten Äußerung oder Handlung mit der Vernichtung Ihrer Person zu verwechseln.

- Wenn Sie Kritik üben müssen, weil das zu Ihrem Beruf gehört, und sich damit schwertun, wenden Sie sich den Gefühlen zu, die Ihnen das schwermachen. Holen Sie sie ins Herz. Dann wird es Ihnen leichter fallen, auf ganz unverblümte Art auf Fehler oder Verbesserungswürdiges hinzuweisen und zu erkennen, dass Kritik eine hilfreiche Information ist.

- Beschuldigen Sie gern andere, dann halten Sie Ausschau nach dem guten Gefühl, das Ihnen das verschafft, und dem Schmerz, vor dem es Sie schützt. Öffnen Sie Ihr Herz dafür.

»Mit all diesen Bürden tanzt es sich schwer!«

Wenn wir uns belastet, überlastet, schwer fühlen ... und die Bürden unserer Vorfahren tragen; wenn wir belastet sind von Hoffnungen und Erwartungen anderer und von eigenen Sorgen, Zweifeln, Schuldgefühlen, Verpflichtungen ...

Die Hoffnungen und Erwartungen anderer

Schwere ist eines der häufigsten Themen, über die ich Menschen klagen höre. Man schleppt sich durchs Leben, alles ist anstrengend ... Was tragen wir aber auch alle mit uns herum! Unsere vermeintlichen Pflichten, das, was wir uns vorgenommen haben, was wir von uns selbst erwarten, was von uns erwartet wird ... Wie schwer die Hoffnungen und Erwartungen anderer auf uns lasten können!

Belastet von den Hoffnungen der Eltern

Elisa: Wenn ich mir vorstelle, nach diesem Seminar nach Hause zurückzukommen, sacke ich gleich wieder zusammen. Wenn ich an zu Hause denke ... fällt mir auf, dass alles so schwer ist. Wenn ich mir die Schwere einmal genauer anschaue, mich in ihren Körperausdruck vertiefe, merke ich, dass ich mich belastet fühle. Ich frage mich, was denn so auf mir lastet. Das Bild meiner beiden Eltern taucht auf.

Sie sind beide in armen Verhältnissen aufgewachsen und haben sich eine bescheidene Stellung im Leben erarbeitet, und ihre Tochter sollte es einmal besser haben, sollte studieren und etwas Großes erreichen. Ich habe also studiert, und ich habe Karriere gemacht, aber jetzt, wo mir das alles klar wird, merke ich, wie die Hoffnungen meiner Eltern immer auf mir gelastet und mich unfrei gemacht haben.

Nach dem Gefühl, belastet zu sein, öffne ich mein Herz auch noch für das Gefühl von Unfreiheit und Mühe. Und bei diesem letzteren Stichwort fällt mir auf, dass ja auch meine Eltern sich immer so abgemüht haben! Ich gebe ihnen beiden das Gefühl von Mühe zurück und dann, einer Intuition folgend, auch die Belastung, die Schwere und die Unfreiheit.

Jetzt ist alles von mir abgeglitten, und ich fühle mich leicht und frei, geradezu beschwingt. Ein völlig neues Gefühl! Ich lerne es ganz aufmerksam kennen und prüfe, was es von meinem Herzen braucht. Vor allem Erlaubnis, da sein zu dürfen. Und Rehabilitation! Dass ich es von Verurteilung befreie. Offenbar hatte ich dieses Gefühl nie in mir existieren lassen, weil ich dachte, mich sonst an meinen Eltern schuldig zu machen.

Das Paradoxe an der Geschichte: Meine Eltern hatten sich deshalb so sehr gewünscht, dass ich studiere und »etwas aus mir mache«, damit ich eben nicht, wie sie, in Mühe und Schwere stecken bleibe!

Die selbst auferlegte Last

Auch unsere eigenen Hoffnungen, Wünsche und Erwartungen an uns selbst können zur Last werden. Auch wenn uns das klar ist, können wir sie nicht so ohne Weiteres loslassen. (Lesen Sie hierzu das Kapitel »Ich möchte ja loslassen, aber ich kann nicht« ab Seite 183.) Was uns von ihnen befreit, ist aufzuhören, uns mit ihnen zu identifizieren, und anzufangen, sie bewusst wahrzunehmen. Unser Herz für sie zu öffnen.

Wenn wir dazu neigen, anderen ihre Bürden abzunehmen

»Gib mir deine Bürde, sie ist zu schwer für dich. Ich nehme sie dir ab.« Kommt Ihnen das bekannt vor? Es ist schön, wenn jemand einem etwas abnimmt, ohne Zweifel. Aber es ist weniger schön für denjenigen, der die Bürde nimmt, wenn dies nicht ganz und gar bewusst und freiwillig aus Liebe oder Freundschaft heraus geschieht, sondern aus einem inneren Zwang.

Das abgewehrte Gefühl und die Sehnsucht dahinter

Ich ertrage es nicht, dich diese Bürde schleppen zu sehen.
Was ertrage ich nicht? Welches Gefühl ist so schwer zu ertragen?
Das Mitleid. Die Hilflosigkeit. Und die Schuld.
Wenn du leidest und ich nicht, fühle ich mich schuldig.
Daher nehme ich dir etwas ab, um mich nicht mehr schuldig fühlen
zu müssen.
Aber es gibt noch einen anderen Magneten, der die Bürden anderer auf uns zieht: die Identifikation mit »Ungeliebtsein« zusammen mit dem Wunsch, geliebt zu werden.
Sarah: Ich war acht Jahre alt und im Kinder-Sommerlager am Meer.
Der Junge war ungefähr in meinem Alter, braun gebrannt und spielte
sehr gut Völkerball. Er gefiel mir, und ich wollte mit ihm in Kontakt
kommen.
»Ich kann deinen Eimer und deine Schaufel tragen«, schlug ich vor.
An den Rest der Geschichte erinnere ich mich nicht. Ich fand das
selbst immer witzig, und meine Eltern lachten auch darüber, als ich
ihnen das erzählte.

Sehr viel später fiel mir erst auf, dass das eigentlich seltsam war. Ich, als Mädchen, schlug einem Jungen vor, Eimerchen und Schaufel für ihn zu tragen, um mit ihm in Kontakt zu kommen ... Warum? Offenbar war ich davon überzeugt, seine Aufmerksamkeit und vielleicht Freundschaft nur gewinnen zu können, indem ich etwas für ihn tat, ihm etwas abnahm.

Als ich darüber nachsann, fiel mir auf, dass das Muster sich mein ganzes Beziehungsleben lang fortgesetzt hat.

»Wenn ich etwas für dich tue, liebst du mich vielleicht ... Damit du nicht aufhörst, mich zu lieben, tue ich immer wieder etwas für dich ... Denn wenn ich dich in deinen Problemen stecken lasse, liebst du mich vielleicht nicht mehr.«

Wir bürden uns Lasten auf, weil wir uns schuldig und schlecht fühlen, weil wir geliebt werden möchten, weil wir uns verpflichtet fühlen oder weil wir es nicht ertragen, Mitleid und Hilflosigkeit zu fühlen.

Lastentragen als Familientradition

Manchmal ist es aber auch einfach ein familientypischer Reflex. Oma schleppte sich schon unter schweren Lasten durchs Leben, Mama auch – und ich auch. Ohne überhaupt je darüber nachgedacht zu haben, mache ich es wie meine Vorfahren. Hier hilft: fühlen und zurückgeben. Nicht die Last zurückgeben, sondern die damit verbundenen Gefühle.

Manchmal befreit das auf einen Schlag von der ganzen Gewohnheit; manchmal bleibt ein eigener Rest zurück. Für den kann man dann, nachdem man den fremden Teil zurückgegeben hat, mit Leichtigkeit sein Herz öffnen. Das Gefühl, belastet oder überlastet zu sein, erdrückt, erstickt, schwer oder eingezwängt, braucht oft Anerkennung und Mitgefühl.

Das gute Gefühl dahinter

Manchmal fühlen wir uns wohl mit der Belastung, obwohl wir eigentlich unter ihr leiden und nichts lieber täten, als sie abzuschütteln. Aber sie herumzuschleppen, gibt uns auch etwas. Versäumen Sie es nicht, auch nach diesem guten Gefühl Ausschau zu halten.

Ich stelle mir vor, die Last behalten zu dürfen. So seltsam das klingt, aber das ist der Trick, um herauszufinden, welches gute Gefühl dahintersteckt. Wie fühle ich mich dann? Gut. Ich fühle mich »gut« im moralischen Sinne. Dieses Gefühl war völlig verdrängt. Es braucht also vor allem, dass es überhaupt wahrgenommen wird, und zwar als Gefühl, nicht als Tatsache. Und es braucht Anerkennung. Und, kurioserweise, Rehabilitation. Und Erlaubnis, da zu sein.

Jetzt kann ich mir vorstellen, die Last abzuschütteln. Ich brauche sie nicht mehr. Ich kann mich ohne sie gut fühlen.

»Erwartungen, Bürden & Co.« – kurz gefasst

- Die Hoffnungen und Erwartungen anderer können auf uns lasten und uns das Gefühl von Schwere vermitteln, jedenfalls so lange, bis wir uns ihrer bewusst werden, die Gefühle, die sie in uns auslösen, ins Herz holen und die Hoffnungen und Erwartungen der anderen an sie zurückgeben.

- Auch unsere eigenen Erwartungen an uns selbst können uns belasten.

- Das Gefühl von Belastung, Schwere, Erdrücktsein kann bewusst gefühlt und ins Herz geholt werden!

- Eventuell muss es auch an die Vorfahren zurückgegeben werden.

- Schuldgefühl, Mitleid und das Gefühl, das Mitleid nicht ertragen zu können, bringen uns dazu, Lasten zu übernehmen, die uns nicht gehören. Auch die Sehnsucht, geliebt zu werden, bewirkt das.

- Im Tragen fremder Bürden finden wir aber auch ein gutes Gefühl; dieses ins Bewusstsein und ins Herz zu holen befreit uns von dem Zwang, fremde Lasten zu tragen.

Vergiss nicht, auch deine Sehnsucht nach Leichtigkeit und Freude ins Herz zu holen!

»Mich packt immer wieder die gleiche Verzweiflung«: Zusammengesetzte Gefühle

Manche Gefühle sind aus verschiedenen Emotionen zusammengesetzt und müssen auseinandergenommen werden – wie Verzweiflung, Neid, Panik, Ungeduld, Bedauern

Über Gefühlsketten und -klumpen

Wir werden nicht nur von einzelnen Gefühlen beherrscht, sondern von ganzen Gefühlsketten. Sie kennen das vielleicht (siehe auch Kapitel »Wohin mit meiner Wut«, ab Seite 105): Etwas löst Wut aus, zugleich fühlen Sie sich ohnmächtig; die Kombination von Wut und Ohnmacht wiederum führt zu Resignation und Bitterkeit … Manche Gefühle verklumpen sich so fest miteinander, dass aus ihnen ein neues Gefühl wird. Bei diesen zusammengesetzten Gefühlen kann man in der Herzensarbeit stecken bleiben, wenn man nicht auf die Idee kommt, sie in ihre Komponenten zu zerlegen und jede einzeln wahrzunehmen und zu versorgen.

Zum Beispiel Verzweiflung:
der Schmerz und die Sehnsucht dahinter

Verzweiflung ist ein Gefühl, in das ich immer wieder hineinfiel, so oft ich es auch mit Bewusstheit und Herz versorgte. Eines Tages aber schaute ich genauer hin, und da entdeckte ich, dass die Verzweiflung aus verschiedenen Komponenten besteht.

Meine Verzweiflung einmal in Zeitlupe untersucht:

Erstens: Es tut weh.

Zweitens: Ich will, dass es anders ist.

Diese beiden, Schmerz und Sehnsucht, wechseln einander ständig ab, schieben sich übereinander, und dieser Vorgang erfolgt so schnell, dass ich es nicht merke. Das Resultat ist das zusammengesetzte Gefühl »Verzweiflung«.

Ich schaue mir jede Komponente für sich an, erst die Sehnsucht (danach, wie ich die Situation eigentlich haben möchte), dann den Schmerz, und hole sie nacheinander ins Herz. Nun kehrt Frieden ein, und es gibt es keine Verzweiflung mehr. Sie war ja nur das Zusammenspiel von Schmerz und unterdrückter Sehnsucht nach dem Gegenteil.

Jeder negativen Emotion liegt ein Schmerz zugrunde, nicht nur der Verzweiflung; und das Problem ist immer dann erst behoben, wenn der Schmerz entdeckt, als Gefühl erkannt und ins Herz geholt ist. Und zu diesem Schmerz gehört immer auch eine Sehnsucht. Darin unterscheidet sich Verzweiflung nicht von anderen negativen Gefühlen. Doch bei den Gefühlen, die ich »zusammengesetzt« nenne, hängen die verschiedenen, ihnen zugrunde liegenden Gefühle so eng zusammen, dass sie eine Einheit, ein neues Gefühl bilden.

Zum Beispiel Neid: ein Paket aus drei Gefühlen

Ich erwische mich bei neidischen Gedanken. Ach was, sage ich mir, das ist ein nutzloses Gefühl, also weg damit ... Aber halt, stopp! Lass den Neid doch mal da, lerne ihn kennen!

Bei näherer Betrachtung entpuppt sich dieser Neid als ein Gefühl, das aus drei Teilen besteht. Erstens: Ich will es haben. Zweitens: Ich habe es nicht. Drittens: Ich kann es auch nicht haben. Eine Mischung also aus Sehnsucht, Schmerz und Aussichtslosigkeit.

Nachdem ich alle drei Gefühle mit meinem Herzen versorgt habe, entdecke ich, dass ich meine Sehnsucht nun aus ihrem Korsett von Schmerz und Aussichtslosigkeit herausgelöst habe und sie somit eine Kraft geworden ist, die in der Lage ist, mir das Ersehnte zu verschaffen.

Eine weitere Komponente: etwas nicht aushalten können

Manche Gefühle beinhalten noch die Unerträglichkeit (»nicht aushalten können« ist auch ein Gefühl). Zum Beispiel:

* Ungeduld = nicht aushalten können + das, was ich nicht aushalte (Schmerz) + Wunsch, dass es weitergeht (Sehnsucht).
* Panik = nicht aushalten können + Hilflosigkeit + Angst + das, was ich nicht aushalte (Schmerz).

Gefühlsklumpen als innere Blockade

Vielleicht entdecken Sie selbst, wenn Sie erst einmal angefangen haben, darauf zu achten, noch weitere zusammengesetzte Gefühle. Ich möchte hier nicht zum Amüsement des Intellekts eine Liste solcher Gefühlsknoten zusammenstellen, sondern Sie darauf aufmerksam machen, dass Sie manchmal vielleicht deshalb in Ihrer Herzensarbeit nicht weiterkommen, weil ein solches Komplexgefühl Sie festhält! Entdecken Sie seine Komponenten, versorgen Sie jede für sich, und Sie werden sehen, dass die Blockade gelöst ist.

Bedauern hält mich fest – bis ich es zerlegt habe

Nichts hält mich so lange fest wie Bedauern.
»Hätte ich doch anders gehandelt! Es tut mir so leid. Und nun kann ich es nicht ändern.«
Ich öffne mein Herz für das Gefühl von Bedauern.
Und ich entdecke, dass es aus verschiedenen, sehr dicht ineinander-gewobenen Teilen besteht: Ich wünsche mir, es sei anders; ich fühle mich außerstande, es zu ändern; ich bin darüber traurig. Also: Sehn-sucht, Ohnmacht, Trauer.
Die Sehnsucht hat natürlich nie auch nur die geringste Chance ge-habt, von mir wahrgenommen zu werden, eben weil es ja unmöglich ist, dass sie sich erfüllt, und das wiederum hat mich traurig gemacht; die Trauer wiederum hat wieder die Sehnsucht geweckt, die Sehn-sucht die Ohnmacht (wegen der Unmöglichkeit) und die Ohnmacht die Trauer. Dieses ganze Hin und Her steckt in »Bedauern«.
Irgendwie verwandelt sich die Sehnsucht, als ich sie ins Herz hole, durch den Herzensschlüssel »es für möglich halten« von einem un-sinnigen in ein sinnvolles Gefühl, auch wenn ich das logisch nicht erklären kann. Möglicherweise wird sie so eine positive Kraft für die Zukunft.
Durch den Herzensschlüssel »Erlaubnis« für die Ohnmacht stellt sich eine Art Demut in mir ein. Ein neues Gefühl!
Nach dieser Herzensarbeit hört dieses Bedauern auf, mich so hart-näckig zu verfolgen.

»Zusammengesetzte Gefühle« – kurz gefasst

- Manche Gefühle setzen sich aus mehreren Emotionen zusammen, und erst wenn man diese einzeln ins Herz holt, lässt das Gefühl uns los. Beispiele: Verzweiflung, Neid, Ungeduld, Panik, Bedauern.
- Behandeln Sie jedes Gefühl für sich, und vergessen Sie auch die Sehnsucht nicht, die immer unter oder zwischen den negativen Gefühlen versteckt ist.

Weitere Themen in Kürze

»Es geht nicht!«

Wenn wir blockiert sind, feststecken,
nicht weiter können, nichts fühlen

Manchmal kommt man bei der Herzensarbeit an eine Blockade. Man ist einfach blockiert, und nichts geht weiter. »Blockiert« ist ein Gefühl; »Nichtfühlen« oder »nichts fühlen« ist ein Gefühl. Also: einfach als Gefühl wahrnehmen und die Herzensschlüssel anwenden! Die wichtigsten Herzensschlüssel für dieses Gefühl sind meistens »Erlaubnis« (es darf da sein), »Raum«, »Achtung« oder »Respekt«.

Aus der Identifikation erwachen

Doch Herzensschlüssel wirken nur, wenn wir nicht mehr mit dem Gefühl wie mit einer Tatsache identifiziert sind, sondern es bewusst wahrnehmen. Was, wenn das nicht geht?

»Es geht nicht. Ich bin blockiert.«

Aha. Wo sitzt denn das Blockiertsein im Körper? Wie fühlt es sich an, blockiert zu sein? Kann ich das mal bewusst wahrnehmen?

Normalerweise reicht das aus, um aus der Blockade herauszukommen: sie bewusst wahrnehmen und als Gefühl erkennen. Wenn wir dazu jedoch gerade nicht in der Lage sind, wenn wir zu tief hineingefallen sind in die Identifikation mit dem »Blockiertsein« oder »Feststecken«, dann hilft ein Trick: Wir erlauben uns, blockiert zu sein, blockiert zu bleiben. Wir geben diesem Zustand Erlaubnis und respektieren ihn. Und damit brechen wir die Sitzung erst einmal ab.

Was dann geschieht, ist, dass das gute Gefühl, das sich in der Blockade verbirgt, zutage treten und entdeckt werden kann: Erleichterung (ich muss nicht hinschauen); eventuell das Gefühl, geschützt zu sein oder sicher. Wichtig: Dieses Gefühl braucht erst seinen Platz im Herzen, bevor es weitergehen kann!

Hinter einer Blockade steckt im Allgemeinen ein Trauma, ein Schock, etwas, das uns zu schlimm erscheint, um es anzuschauen. Daher verschanzen wir uns in der Blockade.

Somit wird man wahrscheinlich, sobald der Weg frei ist, um weiterzugehen, auf Angst stoßen, eventuell auf Panik, auf ein Gefühl »es nicht aushalten zu können«, und möglicherweise erscheint erst die Sehnsucht nach dem Gegenteil, bevor man sich dann endlich dem Schmerz zuwenden kann, der hinter der Blockade verborgen war.

»Du Ärmster, du tust mir so leid!«

Über Mitleid, Hilflosigkeit und die Angst, es nicht aushalten zu können – und über wahres Mitgefühl

Mitleid ist eine eigene emotionale Reaktion auf das Leid eines anderen. Sie hat nichts mit einem offenen Herzen zu tun, sondern ist im Gegenteil eine Art, sein Herz vor dem Schmerz des anderen zu verschließen. (Die meisten Menschen reagieren ja auch irritiert, wenn jemand sie bemitleidet. Sie spüren, dass das kein echtes Mitfühlen ist, sondern eine emotionale Reaktion, die nicht verbindet, sondern trennt.) Wir verschließen uns deshalb vor diesem Schmerz, weil wir meinen, ihn nicht aushalten zu können, und weil wir uns damit überfordert fühlen, hilflos (manchmal auch schuldig); weil wir Angst davor haben.

Mitleid soll wie jede andere Emotion behandelt werden: es im Körper spüren und mit den zutreffenden Schlüsselworten ins Herz holen; ebenso die Angst, die Hilflosigkeit und das Gefühl, es nicht aushalten zu können, eventuell das Überfordertsein und das Schuldgefühl.

Wenn Sie auf diese Weise für Mitleid und die damit verbundenen Gefühle Ihr Herz geöffnet haben, ist der Weg frei für Mitgefühl. Das ist keine trennende emotionale Reaktion, sondern direktes Mitfühlen. Ihr Herz ist jetzt offen, und daher können Sie wahrnehmen, wie der andere sich fühlt. Automatisch erzeugt das in Ihrem Herzen auch Verständnis (da Sie es fühlen, verstehen Sie es) und auch Respekt (der Sie daran hindert, sich eingreifend oder überheblich zu verhalten).

Tipp für die Partner-Herzensarbeit

Wenn Sie mit einer anderen Person Körperzentrierte Herzensarbeit üben, hüten Sie sich bitte davor, diese Person zu trösten oder zu umarmen, wenn sie gerade dabei ist, ein schmerzhaftes Gefühl anzuschauen! Damit bringen Sie sie aus ihrem eigenen Prozess heraus und zwingen sie, sich mit *Ihren* Emotionen auseinanderzusetzen, statt bei ihren eigenen zu bleiben. Auch verstärken Sie sie eventuell in ihrer Identifikation mit ihren negativen Gefühlen und der Angst vor ihrem Schmerz, anstatt sie daraus aufzuwecken. Nehmen Sie stattdessen Ihr Mitleid, Ihr Gefühl, es nicht aushalten zu können, und die eventuell weiterhin damit verbundenen Gefühle (Wunsch, zu trösten, Wunsch, in Kontakt zu treten) bewusst wahr und ins Herz.

»Wie komme ich aus meiner Sucht heraus?«

Welche Gefühle hinter unseren Süchten stecken

Zu jeder Sucht gehören zwei Gefühle: eines, das man nicht aushält, und eines, nach dem man sich sehnt.

Der Trick, mit dem man das findet, was man nicht aushält:
Stellen Sie sich vor, Sie dürften nie wieder (rauchen, trinken, fernsehen, telefonieren ... was immer Ihre Sucht ist). Machen Sie sich vorher klar, dass es nicht darum geht, sich das zu verbieten! Sondern es geht nur darum, ein Gefühl zu entdecken. Also stellen Sie sich vor, Ihr Suchtstoff ist nicht mehr zugänglich, nicht mehr existent. Über den Körperzustand, der sich dabei einstellt, entdecken Sie das Gefühl.

Der Trick, mit dem man das findet, wonach man sich sehnt:
Versetzen Sie sich einmal ganz bewusst in Ihre Suchthandlung hinein. Stellen Sie sich vor, es zu dürfen, es zu tun, und zwar vollständig und mit Genuss. Wie fühlt sich das an? Wie fühlen Sie sich?

Sie brauchen aber die Sache nicht gleich von beiden Enden her anzuschauen; beginnen Sie erst mit einer Vorstellung und arbeiten Sie später mit der anderen, falls es noch nötig sein sollte.

So, wie ich es mit dem Rauchen gemacht habe:
Ich mache mir klar, dass ich mir das Thema Rauchen anschauen möchte, nachher aber wieder rauchen darf. Diese Versicherung brauche ich, um es überhaupt in Ruhe anschauen zu können. Ich stelle mir vor, ich könnte nie wieder rauchen. Es gibt keine Zigaretten mehr, überhaupt nichts Rauchbares. Schluss für immer.
Über den Körperzustand entdecke ich, wie ich mich dann fühle: »Ungestillt«. Ich öffne mein Herz dafür. Es will Raum und als Gefühl wahrgenommen werden.
Vier Tage lang übe ich konsequent, das Gefühl von Ungestilltsein in meinem Herzen wahrzunehmen, danach fällt das Rauchbedürfnis von mir ab.

Jahre später, nach einem kurzen Rückfall, habe ich mir das Gegenstück – das positive Gefühl – auch noch angeschaut:

Ich stelle mir vor, zu rauchen, den Rauch der Zigarette ganz tief zu inhalieren. Was ist das für ein Gefühl, wie fühle ich mich? »Erfüllt!« Ich lerne es kennen und öffne mein Herz dafür. Es braucht vor allem »Pflege«: Ich muss mich nur daran erinnern, dieses Gefühl zu fühlen, dann brauche ich es nicht mehr durch Rauchen zu erzeugen.

»Aus dem Weg, ich bin im Stress!«

Über Eile, Hetze, Stress und wie bewusstes Fühlen beruhigt

Gefühlskomplex Stress

»Im Stress sein« ist ein Konglomerat verschiedener Gefühle. In der akuten Stress-Situation können wir sie nicht alle wahrnehmen; aber das Hauptgefühl »Stress« (oder »sich gestresst fühlen«) können Sie mitten in der Situation bewusst fühlen, statt einfach »im Stress zu sein«. Später, in einer ruhigen Minute, können Sie sich das Thema ja einmal richtig anschauen.

Was steckt hinter dem Gefühl, gestresst zu sein? Hilfreiche Fragen:
- Was wäre schlimm daran, wenn Sie sich nicht stressen lassen?
- Gibt es in Ihnen eine Sehnsucht, dem Stress zu entrinnen?
- Wie fühlen Sie sich, wenn Ihnen das gelungen ist?
- Gibt es ein gutes Gefühl im gestressten Zustand?

Auch Eile ist ein Gefühl

Ähnlich wie Stress ist Eile oder Hetze ein Gefühl. Auch wenn ein Grund zur Eile besteht – Sie müssen einen Termin einhalten –, so ist

Eile doch ein Gefühl und kann als solches auch bewusst wahrgenommen werden, statt sich unbewusst davon beherrschen zu lassen.

»Ich fühle Eile« ist eine andere Richtung der Aufmerksamkeit als »Ich habe es eilig«. Bei Letzterem ist die Aufmerksamkeit bei dem, was es zu erreichen gilt, bei Ersterem bei Ihnen selbst.

Das Paradoxe ist, dass es beruhigt, Eile zu fühlen. Wenn Sie Eile als Gefühl wahrnehmen, haben Sie den Kopf frei, um in einem angemessenen Tempo Ihrem Ziel entgegenzugehen. Er ist nicht mehr von Eile-und-Angst-Gedanken besetzt.

In Eile steckt immer Angst: vor dem, was geschieht, wenn man zu spät kommt. Besser, die Angst wahrzunehmen, als sie durch Hektik zu verdrängen!

In Eile steckt auch ein Wunsch, nämlich der, rechtzeitig ans Ziel zu gelangen.

Wenn Sie chronisch unter Eile oder Hetze leiden, dann machen Sie das Thema zum Gegenstand einer Körperzentrierten Herzensarbeit. Neben der Angst schauen Sie sich auch das schlimme Gefühl an, das Sie befürchten (wenn Sie zu spät kommen), sowie das gute Gefühl, zu dem die Eile und das rechtzeitige Ankommen Sie führen soll!

Wenn Sie in einem gehetzten, gestressten Umfeld leben, denken Sie auch daran, zu prüfen, ob Sie diese Gefühle von Ihren Mitmenschen oder dem ganzen Kollektiv übernommen haben und sich mit einer Rückgabe davon befreien können!

Unsere seelischen Grundschmerzen

Was tut eigentlich so weh?

Der Schmerz hinter unseren negativen Emotionen

Warum bin ich so wütend? So traurig, so verzweifelt? So resigniert? Apathisch? Deprimiert? Gleichgültig? Wieso habe ich solche Angst? Wieso all diese negativen Gefühle? Weil mir etwas wehtut. Etwas, das so wehtut, dass ich es auf keinen Fall fühlen möchte.

Was ist es, das so wehtut? Was kann überhaupt so wehtun, dass ich mein ganzes Leben zu einem Slalomlauf mache, um zu vermeiden, diesem Schmerz zu begegnen?

Es ist ein alter, unbewusster Glaubenssatz, der so wehtut. Eine Überzeugung, die mir so selbstverständlich ist, dass ich sie nie bemerkt habe. Die ich unbewusst für wahr halte, für eine Tatsache. Und die für mich unerträglich ist.

Beispielsweise die Überzeugung, hässlich zu sein. Schuldig. Wertlos. Klein. Ohnmächtig. Verraten. Verlassen. Allein. Opfer von Unrecht.

Es handelt sich um eine Grundannahme, auf der mein ganzes Denken und Fühlen aufgebaut ist. Wenn ich eine Beziehung, eine Situation, die Handlung oder Äußerung eines anderen betrachte, so betrachte ich sie nicht als ich, sondern als »Ich, die Schuldige« oder als »Ich, die Wertlose« oder als »Ich, die Abgelehnte« oder als »Ich, die keiner haben will«. So interpretiere ich natürlich vieles ganz falsch.

Wie leiden wir alle unter diesen quälenden Glaubenssätzen! Wie müssen wir als Kinder gelitten haben, als sie entstanden sind! Und wie befreiend ist es, diese falsche Überzeugung zu entdecken, den Schmerz dieser seelischen Wunde endlich zu fühlen! Damit erwachen wir aus der falschen Grundannahme und sehen alles mit neuen Augen. Die Wunde kann heilen, das Thema verschwindet aus unserem Leben, und wir sind ein neuer Mensch.

Hinter jedem Ihrer Probleme steckt ein solcher Schmerz. Wäre da nicht etwas, das wehtut, so wäre die Angelegenheit kein Problem für Sie. Um Ihnen eine Vorstellung davon zu geben, um welche Gefühle es sich in dieser Kategorie »Grundschmerzen« handeln kann, hier eine Liste. Ähnliche oder verwandte Gefühle habe ich nebeneinandergesetzt. Diese Liste ist nicht vollständig, kann es nicht sein. Sie werden sie vielleicht ergänzen.

Der Schmerz, um den unsere Probleme kreisen

Ich fühle mich …
- verlassen, im Stich gelassen
- allein, getrennt, abgetrennt, isoliert, einsam
- abgelehnt, zurückgewiesen, unerwünscht, unbeliebt
- nicht geliebt, ungeliebt, gehasst, gleichgültig behandelt
- nicht gesehen, nicht gehört
- machtlos, ohnmächtig, wehrlos, hilflos, ausgeliefert
- schuldig, schlecht, verurteilt
- verachtet, nicht geachtet
- wertlos, weniger wert, minderwertig, hässlich
- nicht (existenz-)berechtigt, nicht richtig, falsch, nicht in Ordnung
- gedemütigt, erniedrigt, herabgesetzt, kleingemacht, lächerlich gemacht, vernichtet, klein
- verraten, betrogen (für dumm verkauft, benutzt, ausgenutzt); als Verräter
- vergewaltigt, rechtlos, entmündigt

- eingeengt, eingeschränkt, unfrei
- als Opfer von Unrecht, benachteiligt; bevorzugt, privilegiert (im Unrecht)
- zu kurz gekommen, unerfüllt, unbefriedigt
- gehindert, behindert
- getroffen durch einen Verlust, einen Verzicht.

Auf den nächsten Seiten gehe ich auf einige dieser Grundschmerzen näher ein. Das erste dieser Kapitel ist dem Thema »Ungerechtigkeit« gewidmet, das ich von allen Seiten ausführlich beleuchte. Ungerechtigkeit ist ein großes Thema in unserer Zeit, und viele Menschen identifizieren sich damit. Einige weitere Grundschmerzen skizziere ich kurz, um zu illustrieren, wie man sich einem solchen Thema nähern kann und welche Facetten sich dabei offenbaren können.

»Das ist so ungerecht!«
Ein großes Thema …

Über das Gefühl, Opfer von Unrecht, benachteiligt, im Unrecht, bevorzugt zu sein – sowie gerecht, im Recht, berechtigt zu sein

Da hat man nun die allerbesten Absichten, die wunderbarsten Inspirationen, die nützlichsten Erkenntnisse, die man mit der Welt teilen möchte – und auch die Fähigkeit, das Talent und die Gelegenheit dazu –, und dann bekommt man einen Schlag auf die Nase und – aus. Schluss mit der Inspiration. Guter Wille ade. Vorbei ist es mit dem Schwung, mit der Kraft.

Ich bin stinksauer. Noch so eine »Funkattacke«, und ich hänge den Beruf an den Nagel. Es ist, als sei ich sauer auf eine höhere Instanz – auf das Schicksal? Das Leben? Gott? Egal, wer auch immer. Einfach auf den, der für diesen ganzen Schlamassel verantwortlich ist: dafür, dass es Mobilfunk gibt, dafür, dass mein Körper darunter leidet, dass diese grauenhaften elektromagnetischen Felder plötzlich, unvorhersehbar, meinen Körper überfallen, durchdringen, aus dem Takt bringen, aufheizen wie ein Feuersturm.

Eben sprudelte ich noch vor Einfällen, jetzt bin ich einfach nur sauer. Trotzige Gedanken tauchen auf. »Na gut, Welt, wenn du so mit mir umgehst, dann kannst du mich mal! Dann kümmere ich mich auch nicht um dich.«

Über Recht und Unrecht

Wer sich als Opfer von Unrecht empfindet und darüber zornig ist, fühlt sich berechtigt, mit der Welt, den Dingen, seinen Mitmenschen rücksichtslos umzugehen – manchmal nur mit einem bestimmten Menschen (dem, den wir für unser Unglück verantwortlich machen, oder dem, der das Pech hat, gerade in unserer Nähe zu sein), manchmal mit allen und allem.

Das positive Gefühl dahinter

Wenn man die Herzensarbeit von diesem Ende her angeht – das heißt, wenn man sich als Erstes das Gefühl anschaut, sich (zu Rücksichtslosigkeit oder Verweigerung) berechtigt zu fühlen –, dann stößt man auf ein positives Gefühl: »im Recht« sein beziehungsweise sich »im Recht« fühlen.

Offenbar fühle ich mich berechtigt, jetzt sehr grob und rücksichtslos mit allem umzugehen. An dieser Stelle schaltet sich mein Bewusstsein ein: dieses »Berechtigtsein« einmal bewusst fühlen! Es sitzt in

der Herzgegend und ist mit einer aufrechten Haltung und einer ge-
wissen Festigkeit im Körper verbunden. Es braucht, dass es wahrge-
nommen, gefühlt, als Gefühl wahrgenommen und anerkannt wird.
Wenn ich nun mit diesem Gefühl im Herzen wieder an die Situation
denke, dann rücken sich die Dinge zurecht. Auf einmal kann ich se-
hen, dass mir (und all den anderen, die unter Mobilfunk leiden) tat-
sächlich etwas angetan wird, aber anders als vorher schaue ich dieser
Situation nun aufrecht ins Auge – nicht als hilfloses, wütendes, armes
Opfer. Aus dieser neuen Haltung heraus könnte ich Respekt und
Rücksicht einfordern (wozu ich vorher nicht richtig in der Lage war).
Der Schmerz des Unrechts verschwindet nicht davon, dass man sein
Gegenstück (»berechtigt«, »im Recht«) ins Herz holt – aber mögli-
cherweise geht es danach ein wenig leichter, sich ihm zu stellen.

Das negative Gefühl dahinter

Schauen wir uns dieselbe Geschichte einmal von der negativen Seite
her an.
Ich selbst benutze nichts, was schnurlos strahlt, aber ich leide an der
Strahlung, die die Apparate meiner Mitmenschen ausstrahlen. Ich
fühle mich also als Opfer von Unrecht. Das muss ich erst mal mir
selbst eingestehen; bisher habe ich über diesen Aspekt nie nachge-
dacht, er war einfach unterschwellig eine Selbstverständlichkeit. Jetzt
öffne ich diesem Opfergefühl mein Herz. Und dann dem Gefühl von
»Unrecht«. Das ist der eigentliche Schmerz. Er ist erst nicht leicht zu
fühlen: Es tut weh, aber nur seelisch; körperlich ist er nur vage in der
Herzgegend zu orten. Der Schmerz der Ungerechtigkeit braucht,
dass er wahrgenommen wird, und zwar als Gefühl statt als Tatsache.
Das rückt etwas in meinem Innern zurecht; auf einmal bin ich nicht
mehr Opfer von Unrecht, sondern ich fühle mich so und achte dieses
Gefühl.
Nun ist also neben dem Gefühl, berechtigt zu sein, auch der Schmerz,
Opfer von Unrecht zu sein, ins Herz geholt. Aber es gibt in dieser

Geschichte wie in vielen solchen Fällen noch eine dritte Facette des Themas »Unrecht«.

Die Sehnsucht dahinter

Nun meldet sich die Sehnsucht, von meinem Leiden befreit zu werden. Ich versuche, sie zu fühlen, um ihr mein Herz zu öffnen, aber das geht nicht. Es gibt einen Widerstand. Er sagt: »Wenn ich nicht mehr leide – wenn ich also inmitten all dieser künstlichen Strahlung fit und gesund bin –, wer sieht dann noch das Unrecht?« Ich öffne mein Herz für diesen Widerstand.

Dann interessiert mich, gegen welchen Schmerz dieser Widerstand sich wehrt. Um ihn dazu zu bringen, sich zu zeigen, stelle ich mir vor, wie es wäre, trotz all der Strahlung fit und gesund zu sein. Wieder taucht ein Gefühl von »Unrecht« auf! Diesmal aber bin ich nicht Opfer, sondern Täter. Weil ich (so die Psycho-Logik) ein Unrecht geschehen ließe. Auch für diesen Schmerz des Unrechts öffne ich mein Herz. Am Ende merke ich, dass das alles von A bis Z Gedanken und Gefühle waren und keine Tatsachen.

Danach hat sich mein Verhältnis zu meiner Problematik auf subtile Weise verändert. Sie erscheint mir nicht mehr als Unrecht, das mir eine Gesellschaft antut, sondern als etwas, das – auf eine Weise, die ich noch nicht verstehe – zu meinem Weg gehört, als meine ureigenste Herausforderung.

Wenn wir am Leid festhalten, damit das Unrecht gesehen wird

In meiner Familie zirkulierte der Witz: »Ihr seid selbst schuld, wenn mir die Hände abfrieren. Warum kauft ihr mir keine Handschuhe?« Haben Sie sich als Kind auch manchmal vorgestellt, morgens tot aufzuwachen und die verzweifelten Eltern händeringend an Ihrem Bett stehen zu sehen, endlich einsehend, welches Unrecht sie Ihnen angetan haben?

Mancher leidet noch mit fünfzig an dem, was die Eltern ihm angetan haben, und hält dieses Leiden fest – denn *»wenn ich es mir gut gehen lasse, werden sie ja nicht bestraft«* oder *»wenn ich es mir gut gehen lasse, lasse ich das Unrecht durchgehen, und das ist unrecht!«* Das denkt natürlich niemand bewusst, aber unterschwellig ist das oft ein Lebensthema.

Jeder Teil eines solchen emotionalen Dramas möchte für sich angeschaut werden:

- was das Gute daran ist, wenn ich es mir schlecht gehen lasse,
- was das Schlechte daran ist,
- was das Schlechte daran wäre, wenn ich es mir gut gehen ließe, und
- was das Gute daran wäre.

Die andere Seite der Ungerechtigkeit: bevorzugt, privilegiert sein

Es gibt noch ein anderes vertracktes Unrechtsthema. Ich nenne es:

»Es geht mir schlecht, weil es mir gut geht«

Ich war immer besser in der Schule als meine Mitschüler. Ich hatte es nicht besonders schwer damit; ich war nämlich tatsächlich interessiert an dem, was die Lehrer erzählten, und so konnte ich meine Hausaufgaben mühelos machen und gute Noten einheimsen, während die meisten anderen sich abstrampelten oder das Lernen überhaupt doof fanden und daher überhaupt nicht zuhörten, wenn der Lehrer etwas erklärte. Ohne mir je dessen wirklich bewusst zu werden, fühlte ich mich von meinen Mitschülern abgelehnt und verurteilt. Da sie es schwerer hatten als ich, folgerte ich, dass ich schlecht sei; dass es ungerecht sei, dass ich so mühelos Erfolg hatte, während sie sich so anstrengen mussten. Ich fühlte mich schlecht damit.

Später fand ich weitere gute Gründe dafür, mich schlecht zu fühlen: beispielsweise dafür, dass ich in Sicherheit und Frieden lebte, während andere verfolgt oder von Bomben zerfetzt wurden; dass ich zu essen hatte, während andere hungerten ... Als Kind hatte ich oft gehört: »Denkt an die armen Kinder, die nichts zu essen haben!« Zwar hatte ich mich rebellisch gefragt, was denn die hungrigen Kinder davon hätten, wenn ich meinen Teller leer esse – aber das Schuldgefühl ist trotzdem geblieben. »Es geht mir gut« war gleichbedeutend mit »Ich bin schlecht«. Da ich aber nicht schlecht sein wollte, kompensierte ich das damit, dass ich mir selbst einiges Elend schuf. »Schaut her«, schien mein Unterbewusstsein den Unterprivilegierten mitzuteilen, »es geht mir auch nicht gut!« Indem ich es mir auf diese Weise schlecht gehen ließ, konnte ich mich – zwar noch nicht viel, aber immerhin ein wenig – besser fühlen.

Das Thema projizieren, statt zu fühlen

Wenn Ungerechtigkeit unser Grundschmerz ist und wir (noch) mit ihm identifiziert sind, projizieren wir ihn auf die Welt.

Wenn die anderen immer bevorzugt werden

Ben: Ich sehe mir immer im Internet die Nachrichten an. Es ist wie eine Sucht nach negativer Nahrung, die mich dahin zieht. Das Thema, das mich immer antriggert, ist Ungerechtigkeit. Darunter habe ich als Kind stark gelitten, und noch jetzt beherrscht es mich. Wenn mir Ungerechtigkeit begegnet, löst es bei mir immer so starke Gefühle von Ärger, Hass, Wut, Zorn aus, dass ich mir dann schnell mal die Nachrichten im Internet anschaue, so als wolle ich diesen Gefühlen zusätzliche Nahrung geben.
Ganz besonders bringt mich die Sache mit dem Migrantenstrom auf. Ich habe so oft erlebt, wie Migranten bevorzugt werden – Millionen

Einheimische haben nicht genug zum Leben, so viele landen als Obdachlose auf der Straße, und diese Leute kommen hier an und bekommen Geld und Obdach ... Es bringt mich auf die Palme. Von klein auf bin ich es gewöhnt, immer benachteiligt zu sein. Zu Hause im Vergleich zu den Geschwistern, wir alle wiederum im Vergleich zu den Nachbarskindern, die nicht nur mehr besaßen als wir, sondern in den Augen meiner Mutter auch noch besser waren als wir.

Ich bin in einer Großstadt aufgewachsen, in einem Viertel, das schon seit Langem von zugewanderten Ausländern bewohnt wurde, und nur zu oft gab es Konflikte zwischen uns und ihnen. Dass jetzt solche Massen kommen, finde ich beängstigend. Es macht mir Angst wegen unserer Kinder, ich habe Angst vor noch mehr Anschlägen, vor Terror, vor Bürgerkrieg.

Als ich mir das alles mit der Körperzentrierten Herzensarbeit angeschaut habe, fand ich an der Basis meiner Gefühlskette mehrere Grundgefühle: den Schmerz, nicht gut genug zu sein, wertlos zu sein, abgelehnt zu sein, nicht wertgeschätzt zu sein und auch gedemütigt. Aber über all diese Grundschmerzen hatte sich das Gefühl von Ungerechtigkeit gelegt. Ich fand das alles einfach ungerecht. Und all die negativen Gefühle, die mich so festhielten, die Wut, der Ärger, der Zorn, der Hass, hatten sich aufgrund der Ungerechtigkeit herausgebildet.

Nachdem all diese Gefühle hochgekommen waren und ich sie versorgt hatte, empfand ich große Erleichterung. Der Druck auf den Zähnen und die Anspannung in meinen Knochen, die ich immer gehabt hatte, waren danach verschwunden. Am Schluss kam ich zu der Sehnsucht, mich selbst zu akzeptieren, wie ich bin.

Seitdem empfinde ich Mitgefühl und Verständnis für das Schicksal dieser Menschen aus fernen Ländern. Und noch etwas: Ich habe herausgefunden, dass viele von ihnen sich genauso fühlen – benachteiligt, wütend, als Opfer von Unrecht, wertlos, abgelehnt, gedemütigt ... Ich konnte einige dieser Gefühle sogar an ihr Kollektiv zurückgeben, was mich einerseits erleichterte und mir andererseits mein Herz für sie öffnete.

Krieger der Gerechtigkeit

Wenn wir uns in unserer Kindheit als Opfer von Unrecht erlebt haben und seither die Wunde der Ungerechtigkeit in uns tragen, neigen wir dazu, das nach außen zu projizieren – auch scheinbar aus Mitgefühl. Wann immer wir erfahren, dass jemandem etwas Unangenehmes widerfährt, interpretieren wir es als Ungerechtigkeit und regen uns auf. Die Sehnsucht nach Gerechtigkeit beherrscht uns. Möglicherweise machen wir aus Gerechtigkeit das große Ideal, für das wir kämpfen, und aus uns selbst einen Helden. Voller Empörung ziehen wir gegen Ungerechtigkeit ins Feld, engagieren uns in Gruppierungen, kämpfen für diejenigen, die wir als Opfer von Unrecht betrachten.

Dabei kann es geschehen, dass wir so sehr von unserem Ideal besessen sind, dass wir die Menschen, um die es uns gehen soll, völlig aus den Augen verlieren. Mancher hat schon einen Krieg angezettelt, in dem unzählige Menschen grausam getötet, verletzt, verstümmelt wurden, nur um einer bestimmten Gruppe von Menschen Gerechtigkeit zu erkämpfen. Wir machen uns und anderen vor, ein Menschenfreund zu sein, wir glauben, es ginge uns um die Menschen – doch diese sind uns in Wirklichkeit völlig egal. Es geht uns, wie wir meinen, um Gerechtigkeit für andere, für unser Volk, unsere Gruppe oder für eine andere Gruppe. Aber bei näherem Hinsehen entpuppt sich das als Selbstbetrug.

Denn der eigentliche Motor unseres Strebens ist, einen Schmerz zu vermeiden, den wir in uns tragen. Wir kämpfen nicht gegen die Ungerechtigkeit dort draußen, sondern gegen den Schmerz hier drinnen. Wir projizieren ihn nach außen und bekämpfen ihn dort, anstatt ihn im Innern zu fühlen.

Es lässt sich aber natürlich nicht bestreiten, dass aus einem solchen Selbstbetrug auch Qualitäten erwachsen und manchem Menschen dadurch geholfen wird.

Irene: Ich arbeite für eine Bürgerrechtsorganisation und habe das immer unentgeltlich in meiner Freizeit getan. Irgendwann stimmte es aber nicht mehr für mich. Ich war überarbeitet, kümmerte mich zu wenig um mich und meine Familie. Außerdem quälte mich die Hilflosigkeit, weil ich mit meiner Arbeit so wenig erreichen konnte. Am liebsten hätte ich aufgehört, aber ich fühlte mich verpflichtet weiterzumachen. Von der Körperzentrierten Herzensarbeit erhoffte ich mir eine Lösung.

Ich entdeckte all die Gefühle, die mit dem Thema verbunden waren, die Überforderung, Hilflosigkeit, Ohnmacht und Aussichtslosigkeit sowie die Sehnsucht, von dieser Bürde befreit zu sein; und das Gefühl von Verpflichtung und Verantwortung. Schließlich näherte ich mich dem Kern des Problems. »Was wäre schlimm daran«, fragte ich mich, »wenn ich diese Tätigkeit aufgeben würde? Wenn ich völlig aufhören würde, mich zu engagieren? Ich kümmere mich nur noch um mich selbst und meine Familie. Wie fühlt sich das an? Was ist das für ein Gefühl?« Sofort tauchte der Gedanke auf: »Das wäre nicht recht von mir, das wäre ungerecht.« Und wie fühle ich mich dann? »Ungerecht!«

Da war es, das schlimme Gefühl, vor dem ich solche Angst gehabt hatte, dass ich mich lieber kaputt arbeitete, als damit aufzuhören. Ich nahm mir Zeit, es kennenzulernen. Spürte meinen Atem, erlaubte ihm, sich auszubreiten … und öffnete mein Herz dafür. Dabei kam mir eine Erinnerung …

In meiner Kindheit wurde ich von meinem Vater immer gerügt, wenn ich mich seiner Meinung nach ungerecht gegenüber anderen verhielt. Das schien offenbar etwas sehr Schlimmes zu sein, etwas, womit ich die Sympathie meines Vaters verlor. Jetzt wurde mir vieles klar … Viele Situationen in meinem Leben, in denen ich alles versucht habe, um zu vermeiden, Unrecht zuzufügen oder ungerecht zu sein …

Selbst ungerecht zu sein, wird als schmerzhaft empfunden – und Opfer von Unrecht zu sein ebenfalls. Irene hatte die eine Seite entdeckt; aber die andere kam auch noch:

Ich entdeckte, dass ich diese Zurechtweisungen meines Vaters als ungerecht empfunden hatte. So litt ich in doppelter Weise unter Ungerechtigkeit; einerseits als Opfer von Unrecht und andererseits als »Täterin«.

Am Ende gewann sie eine neue Freiheit ihrem Engagement gegenüber und fand auch eine praktische Lösung.

Ich konnte die Frage meines Engagements in der Bürgerrechtsorganisation schließlich mit neuen Augen betrachten. Ich konnte mir vorstellen aufzuhören, ohne das als Unrecht und mich selbst als ungerecht zu empfinden. Ich fühlte mich nicht mehr getrieben, überall für Gerechtigkeit zu kämpfen; und überhaupt erkannte ich, dass Gerechtigkeit und Ungerechtigkeit, die ich so felsenfest für Tatsachen gehalten hatte, Ideen waren. Schöne Ideen, noble Ideen vielleicht, aber dennoch Ideen – Gedanken.

Ich beschloss, mich weiterhin um das Schicksal bestimmter einzelner Menschen zu kümmern, aber es fühlte sich ganz anders an. Auf einmal konnte ich mein Herz für diese Menschen öffnen – wobei mir klar wurde, dass es vorher gar nicht offen gewesen war! –, ich konnte fühlen, wie sie sich fühlten. Ich fand mich nun auf einer Ebene mit ihnen, von Herz zu Herz, von Mensch zu Mensch (anstatt wie vorher als Gerechtigkeitskämpferin und Helferin über ihnen zu stehen). Ich erkannte sogar, dass meinem Wirken natürlicherweise Grenzen gesetzt waren, und konnte diese akzeptieren.

Ich erkannte ferner, dass »Ungerechtigkeit« die Interpretation war, die ich den Geschehnissen übergestülpt hatte, die jedoch weder dem Schicksal noch den Gefühlen der Betreffenden gerecht wurde. Mancher meiner Schützlinge mochte ebenso wie ich am Schmerz der Ungerechtigkeit leiden; andere jedoch hatten damit überhaupt kein Thema. Sie kamen gar nicht auf die Idee, es könne ungerecht sein, dass sie sich in ihrer Situation befanden, sondern sie empfanden sie als demütigend und litten darunter. Wieder andere hatten weder ein Problem mit Ungerechtigkeit noch mit Demütigung, sondern litten schlicht an Einschränkung oder Mangel, ohne Interpretationen wie »ungerecht« oder »wertlos« hinzuzufügen.

Ich empfand den Prozess, den ich durchlaufen hatte, als ein großes Aufwachen. Das wichtigste Ergebnis für mich war dabei der Respekt, der in meinem Herzen entstanden war, diesen Menschen und ihren Schicksalen gegenüber. Als neues positives Gefühl entdeckte ich am Ende meines Prozesses Demut.

Ungerechtigkeitsgefühl als Kompass

Als Gefühl erkannt, bewusst gefühlt, kann »Ungerechtigkeit« oder »Unrecht« ein hilfreicher Kompass für uns sein. Wenn es nicht einfach Folge unserer kindlichen Psycho-Logik ist, sondern tatsächlich mit der aktuellen Situation zu tun hat, dann hilft es uns, aufmerksam zu werden, wenn etwas für uns nicht stimmig ist, nicht mit unserem Gewissen, unserer inneren Richtschnur übereinstimmt. Das Gefühl als Gefühl zu erkennen und als solches im Herzen wahrzunehmen, gibt uns Würde, richtet uns auf, kann uns Mut geben und eventuell auch Demut.

Weitere Grundschmerzen

Über Getrenntsein, Alleinsein und Einsamkeit, Verlassensein und Verlust, Wertlosigkeit, Demütigung, Machtlosigkeit und Ohnmacht, Ablehnung, Unfreiheit und Eingeengtsein

Der Schmerz des Getrenntseins

Alle Grundschmerzen gehen auf eine Art von Trennung zurück. Nachdem wir erst in wohliges Einssein eingebettet waren, war es für uns ein Schock, wenn unsere Mutter oder unsere erste Bezugsperson sich von uns trennte. Ob sie uns nun von ihrem Körper entfernte und in ein Extrabettchen steckte, ob sie wegging, ob sie uns nicht antwortete, uns Zuwendung verweigerte – alle Aktionen, die als trennend empfunden werden, erzeugen Angst (Existenzangst), Schmerz und ein Gefühl von Unerträglichkeit. Denn für ein kleines Kind ist es ja real bedrohlich, von seiner Bezugsperson getrennt zu sein. Später projizieren wir diese Bezugsperson dann auf jemand anderen, der in unserem Leben eine wichtige Rolle spielt, zum Beispiel den Ehepartner. Und auf einmal erscheint ein Getrenntsein für uns wieder so lebensbedrohend, wie es am Anfang unseres Lebens gewesen war.

Annie: Ich empfand zwischen mir und meinem Mann eine Distanz, die ich schwer ergründen oder überbrücken konnte. Während der Jahre bauten sich drumherum viele Sehnsüchte und auch Neid auf andere auf, bei denen die Herz-zu-Herz-Verbindung eher da zu sein schien. In mir tauchten immer wieder Gedanken an eine Trennung auf, obwohl ich das – vor allem auch wegen der Kinder – überhaupt nicht wollte. Ich besuchte dann ein Seminar bei Safi und entschloss mich, mir das Thema anzuschauen.

Die wichtigste Entdeckung, die ich dabei machte, war ganz einfach: Ich merkte, dass ich mich abgeschnitten fühlte, dass das mein Gefühl war und keine Tatsache und dass es ein sehr altes Gefühl war, viel älter als unsere Beziehung. Diese Entdeckung ließ in mir die Hoffnung aufkommen, dass wir uns einander wieder nahe fühlen könnten. Dieses Gefühl von Hoffnung wollte auch wahrgenommen und gewürdigt werden. Ich nahm es sehr bewusst mit nach Hause.

Mein Mann war bereit, sich anzuhören, was ich erlebt hatte (was er sonst nicht immer tat), und es war ein sehr schönes Heimkommen. Der »Zufall« wollte es, dass auch er kurze Zeit später ein Seminar besuchte, das ihm guttat und ihm innerlich mehr Raum gab, sodass er Nähe nicht mehr als Einengung empfand.

Seither ist dieses Gefühl der Distanz und des Abgeschnittenseins, das ich ihm gegenüber empfunden hatte, kaum noch vorhanden, und das, ohne noch irgendetwas dazu tun zu müssen. Es fühlt sich jetzt ganz neu an, und die Liebe fließt zwischen uns, als wäre das schon immer so gewesen. Ich staune manchmal, wenn ich mich daran erinnere, wie ich noch bis vor Kurzem gedacht habe, wir hätten keine Herzensverbindung!

Alleinsein und Einsamkeit

Man kann sich nicht nur abgetrennt und abgeschnitten fühlen oder verlassen, sondern auch ganz einfach allein. Oder einsam. Oder isoliert. Was aber, wenn man tatsächlich allein ist? So viele Menschen leben heutzutage allein, ohne Lebenspartner oder Familie. Hilft es denn, wenn man dem Gefühl von Alleinsein sein Herz öffnet – geht das Alleinsein davon weg?

Sie müssen Gefühl und Tatsache unterscheiden:

Tatsache: »Ich bin allein.«

Gefühl: »Ich fühle mich allein (oder einsam).«

Außerdem lohnt es sich, die Tatsache etwas genauer unter die Lupe zu nehmen, um die Identifikation mit dem Alleinsein zu lockern. Ist es Tatsache, dass Sie allein sind? Oder ist es nicht vielmehr so, dass Sie derzeit in Ihrer Wohnung allein leben? In der U-Bahn, beim Einkaufen im Supermarkt, bei der Arbeit oder im Café sind Sie ja nicht allein. Allerdings fühlen Sie sich da vielleicht trotzdem allein. Und das ist ein Gefühl. Wenden Sie sich diesem Gefühl einmal zu. Schenken Sie ihm Ihre ganze Aufmerksamkeit. Lernen Sie kennen, wie es sich anfühlt – und was es von Ihrem Herzen braucht.

Tipp für die Körperzentrierte Herzensarbeit

Neben dem Schmerz (des Alleinseins), der Sehnsucht (nach dem Gegenteil) und dem guten Gefühl der Wunscherfüllung sollten Sie auch Ausschau nach dem guten Gefühl halten, das der Verbleib in der Einsamkeit Ihnen möglicherweise verschafft. Vielleicht fühlen Sie sich darin geschützt, sicher, geborgen, frei oder »bei sich« … Entdecken Sie dieses Gefühl ebenfalls und holen Sie es ins Herz.

Verlassensein, Verlust

Es ist ein Unterschied, ob man unter dem Schmerz des Verlassenseins leidet oder unter Verlust. Im ersten Fall konzentriert sich die Aufmerksamkeit auf den eigenen Zustand, im zweiten Fall konzentriert sie sich auf den oder das, was wir vermissen. Was ist das Schlimme an Ihrer Situation: verlassen worden zu sein? Oder etwas oder jemanden zu vermissen?

Falls »verlassen« das richtige Wort ist, prüfen Sie auch, ob eventuell mit diesem Verlassensein noch ein weiterer Grundschmerz verbunden ist, indem Sie sich die Frage stellen: »Was ist das Schlimme daran, verlassen worden zu sein?« (Beispielsweise könnte man interpretieren: »Er/sie hat mich verlassen, weil ich wertlos, hässlich, schlecht bin oder er/sie mich ablehnt oder verurteilt …«) Oder ist das Verlassensein selbst das Schlimme?

Holen Sie auch die Sehnsucht ins Herz, die mit dem Thema verbunden ist, so unlogisch das erscheinen mag. Diese Sehnsucht könnte – wider alle Kopflogik – auf den Herzensschlüssel »es für möglich halten« reagieren. Und sicherlich auf »Achtung« oder »Würdigung«.

Der Schmerz der Wertlosigkeit

Rena: Ich bin Kind einer reichen Familie und von klein auf gewöhnt, immer alles zu bekommen, was ich mir nur wünschen konnte. Aber das Einzige, was ich mir wirklich wünschte, war die Liebe meines Vaters. Für ihn war ich leider nur ein dummer Fehler, den er mit meiner Mutter erzeugt hatte (die er auch nicht haben wollte), und daher lehnte er mich von ganzem Herzen ab.

Ich hatte zwar Freunde, aber ich wusste, dass auch die mich nicht liebten; was sie an mir anzog, war mein Reichtum, nicht meine Person. Sehr viel später erst entdeckte ich allerdings, dass ich mich auch alles andere als liebenswert gemacht hatte; ich benahm mich nämlich genauso wie mein Vater, herzlos, rücksichtslos, manipulativ, mit wenig Respekt für andere und ziemlich herrisch. Aber das wusste ich damals nicht. Ich habe das erst durch die Körperzentrierte Herzensarbeit herausgefunden.

Da bin ich durch viele Schichten von Gefühlen gegangen: Hass und Wut darüber, von meinem Vater abgelehnt worden zu sein, Rache, Trauer, Angst, Empörung, Zorn und viele mehr. Ich entdeckte, dass mein Vater all seine negativen Gefühle in mich hineinprojiziert hatte. Nachdem ich ihm alles zurückgegeben hatte, kam endlich mein Grundgefühl zutage, nämlich das Gefühl, wertlos zu sein. Ich erkannte, dass ich immer als selbstverständlich vorausgesetzt hatte, dass ich wertlos sei und dass die anderen das auch so sehen.

Es stellte sich heraus, dass es nicht nur mein eigenes Gefühl war; ich hatte es sowohl von meinem Vater als auch von meiner Mutter übernommen und sogar von Mitarbeitern meines Vaters! Mein Vater hatte sich immer sehr herrisch und hochmütig verhalten, und ich verstand nun, dass er damit sein eigenes Gefühl von Wertlosigkeit (das er wiederum von seiner Mutter regelrecht aufoktroyiert bekommen hatte) zu überdecken versuchte, so wie ich es auch immer getan hatte.

Den Schmerz mit Arroganz oder Demut unterdrücken

Es gibt verschiedene Weisen, mit der Grundüberzeugung, wertlos zu sein, umzugehen: Mit der einen versucht man, den Schmerz sozusagen zu überfliegen, mit der anderen versucht man, ihn zu unterlaufen. Ein Beispiel für das »Überfliegen« haben Sie gerade in der Geschichte von Rena gelesen. Man verhält sich hochmütig, so als sei man wichtiger und wertvoller als alle anderen.

Den Schmerz der Wertlosigkeit »unterlaufen« können wir, indem wir eine demütige Haltung einnehmen. »Ich weiß, dass ich wertlos bin, geringer als ihr alle, daher bin ich euer unwürdiger Diener.« Das sind Menschen, die vielleicht sehr talentiert, intelligent und gut ausgebildet sind und sich dennoch immer mit einfachen, schlecht bezahlten Arbeiten begnügen, in denen sie sich vielleicht auch noch herunterputzen lassen; Menschen, die nicht in der Lage sind, sich zu nehmen, was ihnen zusteht; Menschen, die jedem gerne helfen, selbst aber schlecht Hilfe annehmen können. »Ich bin es nicht wert.«

Wertlosigkeit tut sehr weh, solange wir sie für eine Tatsache halten. Sobald wir erkannt haben, dass es ein Gefühl ist und keine Tatsache, können wir aufatmen. Aber von diesem ersten Aufatmen bis zu dem Moment, da Wertlosigkeit tatsächlich kein Thema mehr ist, kann eine Zeit vergehen. Gedanken sind nämlich nicht nur geistige, sondern auch körperliche Realitäten. Wir werden uns noch eine Weile sehr aufmerksam um all die Gelegenheiten kümmern müssen, in denen unser Grundschmerz ausgelöst wird. »Ach ja, da ist es wieder, das Gefühl von Wertlosigkeit.« Mehr muss nicht geschehen, wir müssen nichts damit tun – auch nicht den ganzen Weg der Körperzentrierten Herzensarbeit wieder gehen (wo sitzt das Gefühl und was braucht es vom Herzen …); wir müssen es nur erkennen und bewusst wahrnehmen.

Zu wissen, dass wir gerade das Gefühl von Wertlosigkeit wahrnehmen, befreit uns von der Überzeugung, wertlos zu sein.

Demütigung

Manchmal fühlen wir uns gedemütigt, herabgesetzt, klein- oder lächerlich gemacht, merken aber nicht, dass das ein Gefühl ist, sondern halten es für eine Tatsache. »Das ist demütigend für mich.«

Wer Demütigung als Grundschmerz hat, ist extrem empfindlich für alles, was als Herabsetzung interpretiert werden kann; je nach Charakter wehren wir uns mit Wut, Hass und Rache; oder, im Gegenteil, mit Unterwürfigkeit. Durch diese machen wir uns selbst klein, damit andere das nicht mehr tun müssen. Eine weiterer Versuch, sich zu schützen, ist Stolz: nicht der unschuldige, natürliche, kindliche Stolz (»Guck mal, Mami, was ich schon kann!«) und auch nicht die selbstverständliche Würde des Menschen, der mit sich im Reinen ist, sondern der aufgesetzte Stolz, mit dem wir uns wappnen, schützen, unzugänglich machen und uns über andere erheben.

Achten Sie darauf, das Gefühl genau zu bezeichnen: gedemütigt, herabgesetzt, herabgewürdigt, heruntergeputzt, kleingemacht, lächerlich, beschämt … Indem Sie dieses Gefühl erkennen und benennen, beginnen Sie, Ihr Herz dafür zu öffnen.

Über die Demut

Das Wort »Demütigung« enthält den Bestandteil »Demut«. Als Haltung bedeutet Demut, anzuerkennen, dass es Größeres gibt als uns selbst. Manche Menschen versuchen, Demut absichtlich zu entwickeln. Leider führt das oft zu Scheinheiligkeit und Selbstbetrug. Es liegt auch ein Hochmut in der absichtlich herbeigeführten Demut. Echte Demut entwickelt sich von selbst als Resultat von Lebenserfahrung und einem offenen Herzen. Beispielsweise werden wir manchmal von Demut ergriffen, wenn wir nachts unter dem Sternenhimmel mit der überwältigenden Größe des Universums konfrontiert werden, oder angesichts der Zartheit und Zerbrechlichkeit eines kleinen Wesens.

In der Körperzentrierten Herzensarbeit gelangt man auf andere Weise zu Demut. Man entdeckt sie manchmal als Gefühl auf dem Grund eines Problems, nachdem man sich durch negative Emotionen, Schmerz und Sehnsucht hindurchgefühlt hat. Denn Demut ist auch ein Gefühl und möchte wie jedes andere Gefühl im Herzen gefühlt werden. Es ist wesentlich leichter, sich das Gefühl von Demut wieder in Erinnerung und damit ins Herz zu rufen, als zu versuchen, demütig zu sein.

Übrigens: Sollten Sie jemand sein, der übt, demütig zu sein, und sich von meiner Bemerkung über den Hochmut, der darin liegen kann, getroffen fühlen, dann lernen Sie diesen Hochmut einmal kennen! Er ist auch ein Gefühl. »Ich fühle mich besser als andere.« Oder »überlegen«. Was braucht dieses Gefühl von Ihrem Herzen?

Machtlosigkeit oder Ohnmacht

Machtlosigkeit ist einer der fundamentalen seelischen Schmerzen, die mit der Inkarnation verbunden sind. So erleben wir uns immer wieder als machtlos gegenüber etwas Größerem, Stärkerem. Daran ist an sich nichts Problematisches. Das Wetter ist mächtiger als ich, aber ich käme nicht auf die Idee, gegen ein Gewitter zu rebellieren, mich darüber zu empören oder es ungerecht zu finden. Mit Macht, die von Menschen ausgeübt wird, ist das anders. Mancher findet es völlig natürlich, sich der elterlichen Macht oder der einer Autorität oder eines Stärkeren zu unterwerfen, so wie man eben ein Gewitter natürlich findet; mancher kann es einfach nicht ertragen, machtlos zu sein. Was daran so unerträglich erscheint, entpuppt sich bei näherem Hinsehen als Gefühl: das Gefühl von Ohnmacht oder Machtlosigkeit.

Viele Menschen sind so sehr daran gewöhnt, sich als machtlos zu erleben, dass diese Ohnmacht für sie zu einer feststehenden Realität geworden ist, ohne dass sie sich das je bewusst gemacht haben – was schade ist, denn wenn es einem nicht bewusst ist, kann man es auch nicht infrage stellen!

Identifiziert mit Ohnmacht

Renate: Wie an jedem Morgen war mein Mann früher angezogen als ich und schon mit allen möglichen Sachen beschäftigt, während ich noch nicht geduscht hatte und im Nachthemd herumlief. Er zog die Vorhänge in der Wohnung auf, und ich wurde wütend: »*Ich will nicht, dass die Vorhänge aufgezogen werden, bevor ich angezogen bin! Man kann nämlich hereinschauen, und auch wenn da draußen gerade niemand ist, stört es mich einfach!*« *Ärgerlich verschwand ich im Bad.*

Als ich wieder herauskam, sah ich, dass die Vorhänge geschlossen waren. Da erst wurde mir klar, dass ich unbewusst automatisch angenommen hatte, ich sei machtlos – die Wahl, die mein Mann trifft, sei Gesetz, und ich könne nichts dagegen tun. Ich war völlig überrascht, dass er meiner (indirekt vorgetragenen) Bitte nachgekommen war.

Da begriff ich, wie groß das Thema »*Machtlosigkeit*« *in meinem Leben ist, und ich beschloss, mir das einmal anzuschauen. Das war übrigens nach diesem Vorfall ziemlich leicht, denn ich hatte ja schon gemerkt, dass Machtlosigkeit keine Tatsache, sondern nur ein Gefühl war, und nun brauchte ich nur noch mein Herz dafür zu öffnen, und schon hatte sich etwas spürbar verändert.*

Ablehnung

Wie »Ungerechtigkeit« kann auch Ablehnung von beiden Seiten als schmerzhaft empfunden werden. Ich kann mich abgelehnt fühlen, aber ich kann auch jemandem oder etwas gegenüber Ablehnung fühlen. Ich kann also Opfer oder Täter sein – zwei Seiten einer Medaille.

Einen anderen ablehnen

Einer Person gegenüber, die ich oft treffe, empfinde ich heftige Ablehnung. Ich verbiete mir dieses Gefühl, es irritiert mich, man soll Menschen nicht ablehnen, es ist ungerecht, und ich möchte es auch nicht. Aber da fällt mir ein, dass diese Ablehnung ja auch ein Gefühl ist und ich sie vielleicht einmal wahrnehmen könnte, anstatt sie immer wieder in den Hintergrund zu schieben.

Sie fühlt sich an wie eine Energie, die sich von mir in Richtung dieser Person bewegt, so ähnlich, als würde ich ihr eine abweisende Hand entgegenstrecken. Was braucht diese Energie von meinem Herzen? Vor allem Erlaubnis, auch Rehabilitation (dass sie von Verurteilung

befreit wird), und seltsamerweise reagiert sie am deutlichsten auf
»Achtung« und »Würdigung«. Dadurch wird mir bewusst, dass in
meiner Ablehnung auch etwas Positives steckt.

Mir wird klar, dass es nicht die Person ist, die ich ablehne, sondern
das unechte Verhalten, das sie sich zugelegt hat. (Vielleicht bezieht
sich Ablehnung niemals auf das Wesen eines Menschen, sondern im-
mer auf die Maske, die dieser sich zugelegt hat, um sein Wesen zu
verbergen.) Somit verbirgt sich in dieser Ablehnung eigentlich eine
Art von Liebe und Respekt dem wahren Wesen dieses Menschen ge-
genüber. Daher der Herzensschlüssel »Würdigung«.

Abgelehnt werden

Abgelehnt werden tut weh – wenn das auf unseren Grundschmerz
trifft, wenn wir im Grunde damit identifiziert sind, abgelehnt, zurückgewiesen oder unerwünscht zu sein. Wenn das ablehnende Verhalten eines Menschen an keine solche seelische Wunde rührt, dann
trifft es uns nicht; wir erkennen, dass diese Ablehnung das Problem
des anderen ist und nicht unseres, »wir ziehen uns den Schuh nicht
an«, wie man sagt. Trifft es uns, dann immer deshalb, weil ein Grundschmerz berührt wird – wenn nicht der der Ablehnung, dann vielleicht das Gefühl, verurteilt, schuldig, hässlich, minderwertig oder
schlecht zu sein, lauter Gefühle, die durch ablehnendes Verhalten
anderer in uns geweckt werden können.

Wenn ich mit »Abgelehntsein« identifiziert bin, gibt es in mir immer auch die Sehnsucht nach »Angenommensein«. Wenn ich jedoch
den Schmerz der Ablehnung einmal bewusst gefühlt und mein Herz
dafür geöffnet habe, dann habe ich durch und durch verstanden, dass
»abgelehnt« nicht etwas ist, das ich bin, sondern eine Art, wie ich
mich fühle; nicht etwas, das meine ganze Person betrifft, sondern
vielleicht nur ein bestimmtes Verhalten; und in den meisten Fällen
ist es sogar überhaupt eine Täuschung – da ich das Verhalten des
anderen nur auf meine mir in der Kindheit angeeignete Weise

interpretiert habe. Und dann ist die Sehnsucht danach, angenommen zu werden, auf einmal überhaupt nicht mehr relevant.

Wenn mehrere Grundschmerzen
berührt werden

An manchen Problemen sind gleich mehrere Grundschmerzen beteiligt. Das Thema bleibt so lange ein Problem für uns, bis sie alle gefunden sind.

Erik: Meine Frau hat mit ihrer besten Freundin über unsere Beziehung gesprochen. Mich macht das sehr wütend. Ich entdecke hinter meiner Wut Verunsicherung und die Angst, lächerlich zu erscheinen und deshalb abgelehnt zu werden. Aber damit lässt mich das Thema noch nicht los; bei einer weiteren Herzensarbeit merke ich, dass ich mich auch verraten fühle. Aber auch, als ich den Schmerz des Verrats ins Herz geholt habe, bin ich immer noch nicht im Reinen mit dem Thema.

Ich vertiefe mich noch einmal in meinen Körper und entdecke, dass es noch einen Schmerz gibt, und zwar den der Ungerechtigkeit: Es erscheint mir unrecht, dass sie das getan hat. Hier bin ich auf Grund gestoßen. Denn als ich mein Herz auch noch für diesen Schmerz geöffnet habe, öffnete es sich auch für die Gefühle meiner Frau. Ich verstehe nun, dass sie sich danach gesehnt hat, ihre Sorgen und Nöte, aber auch ihre schönen Erlebnisse mit jemandem teilen zu können, und da ich in letzter Zeit nicht so offen dafür war, hat sie sich an ihre Freundin gewandt.

Unfreiheit und Eingeengtsein

Zu den Grundbedürfnissen eines Kindes gehören nicht nur Liebe, Fürsorge und Nähe, es braucht auch Freiheit, Raum und Erlaubnis, sich zu entfalten, sowie Respekt. Ist der Raum für unsere Entfaltung zu sehr eingeschränkt worden, ist unsere Grenze nicht respektiert, unser Raum zu oft verletzt worden, sind wir zu viel bewacht und kontrolliert worden, so ist das Bild, das wir unbewusst von uns selbst haben, zu schmal, zu dünn. Wir leiden darunter, uns eingeengt zu fühlen.

Wann immer uns jemand begegnet, der laut ist, der sich viel Raum nimmt, viel Aufmerksamkeit verlangt oder sich dominant verhält, wird es uns als Tatsache erscheinen, dass er/sie uns einengt und dass wir dadurch eingeengt sind. Je nach Charakter reagieren wir darauf, indem wir wütend werden und uns wehren oder indem wir uns zurückziehen und jener Person den Raum überlassen. Wir selbst schränken uns jedoch unbewusst automatisch so sehr ein, dass auch der sanfteste, liebste Mensch dazu verführt wird, sich in unserer Gegenwart mehr Raum zu nehmen, als ihm eigentlich zusteht. Wir merken gar nicht, dass wir uns selbst so verhalten, dass wir also unsere Mitmenschen dazu einladen, mehr Raum einzunehmen als wir; wir selbst haben uns ja auf ein Minimum zusammengezogen, machen uns ganz eng, wodurch natürlich viel Raum für andere entsteht. In der Folge leiden wir dann daran, uns erstickt, eingeengt oder dominiert zu fühlen!

Aus der Identifikation aufwachen

Wie immer besteht die Lösung in der Herzensarbeit nicht darin, mit Gewalt zu versuchen, anders zu sein, nach dem Motto:»Ab jetzt nehme ich meinen Raum ein.« Das wird nicht funktionieren, denn es ist ein ständiger Kampf gegen unsere Grundidentifikation (die immer gewinnt). Es geht vielmehr darum, einfach das Gefühl bewusst wahrzunehmen und aus der Identifikation mit der einschränkenden Idee aufzuwachen.

Achten Sie auf alle Anlässe, die dieses Gefühl in Ihnen auslösen; achten Sie auch darauf, wie viel oder wenig Raum Sie sich nehmen und wie viel Sie anderen gewähren. Nehmen Sie Ihr Gefühl, zum Beispiel von Eingeengtsein, einmal aufmerksam wahr, lernen Sie es kennen! Es ist ein Gefühl. Sie werden sehen: In dem Moment, da Sie erkennen, dass »eingeengt« ein Gefühl ist, und es bewusst fühlen, sind Sie es nicht mehr.

Schritt für Schritt zu mehr Raum

- Die Sehnsucht fühlen nach: Raum? Freiheit?
- Das positive Gefühl in der Wunscherfüllung finden!
- Den Schmerz bewusst wahrnehmen, genau benennen (eingeengt, eingezwängt, erdrückt, erstickt, unfrei …?).
- Eventuell von Vater/Mutter übernommen? (Manchmal übernehmen wir es von einem dominanten Elternteil, der/die sich im Innern auch so gefühlt hat.)
- Das (eventuell vorhandene) gute Gefühl im Zustand des Eingeengtseins finden:»Was wäre gut daran, wenn ich immer in diesem

Eingeengtsein verbleiben dürfte, was gibt es mir, wovor schützt es mich ...?«

- Und sein Gegenstück finden: »Was wäre schlimm daran, wenn ich mir viel Raum nehmen würde (beziehungsweise viel Freiheit) ...?«

Stellen Sie sich das jeweils vor und entdecken Sie über den Körper das Gefühl (anstatt darüber nachzudenken, wie Sie sich fühlen würden).

Wie erkennen wir, mit welchem Grundschmerz wir identifiziert sind?

Unser Grundschmerz ist immer mit einem Glaubenssatz verbunden, und mit diesem sind wir identifiziert. Wir halten ihn unbewusst selbstverständlich für wahr. Wenn Sie beispielsweise am Grundschmerz der Ablehnung leiden, erwarten Sie, abgelehnt zu werden. Sie betrachten sich selbst als »abgelehnt« (und im Allgemeinen auch als »ablehnenswert«). Kindliche Psycho-Logik: Wenn Mami oder Papi mich ablehnt, muss ich ja ablehnenswert sein, sprich schlecht oder hässlich.

1. Fühlen Sie sich durch das Thema hindurch

Der einfachste Weg, um an denjenigen Schmerz zu gelangen, der in der momentanen Lebensphase auf sich aufmerksam macht, ist, die aktuellen Themen mit Körperzentrierter Herzensarbeit anzuschauen und ihnen auf den Grund zu gehen.

Außerdem kann es hilfreich sein, das eigene Verhalten in den entsprechenden Situationen genauer anzuschauen, um den unbewussten Grundschmerzen auf die Spur zu kommen.

2. Achten Sie darauf,
was Sie als selbstverständlich voraussetzen

Zum Beispiel: Sich grundsätzlich für rechtlos halten

Renate: Bei uns stehen immer alle Türen offen, und Räume gehen ineinander über. So durchquert mein Mann öfter mal den Raum, in dem ich mich morgens anziehe, manchmal sogar mehrere Male hintereinander. Ich sage nichts, aber es stört mich. Ich kann es nicht leiden, gestört zu werden. Aber ich ertrage es weiter. Das Gefühl von Gestörtsein schreit jedoch nach Beachtung, und endlich erbarme ich mich seiner und nehme es bewusst wahr. Schon bin ich mehr bei mir und weniger gestört. Wieso bin ich eigentlich nie auf die Idee gekommen, einfach die Tür zu schließen? Anscheinend habe ich vorausgesetzt, dass ich mich stören lassen muss – dass ich keine Wahl habe und es ertragen muss.

Ich entdecke, dass ich mich für rechtlos halte. Eine große Entdeckung. Und ein großer Schmerz. Jetzt, wo ich ihn zum ersten Mal wahrnehme, merke ich, dass er mir zutiefst vertraut ist. Rechtlosigkeit war ja die grundlegende Realität meiner Kindheit als Waisenkind in einer Pflegefamilie. Aber ich habe das nie bewusst bemerkt, sondern es einfach auch weiterhin als Erwachsene für eine Tatsache gehalten. Jetzt verstehe ich vieles besser. Ich öffne mein Herz für das Gefühl der Rechtlosigkeit.

Am nächsten Morgen schließe ich die Tür und bitte meinen Mann zu warten, bis ich fertig bin. So einfach! Und erleichternd für uns beide.

Was setzen Sie als selbstverständlich voraus? Achten Sie darauf in Situationen, die sich in Ihrer Beziehung, Ihrer Familie, Ihrer Arbeit, bei der Begegnung mit neuen Menschen oder dem Eintritt in eine neue Gruppe ergeben. Was erwarten Sie unterschwellig ganz selbstverständlich? Wenn Sie sich das im Vorfeld bewusst machen, ersparen Sie sich Leid und Ärger.

3. Achten Sie auf Ihre typischen Reaktionen

Zum Beispiel: Flucht

- Türenknallend den Raum verlassen; in Ihre Gedankenwelt flüchten; jemanden verlassen; das Gespräch abbrechen, sich aus einer Situation zurückziehen: Wenn *Flucht* Ihre typische Reaktion auf Situationen ist, in denen es brenzlig wird oder Sie sich ärgern, dann gibt es etwas, das Sie nicht aushalten können. Der Verdacht liegt nahe, dass es sich um *Ablehnung* handelt, dass Sie sich im Grunde für abgelehnt halten.

  Ich erlebe die Ablehnung, die mir jemand entgegenbringt, als eine Energie, die sich auf mich zubewegt, als wolle sie mich wegdrängen. Und als jemand, der sich für »abgelehnt und ablehnenswert« hält, bewege ich mich mit dieser Energie, entferne mich. Das ist die Flucht. Allerdings flüchte ich auch dann, wenn ich mir diese ablehnende Energie nur einbilde.

- *Rückzug in sich selbst* ist auch eine Art von Flucht. Wenn Sie merken, dass Sie sich oft in eine Traumwelt zurückziehen, so leiden Sie möglicherweise darunter, *nicht geliebt, nicht erwünscht* zu sein. Das fühlt sich nicht genau so an, wie »abgelehnt« zu sein, aber ist ein ganz ähnliches Thema.

Weitere aufschlussreiche Reaktionen

- *Machen Sie sich klein,* verhalten Sie sich unwillkürlich unterwürfig, dann leiden Sie möglicherweise am Grundschmerz der *Demütigung.* Psycho-Logik: »Bevor andere mich kleinmachen, mache ich mich lieber selbst klein« (und erreiche – wie bei all diesen Manövern – natürlich prompt genau das, was ich vermeiden möchte). Oder Ihr Grundschmerz ist die *Wertlosigkeit.*

- *Sind Sie jemand, der zu jedem lieb ist,* der auf keinen Fall jemanden verletzen möchte, dann kann es sein, dass Sie sich im Grunde *schlecht oder verurteilt* fühlen. (Der Unterschied: *Verurteilt* fühle ich mich, wenn ich denke, dass die anderen mich für schlecht halten; *schlecht* fühle ich mich, wenn ich mich selbst verurteile oder die Verurteilung der anderen übernommen habe.) Oder Sie fühlen sich *ungeliebt.*

- *Möchten Sie immer helfen?* Können Sie es nicht ertragen, jemanden leiden zu sehen, ohne Hilfe anzubieten? Drängen Sie vielleicht oft Ihre Hilfe regelrecht auf? Prüfen Sie, ob Sie *Ohnmacht* und *Mitleid* nicht ertragen; oder ob Sie sich *wertlos* oder *schuldig* beziehungsweise *schlecht* fühlen.

- Erwischen Sie sich manchmal bei einer gewissen *Starre?* Dabei, dass Sie in gewissen Punkten völlig unbeugsam sind und auf keinen Fall von Ihrem Standpunkt abrücken? Dann liegt die Vermutung nahe, dass *Ungerechtigkeit* Ihr Grundschmerz ist. Unrecht ist dann für Sie etwas Unerträgliches; nachzugeben, sich zu beugen, würde bedeuten, Unrecht zuzulassen, und das darf nicht sein. Daher die Starre.

- Kommt die Formulierung *»hinter meinem Rücken«* oft in Ihrem Denken oder Ihren Äußerungen vor? Dann haben Sie wahrscheinlich ein Thema mit *Verrat* oder *Betrug.* Sie werden dazu neigen, rund um Sie herum *alles zu sehen und zu kontrollieren,* um auf diese Weise dafür zu sorgen, dass nichts »hinter Ihrem Rücken« geschehen kann.

- Neigen Sie dazu, *an Menschen zu kleben,* die Sie lieben oder die Ihnen wichtig sind, sich in diese *hineinzufühlen,* jede allerkleinste Regung im anderen zu bemerken oder sich von ihnen abhängig zu machen? Oder neigen Sie im Gegenteil dazu, Menschen zu *verlassen* oder *im Stich zu lassen?* Dann leiden Sie wahrscheinlich an dem Schmerz, *verlassen worden* zu sein. Ihr Kleben, Ihr Hineinfühlen, Ihr Eingehen auf jede Regung, die Sie im anderen wahrnehmen, ist wahrscheinlich der Versuch, einem erneuten Verlassenwerden vorzubeugen. (Was natürlich das beste Mittel ist, um jemanden in die Flucht zu treiben.) Manchmal verlassen Sie jemanden, um nicht selbst verlassen zu werden.

- Neigen Sie dazu, *alles selbst zu machen,* andere für unfähiger zu halten als sich selbst? Dann möchten Sie vielleicht beweisen, dass

· Sie es können, dass Sie intelligent sind. Und Sie leiden unter dem Grundschmerz, für *dumm* oder *unfähig* gehalten zu werden (oder sich dumm zu fühlen).

- *Rechtfertigen Sie sich andauernd*, können Sie nicht darauf verzichten, anderen die Gründe für Ihr Verhalten zu erklären? Dann fühlen Sie sich im Grunde *schuldig, verurteilt* oder *schlecht* (oder alles gleichzeitig).

- *Erleben Sie sich oft als vorwurfsvoll, als fordernd?* Dann ist möglicherweise *Ungerechtigkeit* ein Grundschmerz bei Ihnen. Dieser verbindet sich oft mit anderen Grundschmerzen wie *nicht gesehen, nicht wertgeschätzt, nicht gehört, nicht wahrgenommen werden*.

- Fällt Ihnen auf, *dass Sie es sich immer wieder versagen, glücklich zu sein* oder gesund, erfolgreich oder wohlhabend, obwohl all dies für Sie in Reichweite wäre? Dann leiden Sie wahrscheinlich ebenfalls am Grundschmerz der *Ungerechtigkeit,* nur eben von der anderen Seite betrachtet. *Privilegiert zu sein* tut Ihnen weh, da Sie es als ungerecht betrachten. Möglicherweise leiden Sie auch daran, sich *verurteilt* zu fühlen. (»Wenn ich reich und berühmt wäre, würden die Menschen mich verurteilen …«) Vielleicht fühlen Sie sich auch *getrennt* oder *allein.* (Grundannahme:»Wenn ich erfolgreich oder reich bin, entferne ich mich von meiner Gruppe oder diese entfernt sich von mir.«)

- Beobachten Sie, dass Sie Ihren Erfolg in allen Unternehmungen, seien sie nun beruflicher oder privater Natur, *immer wieder selbst boykottieren?* Dann leiden Sie möglicherweise an dem Grundschmerz des *Versagens* (die Eltern haben immer wieder gesagt: »Aus dir wird nichts« – oder etwas dergleichen); und/oder Sie leiden an dem Grundschmerz der *Ungerechtigkeit.* (»Wenn ich es mir gut gehen lasse, dann merkt ihr nicht, was ihr mir angetan habt, also lasse ich es mir richtig schlecht gehen, damit ihr das endlich erkennt!«)

- *Sind Sie süchtig?* Nach Alkohol, Zigaretten, Kaffee, Zucker, Drogen, Internet, Handy, Sex, Essen, Fernsehen … Fragen Sie sich, was schlimm daran wäre, wenn Sie auf Ihre Droge ab sofort und für immer verzichten müssten. Dann stoßen Sie auf Ihren Grundschmerz. (Zigaretten: *ungestillt?* Essen: *unzufrieden* (weil zu wenig kreativ ...?) Handy: *Alleinsein? Verlassen?* Internet: *Nicht gesehen? Wertlos? Allein?*)

Wie werden die seelischen Grundschmerzen im Körper erlebt?

Es geht um etwas, das uns sehr wehtut, aber meist nicht körperlich, nur seelisch – außer in seltenen Fällen, wo der seelische Schmerz sich in einem stechenden, schneidenden, bohrenden, ziehenden oder brennenden körperlichen Schmerz meldet. Anders als die sekundären Gefühle, die Emotionen, mit denen wir auf Schmerz reagieren, sind die seelischen Grundschmerzen nicht immer deutlich im Körper zu lokalisieren. In vielen Fällen sind sie, obzwar sehr deutlich zu fühlen, nicht an einem bestimmten Ort im Körper erkennbar, sondern als rein seelisches Erleben, vage als »irgendwo in der Herzgegend« lokalisiert.

Achtung: Auch wenn das Gefühl rein seelisch ist, seien Sie doch mit Ihrer Aufmerksamkeit im Körper anwesend und spüren Sie den Atem, während Sie es kennenlernen!

»Den Grundschmerz erkennen« – kurz gefasst

- Hinter all unseren Problemen stecken seelische Grundschmerzen, manchmal einer, manchmal mehrere. Sie entstehen aufgrund einer negativen Überzeugung über uns selbst. Wir identifizieren uns mit ihnen, machen unbewusst aus einem Gefühl eine Tatsache.
- Ein Thema ist für uns keines mehr, sobald der Schmerz, der ihm zugrunde liegt, entdeckt, gefühlt und ins Herz geholt wurde. Wenn

das Thema aber weiterhin ein Problem darstellt, liegt es vielleicht daran, dass noch andere Grundschmerzen damit verbunden sind, die bisher nicht erkannt sind.

- Manche dieser Grundthemen sind von unseren Eltern oder sonstigen Familienangehörigen und Vorfahren übernommen und können zurückgegeben werden.
- An welchem Grundschmerz wir leiden, erkennen wir so:
  1. indem wir uns mithilfe der Körperzentrierten Herzensarbeit durch unsere jeweiligen aktuellen Themen hindurchfühlen;
  2. indem wir darauf achten, was wir in bestimmten Situationen oder Beziehungen als selbstverständlich voraussetzen und erwarten;
  3. indem wir unsere typischen Reaktionen beobachten.
- Mit jedem Grundschmerz ist eine Sehnsucht (nach dem Gegenteil) verbunden.

Und in dieser Sehnsucht sitzt ein positives Gefühl, das man entdeckt, indem man sich die Wunscherfüllung vorstellt.

- Manche Grundschmerzen wie Ablehnung oder Ungerechtigkeit können von beiden Seiten erlebt werden: Benachteiligt (Opfer von Unrecht) zu sein tut weh, aber bevorzugt zu sein kann ebenfalls als Unrecht und somit als Schmerz empfunden werden.
- Manche dieser seelischen Grundschmerzen werden im Körper deutlich erlebt, aber nicht alle. Manche erlebt man als »rein seelisch«. Trotzdem Körper und Atem spüren, während Sie sie kennenlernen!

Sehnsucht und positive Gefühle

Sehnsucht: das Feuer der Motivation

Über Sehnsucht und Wünsche, Nostalgie und Bedürfnisse

Es gibt eine zentrale Kraft, die uns bewegt. Diese Kraft heißt Sehnsucht. Geben wir ihr einen konkreten Inhalt, so wird ein Wunsch daraus.

Es ist dort, und ich bin hier. Es soll aber bei mir sein.

Da es nicht zu mir kommt, gehe ich zu ihm, indem ich im Geist bei ihm bin.

Nun entsteht ein Energiestrom, denn mein Körper wird dorthin gezogen, wo mein Geist ist.

Dieser Energiestrom heißt Sehnsucht.

Sehnsucht ist das Gefühl, das mein Herz zum Ersehnten hinzieht.

Sehnsucht kommt aus dem Inneren; aktiviert wird sie durch ein äußeres Objekt.

Das Ersehnte ist im Inneren schon vorhanden, wir können es aber nicht sehen. Es ist latent vorhanden, als schlummernde Möglichkeit. Wenn wir es im Außen erblicken, fühlen wir uns davon angezogen. Kein Wunder, denn wir sehen ja etwas, das zu uns gehört, das wir uns aber noch nicht zu eigen gemacht haben.

Ein bestimmter Mensch zieht mich an. Er ist so kraftvoll und so ruhig.

Niemals könnte ich so sein! Ich bewundere ihn.

Ich will auch so sein, aber das ist mir leider unmöglich.

Aber es zieht mich zu ihm hin, ich suche seine Gesellschaft, ich denke an ihn ...

Eines Tages sagt jemand zu mir: »*Ich bewundere deine kraftvolle Ruhe.*«

Sehnsucht treibt unsere Entwicklung voran

Indem wir existieren, entwickeln wir uns, und indem wir uns entwickeln, entdecken wir, was alles in uns steckt. Anlass zu dieser Entwicklung geben uns die Ereignisse und Beziehungen in unserem Leben.

Eine Persönlichkeit ist wie eine Blume, die sich entfaltet: Nach und nach zeigen sich all ihre Blütenblätter, und sie erblüht in ihrer ganzen Schönheit. Die Kraft, die diesen Prozess – der eigentlich unser Leben ist – betreibt und unterhält, nennen wir Sehnsucht. Sehnsucht treibt uns voran, neuen Zielen entgegen, neuen Möglichkeiten. Diese sind im Inneren schon latent vorhanden, aber wir wissen nichts davon.

Begegnen sie uns in der Außenwelt, so beeindrucken, berühren sie uns, ziehen uns an, wecken Bewunderung. Sehnsucht setzt uns in Bewegung, fordert uns. Der Wunsch, unsere Sehnsucht zu verwirklichen, treibt uns dazu, uns weiterzuentwickeln, zu wachsen, neue Eigenschaften und Fähigkeiten zu manifestieren. Wenn wir uns etwas wünschen, denken wir, die Erfüllung bestünde darin, es zu bekommen. Aber vielleicht ist das gewünschte Objekt so etwas wie die Karotte, die man dem Esel vorhält, um ihn dazu zu bringen, sich in die gewünschte Richtung zu bewegen. Die gewünschte Richtung ist, wenn man den Esel fragt, die, die zur Karotte führt. Daher setzt er sich in Gang. Fragt man jedoch den Menschen, der ihm die Karotte vorhält, so liegt das Ziel dort, wo er den Esel hinbringen will.

Also geht es uns vielleicht gar nicht so sehr darum, das Objekt unserer Sehnsucht zu bekommen, sondern all das zu entwickeln, das wir entwickeln müssen, um in seinen Besitz zu gelangen.

Ich denke, ich will die Villa haben. Meine Seele aber will in mir ihre Fähigkeiten entdecken, daher ist sie an der Villa interessiert: weil sie weiß, dass ich mich entwickeln muss, um sie haben zu können.

Aber das Spannendste an der Sache ist etwas anderes.

Ich denke, ich will die Villa, aber ich täusche mich. In Wirklichkeit will ich nicht die Villa, sondern das Gefühl, das sie mir verschafft.

Über Zufriedenheit, Unglück und Leid

An der Quelle unserer Gefühlszustände sitzt immer Sehnsucht. Sehnsucht erfüllt sich: Wir sind zufrieden. Sehnsucht erfüllt sich nicht: Wir sind unglücklich.

Was ist Unglück anderes als die Abwesenheit von etwas Ersehntem?

Es soll anders sein.

Aber es ist nicht so.

Deshalb bin ich unglücklich.

So denke ich. Aber in Wirklichkeit geht es um Sehnsucht.

Ich sehne mich nach etwas.

Es erfüllt sich nicht.

Deshalb leide ich.

Aber wir befinden uns immer irgendwo auf dem Weg zwischen dem Ausgangspunkt und dem Ziel unserer Sehnsucht. Wir haben nur nicht den großen Überblick, der es uns ermöglichen würde, das zu sehen. Wir leiden, weil wir denken, unsere Sehnsucht hätte sich nicht erfüllt.

Die noch tiefere Wirklichkeit heißt also:

Ich befinde mich auf dem Weg zu meinem Ziel. Das, was gerade jetzt geschieht, gehört dazu. Auch wenn ich es nicht erkennen kann.

Sehnsucht ist das zentrale Gefühl unseres Herzens

Sehnsucht, in eine konkrete Form projiziert, nennen wir »Wunsch«.

Sehnsucht, in die Vergangenheit gerichtet, ist »Nostalgie«.

Sehnsucht, die aus unerfüllten kindlichen Bedürfnissen resultiert, nenne ich »psychologische Sehnsucht«.

Sehnsucht nach seinem eigenen Ideal – Sehnsucht, sich zu entfalten, etwas zu manifestieren, zu werden, zu entdecken, zu erkennen – nenne ich die »Sehnsucht der Seele«.

Wenn die Sehnsucht in unserem Herzen lebendig ist, sind wir mit uns selbst verbunden, und das Leben ergibt Sinn.

Ist die Sehnsucht in uns abgestorben, so leiden wir an Energiemangel, Lustlosigkeit, Depression.

Sehnsucht stirbt ab, wenn wir sie nicht pflegen – wenn wir sie ignorieren, geringschätzen, verdrängen, unterdrücken oder uns verbieten.

Die Sehnsucht bewusst wahrnehmen

So wichtig ihre Rolle in unserem Leben auch sein mag, auch wenn sie das zentrale, das ureigenste Gefühl unseres Herzens ist, unser Antrieb im Leben und wahrscheinlich das, was uns in dieses Leben hineingebracht hat – Sehnsucht ist ein Gefühl und kann wie jedes andere Gefühl bewusst wahrgenommen werden, statt es für eine innere Tatsache zu halten. Und wie jedes andere Gefühl möchte es seinen Platz in unserem Herzen bekommen.

Sehnsucht bewusst wahrzunehmen bedeutet, sie auch körperlich zu spüren, zu fühlen. Wie fühlt es sich an, sich zu sehnen? Die meisten beschreiben es als ein Ziehen vom Herzen nach vorn.

Zusätzlicher Herzensschlüssel: Es für möglich halten

Was braucht die Sehnsucht vom Herzen? Probieren Sie alle Herzensschlüssel, außer Mitgefühl, durch und zusätzlich einen Extraschlüssel: »Es für möglich halten« oder »vom Deckel der Unmöglichkeit befreit werden«. Denn meistens unterdrücken wir eine Sehnsucht mit dem Argument: »Es hat keinen Zweck, sich danach zu sehnen, denn es ist ja nicht möglich.« Wir halten das Ziel oder Objekt der Sehnsucht für unerreichbar. Daher, meinen wir, sei es ja zwecklos, diese Sehnsucht zu fühlen.

Nun, das ist die Logik des Verstandes. Die Logik des Herzens ist anders. Da ist ein Gefühl (hier: Sehnsucht), und es will gefühlt und anerkannt werden, da sein dürfen, geachtet werden, hochgehalten werden. Es will von jedwedem Deckel befreit werden, unter dem man es begraben hat; im Falle von Sehnsucht ist das meist der Deckel »unmöglich, aussichtslos«.

Das Gefühl hat ein Recht, da zu sein – eben weil es da ist –, und es möchte seinen Platz bekommen. Eben weil es existiert. Das ist die Logik des Herzens. Aber: Es will als Gefühl erkannt werden, statt mit einer Tatsache verwechselt zu werden. Sobald dieser letzte – und wichtigste – Schlüssel gewirkt hat, rücken die Dinge sich zurecht.

Sehnsucht muss weder verdrängt noch begierig ausgelebt werden; sie ist einfach ein Gefühl und wird als solches wahrgenommen und geachtet. Mit dieser Sehnsucht im Herzen gehe ich meinen Weg weiter – nun tief und beglückend mit meinem Innersten verbunden, nicht jedoch als Opfer dieser Sehnsucht.

Nostalgie

Es gibt eine Sehnsucht, die sozusagen rückwärtsgerichtet ist; sie zu fühlen erscheint uns als ebenso unsinnig, wenn nicht noch unsinniger, als diejenige Sehnsucht, deren Erfüllung wir für unmöglich halten. Wir sehnen uns zurück nach etwas, das vergangen ist – und das ist ja das Allerunmöglichste überhaupt: dass die Vergangenheit sich wiederherstellt!

(Das ist übrigens ein Gedanke. So plausibel, so richtig, so logisch er erscheint – ob er wahr ist, wissen wir erst, wenn wir jenseits von Leben und Tod die Dinge aus der übermenschlichen Vogelperspektive betrachten. Was wir jedoch jetzt schon mit Sicherheit wissen, ist, dass es ein Gedanke ist.)

Nun: Erfüllbar oder nicht, logisch oder nicht, vernünftig oder nicht – die Sehnsucht ist da, sie ist ein Gefühl, und wie jedes andere Gefühl möchte sie gefühlt werden und da sein dürfen.

Destilliere die Sehnsucht aus deiner Nostalgie heraus und hole sie ins Herz! Gehe dann den Schritt in die Wunscherfüllung.

Früher war alles so gut. So einfach. So unschuldig. Es ist so schade, dass unsere Welt so verrückt, so falsch, so betrügerisch, so aggressiv geworden ist. Wenn ich das so denke, merke ich, dass da eine große Sehnsucht in mir geweckt wird. Manchmal wünsche ich mir, die Zeit wäre im Jahr 1960 stehen geblieben. Vielleicht sollte ich für diesen Wunsch mal mein Herz aufmachen? Auch wenn das irgendwie unlogisch erscheint – aber immerhin ist er ja da, und so kann ich ihn ja auch mal bewusst wahrnehmen …

Ja, ich kann die Sehnsucht darin fühlen. Die Sehnsucht nach Frieden, Unschuld, Verlässlichkeit ... Wo ein Wort noch wahr ist und Menschen lieb und herzlich sind ... Ich merke, dass diese Sehnsucht sich freut, einmal wahrgenommen zu werden. Sie braucht auch eine Art Rehabilitation ... nicht von Verurteilung befreit zu werden, aber von Lächerlichmachung und Verachtung. Sie braucht Achtung. Verständnis. Würdigung. Da sein dürfen.

Ich stelle mir die Wunscherfüllung vor, indem ich mich zurückversetze in diese Zeit, jedenfalls in die Version der Erinnerung, in der alles so freundlich ist, so gut, so verlässlich und unschuldig. Wie fühlt sich das an? In meinem Körper, in meinem Energiefeld öffnet und entspannt sich etwas; das Gefühl ist ... irgendwie richtig, natürlich, geborgen, aufgehoben ... In Ordnung. Als sei die Welt in Ordnung. Und wie fühle ich mich darin? Ebenfalls in Ordnung.

So eine Überraschung! »Nicht in Ordnung sein« *ist nämlich schon seit Langem ein sehr quälendes Thema in meinem Leben. Ich genieße das neue Gefühl, koste es aus, lerne es kennen, gebe ihm Raum, fühle es. Es braucht genau das: Raum. Fühlen.*

Wenn ich mir nun mit diesem schönen Gefühl im Herzen die heutige Situation wieder ins Gedächtnis rufe, die ich als »aggressiv, falsch, betrügerisch, unsicher« *etc. qualifiziert hatte – dann ist mein inneres Gefühl mit dieser äußeren Welt nicht mehr kompatibel. Es gelingt mir, mich weiter* »in Ordnung« *zu fühlen, und die äußere Welt rückt ein Stück von mir ab. Es ist, als sei ich reif: entweder für ein anderes Umfeld, eine andere Lebenssituation oder eine andere Sichtweise der Welt.*

Sehnsucht, die aus unerfüllten kindlichen Bedürfnissen resultiert

Viele unserer Sehnsüchte werden von uns nicht als solche erkannt, sondern als Bedürfnisse betrachtet. *Etwas fehlt mir. Ich vermisse es, leide Mangel. Mangel tut weh, ähnlich wie Hunger oder Durst. Mangel wird unerträglich. Das Etwas muss her.* Aus dem, was für ein Baby oder Kleinkind ein essenzielles Bedürfnis ist, wird, wenn dieses Bedürfnis nicht erfüllt wurde, beim Erwachsenen eine Sehnsucht – die wir allerdings mit einem Bedürfnis verwechseln.

Als Erwachsener ist ja mein Überleben und mein körperliches und geistig-seelisches Wachstum nicht mehr von der Haltung anderer abhängig. Aber das ist mir nicht klar, wenn ich mit dem unerfüllten kindlichen Bedürfnis immer noch identifiziert bin. Ich projiziere es dann eben auf die Person oder Personen, mit denen ich heute in einer Beziehung stehe. *Er liebt mich nicht. Das ist unerträglich. Ich sehne mich nach dieser Liebe, ich brauche sie. Aber das alles merke ich nicht; ich merke nur, dass es unerträglich ist.* Es gibt Leute, die sich umbringen, weil jemand sie nicht mehr oder nicht genügend oder überhaupt nicht liebt. Verrückt, nicht wahr?

Der Schlüssel zum Verständnis liegt in »unerträglich«

Als Baby schreie ich, wenn ich etwas brauche. Ich kann es mir ja nicht selbst verschaffen. Ich könnte verhungern, verdursten, ersticken, wenn sich niemand um mich kümmert. Ich brauche das also tatsächlich. Ein Baby kann nicht nur körperlich verhungern, es kann auch emotional verhungern, und sogar daran sterben. Daher der Eindruck »unerträglich«.

Was ist für den Erwachsenen so unerträglich, wenn ein anderer Mensch ihm nicht genügend Zuwendung, Aufmerksamkeit, Respekt,

Raum oder Liebe zukommen lässt? Es ist das alte schlimme Mangelgefühl, das hierdurch in Erinnerung gebracht und aktiviert wird. Bei rechtzeitigem Einschalten von Bewusstheit kein Problem, ohne Bewusstheit ein Drama.

Er beachtet mich nicht. Das ist unerträglich.

Ich schalte Bewusstheit ein. Ach ja, »unerträglich« ist keine Tatsache, sondern ein Gefühl. Ich kann es bewusst fühlen, und dann spüre ich, was es von meinem Herzen braucht. Erbarmen. Verständnis. Achtung. Als Gefühl wahrgenommen werden statt als Tatsache.

Danach kann ich mich dem alten schlimmen Schmerz zuwenden. Wissend, dass auch er (heute) ein Gefühl ist und keine Tatsache, kann ich es wagen, ihn zu fühlen und ihm mein Herz zu öffnen.

Und schließlich kann ich auch die Sehnsucht nach Beachtung fühlen. Obwohl die jetzt nicht mehr so relevant ist ...

»Sehnsucht und Nostalgie« – kurz gefasst

- Sehnsucht spielt eine, wenn nicht *die* zentrale Rolle in unserem Leben und ist daher ein besonderes Thema. Dennoch ist auch sie – ein Gefühl. Somit ist ihr nicht damit gedient, mit ihr identifiziert zu sein und sie für eine Tatsache zu halten. Wie alle anderen Emotionen möchte sie bewusst gefühlt werden und ihren Platz in unserem Herzen bekommen. Und zwar unabhängig davon, ob wir sie für erfüllbar halten oder nicht.

- Sehnsucht bezieht sich immer auf etwas – und im Grunde genommen nicht auf das Objekt, auf das wir sie projizieren (das Konkrete, wonach wir uns sehnen), sondern auf das Gefühl, das wir uns von diesem Objekt versprechen. Dieses Gefühl ins Herz zu holen ist ein erfüllendes Erlebnis, befreit uns von der Notwendigkeit, das Objekt unbedingt erlangen zu müssen, und ist oft der Beginn einer Neuentwicklung.

- Sehnsucht braucht neben anderen oft den Herzensschlüssel »vom Deckel der Unmöglichkeit befreit werden«, »es für möglich halten«; das bedeutet, dass wir prüfen, ob der Gedanke, die Sehnsucht sei doch erfüllbar, eine positive Regung auslöst.
- Nostalgie ist rückwärts gerichtete Sehnsucht. Auch dies ist ein Gefühl, möchte gefühlt werden und vom Herzen Anerkennung und Achtung bekommen (oder was immer es braucht und nie bekommen hat). Immerhin ist es ja unser eigenes Gefühl! Entdecken Sie die Sehnsucht in dieser Nostalgie, lösen Sie sie von der Vergangenheit los und fühlen Sie sie jetzt. Erinnern Sie sich an das, worauf die Nostalgie sich bezieht, versetzen Sie sich in diese (vergangene) Realität hinein, spüren Sie Ihren Körperzustand und entdecken Sie darin das schöne Gefühl. Das ist es, wonach Sie sich eigentlich sehnen. Es ist jetzt hier in Ihnen anwesend.
- Sehnsucht, die aus unerfüllten kindlichen Bedürfnissen resultiert, projizieren wir in unsere Liebesbeziehungen. Wir verwechseln dann Sehnsucht mit Bedürfnis und denken, dass wir die Zuwendung oder Wertschätzung unseres Partners »brauchen«.

Korrigieren Sie das Bedürfnis nicht, sondern öffnen Sie einfach Ihr Herz für alle damit verbundenen Gefühle. Auf diese Weise erwachen Sie aus dieser Verwechslung.

Und was ist mit der Freude?
Herzensarbeit mit positiven Gefühlen

*Über Leichtigkeit, Freiheit, Liebe, Frieden und
die ganze große Palette der positiven Gefühle*

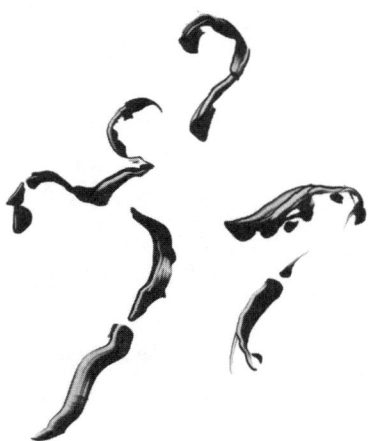

Den positiven Gefühlen widme ich nicht so viel Text wie den negativen, denn mit ihnen haben wir nicht so viele Probleme. Wieso dann überhaupt über sie schreiben? Vier gute Gründe, sich auch mit den angenehmen Gefühlen einmal aufmerksam zu beschäftigen:
* weil wir viele von ihnen verdrängen, indem wir sie uns verbieten oder nicht zugestehen;

- weil wir komplizierte Manöver durchführen, um an sie zu gelangen, obwohl es doch viel einfacher geht;
- weil es wunderbar ist, sie bewusst zu fühlen (statt mit ihnen identifiziert zu sein);
- und weil wir dann keine Angst mehr haben müssen, sie zu verlieren.

Glücklich, wer sein Glück auch fühlt

Ich war schon viele Male in meinem Leben sehr glücklich, zum Beispiel, als ich Urlaub auf einer tropischen Insel machte, als ich eine neue Liebe erlebte oder als mir einmal jemand Geld schenkte, um meine Schulden zu bezahlen. Aber als ich Glück zum ersten Mal in meinem Leben wirklich fühlte, war gar nichts Besonderes los.

Ich war einfach mit dem Fahrrad in den Wiesen unterwegs. Die Sonne schien von einem mild verschleierten Himmel herunter, und die Luft war sanftwarm. Eine leichte Brise wehte vom Meer herüber. Mein Herz breitete sich zur Sonne hin aus, umfasste den Bach, an dem ich entlangradelte, das Schilfgras, das sich im Wind wiegte, die schneebedeckten Berge am Horizont. Meine Lungen füllten sich genüsslich mit der Luft, die nach Gras und Meer roch, und ich fühlte Glück. Reines, wonniges Glück.

Ganz bewusst lernte ich dieses Gefühl kennen, spürte, wie es mir die Brust weitete, ganz tief ins Herz hineinreichte und es erfüllte, es zum Vibrieren brachte; wie es sich als Lächeln in meinem Gesicht und als Glanz in meinen Augen ausbreitete; und staunend sagte ich zu mir: Ach, das ist also Glück!?

Es ist eben etwas ganz anderes, Glück zu fühlen, als glücklich zu sein. Identifiziert mit Glück, kann ich es ja nicht wahrnehmen; ich bin es, und als die Glückliche betrachte ich die Welt. So schön das ist, so zerbrechlich ist es auch. Bin ich glücklich, weil die Sonne scheint, so bin ich im nächsten Moment unglücklich, weil sich Wolken vor sie schieben und es dunkel wird. Habe ich jedoch Glück als Gefühl entdeckt und ihm einen Platz in meinem Herzen gegeben, dann kann ich es auch fühlen, wenn es stürmt und schneit. Es ist ja »nur« ein Gefühl! Ich brauche es mir nur in Erinnerung zu rufen, dann ist es da.

Allerdings: Um das tun zu können, muss es ein echtes Gefühl sein und keines, das Sie sich oberflächlich einreden.

Erstaunliche Entdeckungen

Am tiefsten fühlbar sind diejenigen positiven Gefühle, die wir am Ende einer gelungenen Herzensarbeit zu unserem großen Erstaunen in uns entdecken. Gefühle, die uns bis dato unbekannt waren. Und meist geht eine neue Erkenntnis damit einher, die oftmals etwas Paradoxes hat. Wie im folgenden Beispiel.

Von Angst und Sorge zur Gelassenheit

Ich mache mir große Sorgen. Ich habe Angst. Angst und Sorge halten mich in einer angespannten Wachsamkeit fest.

Ich nehme Angst, Sorge und Wachsamkeit bewusst wahr und öffne ihnen mein Herz.

Dann schaue ich mir das an, wovor ich Angst habe, öffne auch für diesen Schmerz mein Herz.

Ich denke wieder an die Situation, die mir solche Sorgen machte: Nun bleibt mein Körper entspannt! In dieser Entspannung entdecke ich ein neues Gefühl: Gelassenheit. Ich hole auch sie ins Herz.

Am Ende merke ich, dass diese Gelassenheit – wenn ich sie bewusst als Gefühl wahrnehme – mir eine andere Art von Wachsamkeit gibt; eine, die ruhig und mit Abstand hinschaut und wesentlich besser in der Lage ist, zu erkennen, wenn es etwas zu tun gibt, als die angespannte Wachsamkeit, die durch Angst und Sorge entsteht.

In diesem Beispiel ist das positive Gefühl, das am Ende der Herzens-arbeit herauskommt, einfach das Gegenstück zu den negativen Ge-fühlen vom Anfang. Aber bei Weitem nicht alle Ergebnisse sind so logisch! Es tauchen manchmal die überraschendsten positiven Ge-fühle am Schluss auf, die man vorher niemals erwartet hätte. In den verschiedenen Kapiteln sind Ihnen bereits einige solcher Beispiele be-gegnet. Gehen Sie also bitte nicht mit Kopflogik durch Ihre Themen, sondern folgen Sie stets dem, was sich in Ihrem Körper präsentiert.

Das gute Gefühl bewusst »pflegen«

Nachdem Sie ein solches positives Gefühl durch Körperzentrierte Herzensarbeit entdeckt und ausgiebig gefühlt haben, müssen Sie eine Zeit lang diszipliniert üben, sich immer wieder an dieses Gefühl zu erinnern.

Positive Gefühle reagieren auch meist auf den Herzensschlüssel »Pflege«; das bedeutet, sie wollen immer wieder gefühlt werden und nicht nur jetzt, in der Übung, für einen kurzen Augenblick. Sonst bleibt es bei einem kurzen schönen Erlebnis, anstatt der Anfang einer neuen Entwicklung zu sein.

Ein Tipp: Verankern Sie nicht nur den Namen des Gefühls in Ih-rem Gedächtnis (zum Beispiel »Freude«), sondern merken Sie sich dazu auch den Körperzustand und/oder die (imaginierte oder reale) Situation, durch die Sie es entdeckt haben! Dann wird es Ihnen leich-ter fallen, das Gefühl wieder herbeizurufen.

All der Aufwand, den wir treiben, um uns Gefühle zu verschaffen, die wir schon haben!

Einen Großteil unseres Lebens verbringen wir mit Manövern, die uns positive Gefühle verschaffen sollen. Manchmal klappt es, manch-mal nicht. Jemand arbeitet wie verrückt, um sich ein dickes Geldpolster zu schaffen, das ihn absichert. Worum geht es dabei, wenn nicht um das Gefühl von Sicherheit? Jeder weiß, dass es Sicherheit als dauerhafte Tatsache nicht gibt. Geld kann entwendet oder entwertet werden, Banken können zusammenbrechen, Naturkatastrophen oder Kriege können alles zerstören, was man sich aufgebaut hat ... Sicherheit ist eine Idee – und ein Gefühl. Um dieses Gefühl geht es in Wirklichkeit. Wenn nun dieser Mensch, der wie verrückt arbeitet, um das Gefühl von Sicherheit zu erlangen, das Gefühl bereits jetzt in sich entdeckt, bevor er Geld angehäuft hat ... dann kann er sich wahrscheinlich entspannen und ein wenig ruhiger arbeiten!

Auf der Suche nach dem guten Gefühl ...

Bei allem, was wir anstreben, geht es letztendlich darum, ein bestimmtes positives Gefühl zu erwerben. Mit dem Schmuck, den ich mir kaufen möchte, verbinde ich die Hoffnung, mich wertvoll, schön oder geliebt zu fühlen; mit dem teuren Auto den Wunsch, bewundert zu werden, reich oder potent zu erscheinen; mit dem Motorrad oder der Yacht vielleicht die Sehnsucht nach Freiheit und Unabhängigkeit. Von der Beziehung mit der Person, in die wir verliebt sind, versprechen wir uns Glück, Geborgenheit oder das Gefühl, geliebt oder wertvoll zu sein; von unserem fleißigen Engagement das Gefühl, gut, wertvoll, wichtig oder von Verurteilung befreit und angenommen zu sein.

Wenn man genau hinschaut, geht es immer um Gefühle, um positive Gefühle, die wir vermissen und uns wünschen. Auch Reichtum und Macht sind in ihrer Essenz Gefühle.

Manchmal haben unsere Bemühungen Erfolg. Dann fühlen wir uns nach gelungenem Manöver tatsächlich so, wie wir es uns erhofft hatten. In anderen Fällen reagieren wir eher enttäuscht oder gleichgültig, oder der Hunger nach dem Gefühl treibt uns zu neuen Wünschen. Noch mehr muss her, noch mehr Geld oder Besitz, Schmuck oder Liebe, Sex, Reiz, Vergnügen oder Arbeit oder etwas noch Größeres, Stärkeres. Warum? Weil wir es versäumt haben, das gute Gefühl, das uns der Erfolg verschafft hat, überhaupt wahrzunehmen.

Das gute Gefühl mit allen Fasern spüren

Ein Gefühl wahrzunehmen bedeutet weit mehr, als einen flüchtigen Blick darauf zu werfen und zu sagen, »Ich bin zufrieden« oder »Ich freue mich«; es bedeutet aufzuhören, sich damit zu identifizieren, und anzufangen, es als Gefühl zu entdecken. Ein Gefühl wahrzunehmen bedeutet, es in seinem Körper zu spüren, es zu erleben, es mit allen Fasern zu fühlen; zu wissen, dass es ein Gefühl ist und dass es jetzt in mir vorhanden ist. Und zwar – und das ist die große Entdeckung am Ende – völlig unabhängig von den Umständen!

Eine erfüllende Arbeit

Helena: Ich habe mich immer danach gesehnt, eine Arbeit zu haben, in der ich einen Sinn sehe. Ich arbeitete als Kassiererin in einem Supermarkt, und das fand ich überhaupt nicht sinnvoll. Ich habe mich dann bei einer Bürgerrechtsorganisation engagiert, erst als freiwillige Helferin, und dann hatte ich das Glück, sogar angestellt zu werden. Nun tat ich etwas, das ich für wirklich sinnvoll hielt. Ich blühte auf, hatte Lust zu arbeiten, und die Arbeit erfüllte mich.

Eine Kollegin, der ich meine Geschichte erzählte, wies mich dann darauf hin, dass es sich vielleicht lohnen würde, diesen neuen, erfüllenden Zustand, in dem ich mich nun befand, einmal bewusst anzuschauen. Sie machte Körperzentrierte Herzensarbeit und verhalf mir dazu, das Gefühl der Erfüllung, das die neue Arbeit mir brachte, ganz bewusst zu fühlen. Während ich das tat, fragte sie mich, ob ich für dieses Gefühl mein Herz öffnen könne und was es denn von meinem Herzen brauche. Dazu schlug sie mir einige Schlüsselworte vor, und bei dem Wort »gefühlt werden« und »Raum« tat sich deutlich etwas.

Der entscheidende Herzensschlüssel aber war: Die Erfüllung wollte »als Gefühl wahrgenommen werden statt als Tatsache«. Erst sträubte ich mich dagegen – es klang so, als solle sie mir weggenommen werden –, aber dann probierte ich den Schlüssel, und er wirkte. Da merkte ich, dass das Gefühl von Erfüllung erst in diesem Moment wirklich seinen Platz in meinem Herzen eingenommen hatte.

Dann ging mir auf, dass meine neue Arbeit dieses Gefühl gar nicht erschaffen, sondern mir eigentlich nur geholfen hatte, es zu entdecken.

Ich sagte das meiner neuen Freundin, und sie schlug mir dann vor, mir vorzustellen, ich sei wieder in meinem alten Job, nähme aber das neue Gefühl – von Erfüllung – mit hinein. Das war etwas ganz anderes! Auf einmal saß ich ganz anders an der Kasse, irgendwie innerlich lächelnd, in mir ruhend, und die Frage, ob diese Arbeit sinnvoll sei oder nicht, war überhaupt nicht mehr relevant.

Das gute Gefühl unter dem Fremdgefühl

Manch überraschendes positives Gefühl taucht auf, nachdem man ein negatives Fremdgefühl zurückgegeben hat. Es war davon verdeckt gewesen.

Die Entdeckung der Souveränität

Karen: Ich hatte mich bei einer Frauenärztin zur Untersuchung angemeldet. Diese Frau war so unfreundlich und rücksichtslos, dass ich die Untersuchung am liebsten abgebrochen hätte, nur war ich dazu nicht imstande. Ich ließ daher alles über mich ergehen, und beim Schlussgespräch geriet ich noch in Streit mit ihr, wobei sie einen scharfen, autoritären Ton anschlug, der mich vollends aus der Fassung brachte. Außer mir vor Wut verließ ich die Praxis.

Zu Hause musste ich mich sofort hinsetzen und Herzensarbeit machen, um nicht überall Aggressivität zu verbreiten. Ich entdeckte, neben Wut und Fassungslosigkeit, auch Angst (daher hatte ich mich nicht gewehrt) und letztlich, dass ich mich klein, oder treffender formuliert, »kleingemacht« gefühlt hatte.

Zu meinem Erstaunen tauchte der Gedanke auf, dass ich dieses Gefühl von der Ärztin übernommen hatte. (Wahrscheinlich, dachte ich mir dann, wehrte sie sich dagegen mit ihrer autoritären Haltung.) Und siehe da: Nachdem ich mir vorgestellt hatte, ihr dieses Gefühl zurückzugeben, fiel es komplett von mir ab.

Was dann zum Vorschein kam, war eine große Entspannung in meinem Körper, eine Aufrichtung, Zentrierung und ein Eindruck, größer geworden zu sein. Darin entdeckte ich ein Gefühl von Souveränität. Ich merkte, dass es eigentlich immer da gewesen war, dass ich es aber noch nie bewusst bemerkt hatte. So war ich der Frau letztendlich dankbar, weil sie mir geholfen hatte, dieses gute Gefühl zu entdecken!

Probleme und Sehnsüchte weisen den Weg zu den positiven Gefühlen

Andere positive Gefühle treten hervor, nachdem man einen Grundschmerz entdeckt und ins Herz geholt hat und daher nicht mehr mit ihm identifiziert ist.

Viele der positiven Gefühle bemerken wir übrigens überhaupt erst, nachdem wir das Gegenteil erlebt haben. Ein Mensch, der von seinen frühen Bezugspersonen rückhaltlos geliebt wurde, wird wahrscheinlich nicht auf die Idee kommen, das Gefühl von Geliebtsein überhaupt wahrzunehmen. Jemand aber, der sich ungeliebt fühlt und sich verzweifelt danach sehnt, geliebt zu werden – dem wird das Gefühl von Geliebtsein auffallen, wenn er es zum ersten Mal kennenlernt!

Auch auf dem Grunde einer Sehnsucht gibt es ein positives Gefühl zu entdecken. Der Grund der Sehnsucht ist dieses Gefühl.

Ich sehnte mich nach einem Objekt.

Als ich mir vorstellte, dieses Objekt zu besitzen, entdeckte ich, dass es mir ein schönes Gefühl verschaffte.

Danach begriff ich, dass ich mich in Wirklichkeit nicht nach dem Objekt gesehnt hatte, sondern nach diesem schönen Gefühl. Nun, da ich es in mir gefunden hatte, brauchte ich das Objekt nicht mehr.

Eine riesige Palette an positiven Gefühlen ist bereits in uns vorhanden – nur eben noch nicht entdeckt und somit eher potenziell als tatsächlich existent. Unsere Probleme helfen uns, diese schönen Gefühle zu entdecken, wir müssen ihnen nur auf den Grund gehen. Unsere Wünsche und Sehnsüchte helfen uns ebenfalls, diese in uns schlummernden positiven Gefühle zu entdecken. Wir müssen ihnen nur im Geist folgen und uns die Wunscherfüllung vorstellen!

Dann gibt es noch diejenigen positiven Gefühle, von denen wir jetzt gerade, in diesem Moment, durchdrungen sind – wir müssen nur daran denken, sie auch zu fühlen!

Auf zwei positive Gefühle gehe ich nun ein wenig ausführlicher ein, da wir so viele Schwierigkeiten mit ihnen haben: Macht und Liebe.

Macht und Entschlossenheit –
verpönt und bewundert

Über Kraft, Entschiedenheit, Macht, Autorität,
Stärke und Entschlossenheit

Hier haben wir eine Gruppe von Gefühlen, die nicht von allen Menschen wohlwollend betrachtet wird. Vor allem von denjenigen werden sie mit Abneigung oder Misstrauen betrachtet, die sich als Opfer von Menschen erlebt haben, die diese Qualitäten manifestieren. Körperzentrierte Herzensarbeit betrachtet Gefühle und nicht Tatsachen oder Eigenschaften. »Macht« ist ein Gefühl, »Entschlossenheit« und verwandte Gefühle ebenfalls. Solange wir diese positiven Gefühle mit Tatsachen verwechseln, haben wir vielleicht ein Problem damit – wie unser ganzes Kollektiv. (Siehe hierzu auch »Machtlosigkeit oder Ohnmacht«, Seite 284.)

Das Thema Macht

Anstatt darüber nachzudenken, was es bedeutet, mächtig zu sein, lernen Sie kennen, wie sich das anfühlt. Wenn Sie durch eines Ihrer aktuellen Themen an das Thema Macht gelangen, dann entdecken Sie, wie Macht sich anfühlt (oder Stärke, Entschlossenheit oder Ähnliches).

Innerer Widerstand und Befreiung

Möglicherweise müssen Sie erst Ihr Herz für Ihren Widerstand und die in ihm verborgenen Gefühle öffnen. Lassen Sie den Widerstand reden und hören Sie ihm zu. Was sagt er?

»Es ist lächerlich, sich so zu fühlen.« Oder: *»Es ist schlecht.«* Oder: *»Ich darf das nicht.«* Oder: *»Ich will das nicht.«*

Über den dazugehörigen Körperzustand entdecken Sie, wie dieser Teil sich fühlt. Öffnen Sie Ihr Herz dafür. Geben Sie das Gefühl zurück, falls nötig – an Mutter, Vater oder an ein Kollektiv.

Wenn wir das Gefühl von Macht in uns unterdrücken, werden wir von ihm auf verquere Weise beherrscht. Wir delegieren die Macht an andere, anstatt sie selbst in Anspruch zu nehmen; wir machen uns zum Opfer, werden anklagend, vorwurfsvoll; oder wir manipulieren, um doch zu erreichen, was wir erreichen möchten. Es ist erstaunlich, wie viel Macht die Ohnmächtigen manchmal über ihre lieben Mitmenschen ausüben!

Das Gefühl von Macht aus der Verbannung zu erlösen und ins Herz zu holen, kommt oft einer großen Befreiung gleich. Es bedeutet auch, den natürlichen Magnetismus in uns zu entdecken, durch den wir anziehen können, was wir brauchen.

Das Thema Entschlossenheit

Entschlossenheit oder Entschiedenheit ist bei manchen Menschen eine hervorragende Eigenschaft. Vielleicht gehören Sie zu jenen, die solche Menschen bewundern und von sich selbst meinen, sie hätten diese Eigenschaft nicht. Im Gegensatz zu jenen verhalten Sie sich vielleicht zaghaft, wankelmütig, zweifelnd … und lassen daher oft andere entscheiden. Wenn Sie sich dieses Thema einmal näher anschauen, werden Sie ganz am Ende wahrscheinlich Entschlossenheit (oder ein ähnliches Gefühl) in sich selbst entdecken. Es ist nur verdrängt gewesen. Sie verspüren vielleicht Kraft, Festigkeit, Zentriertheit im Herzen und eine Vorwärtsorientierung im Körper, wenn Sie dieses Gefühl entdecken.

Alles kann ganz leicht gehen

Nehmen Sie das Gefühl in alle möglichen Situationen mit und beobachten Sie, was geschieht, wenn Sie es in diesen Situationen fühlen! Ich wette mit Ihnen, dass Sie sich dann schnell und leicht dafür entscheiden zu tun, was Sie tun möchten. Aber bemühen Sie sich nicht, entschlossen zu sein, sondern erinnern Sie sich nur an das Gefühl! Das ist etwas ganz anderes.

Vorher haben Sie womöglich einen aussichtslosen Kampf gegen Ihre Zaghaftigkeit oder Unentschlossenheit geführt. Wie viele Male haben Sie sich vorgenommen, nächstes Mal entschlossener zu sein? Jetzt brauchen Sie sich nur das Gefühl in Erinnerung zu rufen (womit es sofort in Ihrem Herzen fühlbar wird), und alles geht ganz leicht.

»Ich liebe dich, liebst du mich auch?«

Über Liebe, Verliebtheit, Zuneigung, Sympathie,
Verbundenheit, Begehren, Bewunderung & Co.

Auch Liebe ist ein Gefühl – obwohl es etwas darin gibt, das mehr ist als ein Gefühl. Wie auch immer man sie definiert, Liebe kann bewusst wahrgenommen und bewusst gefühlt werden: ob eifersüchtige oder großzügige, zärtliche, romantische Liebe oder Nächstenliebe ... Liebe fühlt sich immer irgendwie an und kann auch körperlich erlebt und ins Herz geholt werden wie jedes andere Gefühl. Obwohl, Moment mal, wieso ins Herz geholt? Wohnt sie da nicht sowieso?

Betrachten Sie solche Fragen niemals mit Logik, sondern wenden Sie einfach die Übung an. Wie fühlt es sich an zu lieben, und was braucht diese Liebe vom Herzen?

Dabei werden Sie entdecken, dass das Gefühl von Liebe keineswegs alles von Ihrem Herzen bekommen hat, was es braucht, um ganz aufgenommen zu sein. Vielleicht fehlen die Anerkennung und die Würdigung, vielleicht die Achtung, vielleicht braucht sie Erlaubnis oder Rehabilitation, vielleicht möchte sie gefühlt werden und Raum bekommen. Vielleicht möchte sie geehrt und hochgehalten werden. Vielleicht hat sie all dies schon bekommen, möchte aber noch als Gefühl wahrgenommen werden (statt als Tatsache).

Auch Verliebtheit ist ein Gefühl und kann als solches bewusst gefühlt werden, anstatt damit identifiziert zu sein. Wenn Sie es bewusst in Ihrem Herzen fühlen, erfüllt es Sie, ohne Sie zu beherrschen. Dann verliert die Frage, ob es erwidert wird, an Bedeutung für Sie. Sie sind unabhängiger.

Was wir wirklich brauchen

Auch die Wünsche und Erwartungen, die Sie in eine Beziehung projizieren, können Sie einmal bewusst wahrnehmen. Auf diese Weise sorgen Sie selbst für ihre Erfüllung, anstatt den anderen zu verpflichten, dafür sorgen zu müssen.

Aber Achtung: Hier gibt es eine Falle. Manchmal sagen Menschen in meinen Seminaren bedauernd: *»Ich weiß ja, ich soll mir das nicht von außen wünschen, ich soll es mir selbst geben.«* Aber so geht es nicht. Das läuft auf Selbstbetrug und -vergewaltigung hinaus. Es ist einfacher:

Der Wunsch, geliebt zu werden

Ich wünsche mir, geliebt und beachtet zu werden.
Ich nehme diesen Wunsch bewusst wahr, spüre ihn und öffne mein
Herz für ihn. Er braucht Anerkennung und Achtung. Und, vom Ge-
danken der Unmöglichkeit befreit zu werden. Und er will als Gefühl
(statt als Tatsache) wahrgenommen werden.

Nun merke ich, dass ich mehr in mir ruhe als vorher; und etwas von
diesem Geliebt- und Beachtetsein kann ich jetzt schon in mir wahr-
nehmen, allein dadurch, dass ich die Sehnsucht danach ins Herz ge-
holt habe.

Sie können dann noch einen Schritt weitergehen und das positive
Gefühl in der Wunscherfüllung (oben schon angedeutet) auch noch
ausführlich wahrnehmen und ins Herz holen.

Ich stelle mir vor, geliebt und beachtet zu werden, genau so, wie ich
es mir wünsche.
Es fühlt sich schön an, wie etwas, das mich warm umhüllt.
Ich fühle mich … in Liebe aufgehoben. Ich nenne das Gefühl »aufge-
hoben«.
Ich lerne es ausgiebig kennen. Und ich frage, was es von meinem
Herzen braucht. Es will einfach »wahrgenommen werden«.
Ich nehme es im Geist mit in meine Beziehung. Nun ist es unabhän-
gig vom Verhalten meines Partners. Außerdem ahne ich, dass es sei-
ne Liebe auf mich zieht. Nur brauche ich das jetzt nicht mehr so sehr.

Solange wir die Liebe eines anderen »brauchen«, sind wir noch Kind
und verwechseln den Partner mit MamiPapi. Was immer wir von
dieser Person brauchen – ob Beachtung, Zuhören, Verständnis, Respekt, Körperkontakt … –, in Wirklichkeit ist das kein Bedürfnis, sondern eine Sehnsucht. Wir sind ja erwachsen und können sehr gut
ohne das alles auskommen. Schließlich haben wir ja auch existiert,
bevor wir diesen Menschen kennenlernten. Aber mit diesem »Brauchen« und Fordern versuchen wir, einen Schmerz aus unserer Kindheit zu überdecken.

In Wirklichkeit sind die Gelegenheiten kostbar, bei denen wir das, was wir »brauchen«, einmal nicht bekommen – helfen sie uns doch, diesen alten Schmerz zu fühlen, aus der Verbannung zu erlösen und ins Herz zu holen.

Durch die Projektion
unsere Grundschmerzen entdecken

Nichts eignet sich so gut wie eine enge Liebes- oder Lebensbeziehung, um unerkannte Grundschmerzen ans Licht zu bringen. Denn niemand kann uns so wehtun wie der Mensch, von dem wir am meisten Liebe erwarten. Ob wir es wollen oder nicht, wir projizieren MamiPapi auf die Person, mit der wir Bett und Tisch teilen. Wir projizieren unsere Sehnsüchte, vor allem jene, die aus den unerfüllten Bedürfnissen unserer Kindheit resultieren, wie die Sehnsucht, geliebt, gesehen, gehört, wertgeschätzt, wichtig genommen, anerkannt, angenommen, geachtet zu werden, da sein und so sein zu dürfen; die Sehnsucht nach Nähe, Geborgenheit und Sicherheit. Zugleich aber erwarten wir unbewusst das Gegenteil.

»Ich sehne mich danach, wertgeschätzt zu werden. Ich erwarte, wie etwas Wertloses behandelt zu werden.« (Unbewusst bin ich ja davon überzeugt, wertlos zu sein.)

»Ich sehne mich danach, angenommen zu werden. Ich erwarte, abgelehnt zu werden.« (Unbewusst bin ich davon überzeugt, abgelehnt und ablehnenswert zu sein.)

Wenn wir uns besonders verstanden fühlen

Oft finden Menschen zusammen, die ein Thema teilen, die vielleicht beide als Kind ihre Mutter verloren haben oder ständig Herabsetzung und Demütigung erleiden mussten. Man fühlt die psychologische Verwandtschaft, interpretiert sie als Seelenverwandtschaft und hat den Eindruck, von diesem Menschen besonders gut verstanden zu werden. Ob das auch noch der Fall ist, wenn man eine Weile zusammengelebt hat, stellt sich erst im Laufe der Zeit heraus. Es hängt davon ab, ob und wie wir unsere Beziehung nutzen, um an diesem alten Thema zu arbeiten. Vielleicht bemuttern wir einander in dem Versuch, uns das zu geben, was wir als Kind nicht bekommen haben. Das kann eine Zeit lang wohltun, aber als Dauerhaltung kann das einengend wirken und uns in unserer Kind-Identifikation festhalten.

Aber Liebesbeziehungen sind natürlich nicht nur dafür da, unsere psychischen Themen aufzuarbeiten. Sie können uns auch dazu anregen, die schönsten Qualitäten zu entwickeln – das Beste aus uns selbst zu machen, dem geliebten Menschen zuliebe.

Vom richtigen Umgang
mit positiven Gefühlen

Ein positives Gefühl behandeln wir genau wie alle anderen Gefühle. Wir erleben es körperlich, lernen es ausgiebig kennen, indem wir es bewusst fühlen, geben ihm den Namen, der es so genau wie möglich bezeichnet (und unter dem wir es uns merken können), und prüfen, was es von unserem Herzen braucht.

Die passenden Herzensschlüssel

Positive Gefühle brauchen neben den anderen Herzensschlüsseln (außer Mitgefühl) meistens auch noch »Pflege«, was bedeutet, dass sie oft in Erinnerung gerufen und wieder gefühlt werden wollen – es reicht dem Gefühl also nicht, einmal kurz wahrgenommen und dann wieder vergessen zu werden. Da es neu ist, braucht es immer Zeit, Raum und viel Zuwendung, um selbstverständlicher Teil unseres Gefühlsrepertoires, unserer Ausstrahlung, unserer Herangehensweise ans Leben zu werden – anders als die negativen Gefühle, an die wir gewöhnt sind und die von selbst auf sich aufmerksam machen.

Ebenso wie bei den schmerzhaften Gefühlen besteht der entscheidende Schritt darin, zu merken, dass es ein Gefühl ist und keine Tatsache. Im ersten Moment macht der Herzensschlüssel »als Gefühl wahrnehmen« vielleicht Angst: Dieser wunderbare neue Zustand soll »nur« ein Gefühl sein? Ich will aber, dass er eine Tatsache bleibt! Öffnen Sie Ihr Herz für diese Angst und für diesen Wunsch, und dann probieren Sie noch einmal, ob Sie nun »als Gefühl wahrnehmen statt als Tatsache« zulassen können. Sie werden sehen, dass das Gefühl Ihnen erst dann wirklich und dauerhaft gehört. Tatsachen sind ja immer vergänglich. Gefühle jedoch, einmal entdeckt und ins Herz geholt, sind unabhängig von den Tatsachen jederzeit wieder fühlbar. Und indem wir üben, uns an sie zu erinnern, erlauben wir ihnen, in unserem Herzen Fuß zu fassen.

Nach und nach wird der Umgang mit Gefühlen, positiven wie negativen, leichter. Es wird Ihnen öfter einfallen und immer natürlicher werden, sie bewusst zu fühlen. Sie erinnern sich öfter daran, Ihr Herz einzuschalten. Und je mehr Sie dies tun, desto leichter wird Ihnen der Umgang mit Ihren Mitmenschen fallen.

»Hilfe, ich bin zu attraktiv geworden!«

Wenn Sie regelmäßig Körperzentrierte Herzensarbeit üben und in Ihrem Herzen immer mehr neu entdeckte positive Gefühle Fuß fassen, wird sich Ihre Ausstrahlung verändern. Sie werden mehr Lebensfreude, Zuversicht und Energie ausstrahlen; oder mehr Frieden und Gelassenheit; oder Macht und Tatkraft; oder Liebe und Mitgefühl … was auch immer bei Ihrer Übung am Ende als neues positives Gefühl herausgekommen ist.

Das könnte Sie für Menschen attraktiv machen, die Ihnen vorher keine Aufmerksamkeit geschenkt haben. Denn wer positive Gefühle ausstrahlt, ist anziehend. Man möchte etwas abhaben von der guten Energie, von den positiven Gefühlen angesteckt werden. Menschen, die negative Gefühle ausstrahlen, meidet man eher, man hat Angst, davon angesteckt zu werden und seine gute Energie zu verlieren.

Tipp: Genießen Sie das gute Gefühl, das Ihnen diese neue Anziehungskraft verleiht, aber identifizieren Sie sich nicht damit! Nehmen Sie es mit der gleichen Bewusstheit wahr wie die anderen Gefühle. Sonst tappen Sie am Ende noch in die Falle einer neuen Abhängigkeit: der von der Bewunderung oder Sympathie Ihrer neuen Fans.

Und noch ein Tipp: Seien Sie wachsam, wenn aufgrund Ihrer neuen Attraktivität Menschen, die vorher nichts von Ihnen wissen wollten, nun versuchen, mit Ihnen in nähere Beziehung zu treten. Möglicherweise gilt die Zuneigung nicht Ihnen, sondern der Energie, die Sie ausstrahlen und nach der diese Menschen sich sehnen. Wenn Ihnen das bewusst ist, können Sie auf Ihr eigenes Gefühl achten, das Ihnen sagt, ob Sie diese Beziehung wirklich wünschen.

Die Vielfalt positiver Gefühle

Hier eine kleine Liste positiver Gefühle. Sie ist natürlich nicht vollständig und kann das auch nicht leisten, denn bei fortschreitender Herzensarbeit entdecken wir immer neue Gefühle, und manche müssen wir ganz neu benennen. Nicht alle haben typische Gefühlsnamen. Diese Liste soll Ihnen eine Idee davon geben, welche Arten von positiven Gefühlen bei der Herzensarbeit auftauchen können.

Übrigens: Wie bei allen anderen Gefühlen ist auch bei den positiven die genaue Benennung wichtig! Das Gefühl muss sich von dem Namen angesprochen fühlen, sonst können Sie es nicht ins Herz holen. Wenn Mutter ruft: »Reinhard, komm ins Haus«, dann wird Fritz sich nicht angesprochen fühlen!

Ich fühle mich …

- freudig, freudvoll, froh, fröhlich, heiter
- glücklich, erfüllt, zufrieden
- zuversichtlich, hoffnungsvoll

- friedlich, gleichmütig
- liebevoll, zärtlich, mitleidsvoll
- mächtig, groß, entschlossen, stark, entschieden
- frei, offen, weit
- aufgeregt, voller Vorfreude
- begeistert, voller Bewunderung, verliebt
- rein, unschuldig, schön
- zugehörig, verbunden
- geborgen, aufgehoben, sicher, geschützt
- entspannt, gelassen
- angenommen, geliebt, verstanden, anerkannt, bestätigt
- vertrauensvoll, arglos
- souverän
- würdig, würdevoll, in meiner Würde
- dankbar
- jubelnd, in Ekstase, erhoben
- demütig
- gut, gütig
- geachtet, gesehen, gehört
- bewundert, gelobt, gepriesen
- einverstanden, eins
- wertvoll, wertgeschätzt, in meinem Wert gesehen
- wichtig, überlegen
- bei mir, zentriert, präsent
- enthoben (über alles hinweggehoben)
- in Ordnung
- im Recht, berechtigt, gerecht, aufrecht

...und Sie werden noch viele andere Nuancen des Fühlens entdecken.

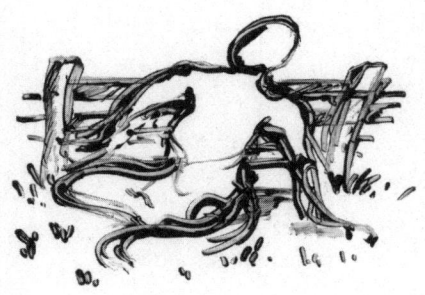

Ich entfliehe der Enge meines Büros und radle hinaus in die Wiesen. Das helle Sonnenlicht, das leuchtende, glänzende Grün, die Weite des Horizonts, die Berührung des warmen Windes, der Duft nach süßen Blüten – das alles trifft mich wie ein positiver Schock. Mein Herz öffnet sich, und auf einmal kann ich alles fühlen. Die kleinen Vögel, die in den Büschen zwitschern, an denen ich vorbeifahre, die Reiher, die reglos in der Wiese stehen, die Pferde, die friedlich grasen, das Schilfgras, das sich im Wind wiegt … Mein Herz füllt sich mit Leben, mit Freude, mit Liebe, mit Zärtlichkeit, mit Dankbarkeit. Ich fühle Weite, fühle Freiheit, fühle Kraft; ich fühle mich beschwingt und leicht und mit allem verbunden, mit Wind und Sonne und den Sternen, auch wenn ich diese gerade nicht sehe. Ich fühle die Tiefe und die Größe und die Bedeutsamkeit von allem, fühle, wie alles in mir anwesend ist, fühle die Unendlichkeit und Grenzenlosigkeit in mir, fühle mich berauscht, überwältigt, voller Demut, Begeisterung und Bewunderung. Ich fühle Ekstase. Ich fühle die Kraft in meinen Beinen, die Entschlossenheit und Stärke, die mich erfüllen; ich fühle mich lebendig, präsent, bei mir und eins.

Ich steige vom Rad und setze mich ins Gras. Leichtes Piepen, Wispern, Zwitschern, Rufen und Rauschen erklingt rings um mich her. Ich fühle mich erfüllt. Glücklich. Friedvoll. Heiter. Entspannt. Für einen Moment taucht das Gefühl der frühen Kindheit auf … ich finde keinen Namen … es hat keinen. Ich nenne es »Dasein«.

Die Veränderung

Nachsorge:
Das Tor zur Wandlung

Eine Körperzentrierte Herzensarbeit zu einem Thema dauert zwischen 20 Minuten und einer Stunde. (Geübten reichen manchmal auch zehn Minuten.) Dem reinen Fühlen einer einzelnen Emotion widmen wir dabei zwischen einer Minute und drei Minuten, in seltenen Fällen etwas mehr. Der Rest ist für die vorbereitenden und die abschließenden Schritte und die anderen Gefühle, die noch dabei auftauchen.

Ein Gefühl einmal kurz für ein bis drei Minuten wahrzunehmen, kann während der Herzensarbeit ein großes Erlebnis sein, eine regelrechte Erleuchtung, mit großer Intensität erlebt. Wenn wir dieses Gefühl im jeweils letzten Schritt dann im Geist in die ursprüngliche Situation mitnehmen, stellen wir eine Veränderung fest, die manchmal subtil, manchmal überwältigend groß ist. Wir sehen und erleben die Situation anders, halten und verhalten uns anders. Bis jedoch diese selbe Veränderung im richtigen Leben Fuß fasst, vergeht Zeit. Diese Zeit ist umso kürzer, je mehr Sie sich um die Nachsorge kümmern.

Nachsorge für negative Gefühle und Grundschmerzen

Notieren Sie sich das Gefühl. Nehmen Sie sich vor, es zu bemerken, wenn es wieder mal ausgelöst wird. »Aha, da ist jetzt dieses Gefühl. Nun habe ich Gelegenheit, es in der realen Situation bewusst wahrzunehmen und zu beobachten, was dann geschieht.« In der »Trockenübung« der Körperzentrierten Herzensarbeit haben Sie es ja bereits ausführlich gefühlt und ins Herz geholt; das alles brauchen Sie nicht in der gleichen Ausführlichkeit nachzuholen – Sie werden das Gefühl einfach erkennen und wahrnehmen.

Aber Achtung: Sie haben eine Automatik in sich, eingeschrieben in Ihr Gehirn, die Sie immer wieder in die gleiche emotionale Reaktion treibt. Sie werden sich daher vermutlich erst mal wieder mit diesem Gefühl identifizieren. Unterbrochen und schließlich gelöscht wird diese Automatik dadurch, dass Sie dieses Gefühl nun (anders als früher) bemerken, es weder zurückschieben noch überspielen noch ausdrücken, sondern einfach bewusst wahrnehmen.

Erinnerungshilfen

Die Aufgabe der »Nachsorge« besteht also darin, sich vorzunehmen, dieses Gefühl zu bemerken, wenn es auftaucht. Um das zu erleichtern, schaffen Sie sich Erinnerungshilfen.

- Notieren Sie sich das Gefühl am besten direkt nach der Herzensarbeit. Schreiben Sie nur den Namen des Gefühls auf (eventuell mit einem Stichwort zum Thema).
- Platzieren Sie diese Notiz so, dass Ihr Blick oft darauffällt. Die Notiz bedeutet: Dieses Gefühl werde ich bemerken, beachten und als Gefühl erkennen, sobald es ausgelöst wird.

Wenn Sie dies eine Zeit lang üben, wird die alte Automatik verschwinden und einem neuen Umgang mit dem Thema weichen.

- Wenn Sie in einer Sitzung mehrere solcher Gefühle entdeckt haben, notieren Sie sich alle. Heben Sie eines hervor, das Ihnen besonders wichtig erscheint: dasjenige, bei dem die Veränderung im Schritt »zurück in die Ausgangssituation« am deutlichsten wahrnehmbar war oder das Sie am meisten berührt hat. Schauen Sie ab und zu die ganze Liste an, behalten Sie aber vor allem dieses eine Gefühl im Auge. (Sonst wird die Sache kompliziert. Ein Kind im Auge zu behalten ist leicht, bei zehn Kindern wird es schwierig.)

Nachsorge für Sehnsucht und positive Gefühle

Der Anfang ist der gleiche: Notieren Sie den Namen des Gefühls nach der Übung. Platzieren Sie diese Notiz(en) so, dass Ihr Blick oft darauffällt, am besten auch am Bett, sodass Sie sie morgens und abends sehen.

Diese Notiz bedeutet: »Ich werde mich immer wieder an dieses Gefühl erinnern. Jedes Mal, wenn ich mich daran erinnere, kann ich es wieder fühlen. Das werde ich nun üben. Am Morgen, am Mittag, am Abend und in allen möglichen Situationen werde ich mir dieses Gefühl in Erinnerung rufen und wieder fühlen. Ich werde beobachten, was geschieht, wenn ich es in meinem Herzen trage und überallhin mitnehme.«

Positive Gefühle brauchen ein aktives Erinnern, da sie uns neu und noch nicht mit einer Fühlgewohnheit verbunden sind.

Nur fühlen, nichts verändern wollen!

Vergessen Sie nicht, dass es darum geht, sich ein Gefühl in Erinnerung zu rufen, und nicht darum, sich selbst oder sein Verhalten zu verändern! Einfach nur üben, das neue gute Gefühl zu fühlen, wird wesentlich leichter, schmerz- und widerstandsloser zu Veränderungen führen, als wenn Sie versuchen, sich zu verändern. Nicht: »Ab jetzt bin ich entschiedener«, sondern: »Ich erinnere mich immer wieder daran, Entschiedenheit zu fühlen.«

Der Vogel der Freiheit

Es gibt etwas, das uns in jeder Situation hilft, das uns aus jeder Klemme befreien, aus jeder Problematik erlösen kann. Dieses Etwas ist Bewusstheit. Bewusstheit ist der Vogel, der uns in die Freiheit trägt – die Freiheit von unserer Programmierung, unserer Automatik, unserem Zwang, auf bestimmte Situationen in einer bestimmten Weise zu reagieren. In jedem Moment können wir aufwachen: Wir brauchen uns nur daran zu erinnern.

»Womit bin ich gerade identifiziert?

Wie fühlt es sich an?«

Je öfter uns das einfällt, desto freier werden wir.

Und am Ende – wie sieht das Ergebnis aus?

Was ist das Ziel?

Lassen Sie mich dazu auf einige Fragen eingehen, die mir oft gestellt werden.

»Wenn wir durch unsere Wut-Themen hindurch sind, regen wir uns dann überhaupt nicht mehr auf, sehen wir alles nur noch ganz gelassen, lassen wir anderen alles durchgehen?«
Wenn wir wütend werden, hat das meistens mit der Person oder Sache, die gerade unsere Wut auslöst, nichts oder wenig zu tun. Es hat vielmehr damit zu tun, dass der Schmerz einer alten seelischen Wunde in uns geweckt wird. Das merken wir, wenn wir diesen Schmerz unter der Wut entdeckt haben, ihn bewusst fühlen und dadurch merken, dass er keine gegenwärtige Tatsache, sondern ein Gefühl aus der Vergangenheit ist. Insofern werden wir in allen Fällen, wo wir durch das Thema »hindurch sind«, tatsächlich gar nicht mehr wütend werden.

Sollte aber immer noch, auch bei objektiver Betrachtung, die Notwendigkeit bestehen, jemandem eine Grenze zu setzen, dann wird uns das wesentlich leichter möglich sein, wenn wir durch die Herzensarbeit nun »bei uns« sind, als vorher, da wir »außer uns« waren.

»Kommt irgendwann der Tag, an dem unsere Grundidentifikationen aufgelöst sind und uns nichts mehr wehtut?«
Wenn Sie diese Frage stellen, dann wahrscheinlich, weil es in Ihnen eine Sehnsucht danach gibt. Diese bewusst wahrzunehmen und ins Herz zu holen wird Ihnen eine Antwort aus Ihrem eigenen Herzen geben.

Ich kann nur antworten, dass überall dort, wo ich aus alten Grundüberzeugungen erwacht bin, das betreffende Thema aus meinem Leben verschwunden ist. Oder es äußert sich nur noch manchmal gewohnheitsmäßig, aber wird dann schnell von mir erkannt und ist kein Drama. Ich kann nicht sagen, ob irgendwann nichts mehr wehtut, denn das Leben ist ja eine dynamische Angelegenheit, ich verändere mich ständig, die Umstände verändern sich, die Mitmenschen verändern sich ...

Und geht es überhaupt darum, keinen Schmerz mehr zu fühlen? Geht es nicht im Gegenteil darum, dass die Kapazität unseres Herzens sich nach und nach erweitert, sodass wir immer mehr fühlen können, jedoch ohne uns damit zu identifizieren?

Aber es gibt eine andere Perspektive. Und die ist wesentlich interessanter, denn sie findet sich im Jetzt und nicht in spekulativen Gedanken über die Zukunft. Jetzt schon gibt es in uns einen Teil, der sich jenseits von Schmerz, Sehnsucht und Emotion befindet. Vielleicht geht es in der Körperzentrierten Herzensarbeit viel mehr darum, diesen Teil zu entdecken und zu kultivieren, als einen Berg von Themen abzuarbeiten. Dieser – ganz zentrale – Teil unseres Wesens hat, je nach spiritueller Tradition, verschiedene Namen: der Beobachter, die Achtsamkeit, der Zeuge. Ich nenne ihn »bewusste Wahrnehmung« oder einfach »Bewusstheit«. Wenn Sie sich damit identifizieren, können Sie alle Gefühle wahrnehmen, einschließlich der schmerzhaften, ohne sich von ihnen überwältigen zu lassen. Das ist für mich die entscheidende Entdeckung.

»Muss man sich wirklich durch alle Themen und alle Gefühle hindurcharbeiten, um aus allen Schmerzen und negativen Überzeugungen zu erwachen? Gibt es nicht irgendwann eine Art pauschales Erwachen, nach dem all diese Detailarbeit nicht mehr nötig ist?«

Ich habe viele Momente solchen generellen Erwachens erlebt und bin danach immer wieder in meine üblichen Identifikationen zurückgefallen. Das Erwachen durch Körperzentrierte Herzensarbeit bezieht sich immer nur auf ein bestimmtes Thema, aber es ist dauerhaft. So gesehen hat mir diese Arbeit im Vergleich zu spirituellen Techniken mehr von jenem Erwachen beschert, das sich im täglichen Leben auswirkt. Abgesehen davon: Immer wieder mein Herz zu öffnen, immer wieder zu erleben, welche Gefühle und Schichten von Gefühlen zutage treten, das macht ja auf Dauer auch einen anderen Menschen aus mir, unabhängig davon, wie viele Themen ich noch nicht angeschaut habe. Es gibt Abstand, es gibt Durchblick, es gibt Verständnis, Mitgefühl und Achtung für das, was andere durchmachen, letztendlich kommt Weisheit dabei heraus.

Unter den spirituell erwachten Menschen, die ich getroffen habe (und die keine Körperzentrierte Herzensarbeit kannten), waren einige wenige, die tatsächlich auch nicht mehr so sehr mit ihren persönlichen Gedanken und Gefühlen identifiziert waren und ein offenes Herz hatten. Aber die meisten, die spirituelles Erwachen erlebt hatten oder von sich behaupteten, sie seien erwacht oder erleuchtet, litten zumindest meinem Eindruck nach genau wie alle anderen unter ihren Emotionen und negativen Grundüberzeugungen, nur dass sie sie erfolgreicher als andere aus ihrem Bewusstsein verdrängt hatten.

»Was für eine Art Mensch wird man denn, wenn man viel Herzensarbeit gemacht hat?«
Lassen Sie mich erst einmal skizzieren, wie man sich das Ideal des vollkommenen Herzensarbeiters vorstellen könnte:

Ich bin in jedem Moment präsent. Ich nehme bewusst wahr, was ich gerade fühle und ob das mein eigenes Gefühl ist oder ob es jemand anderem gehört. Ich erkenne Gedanken als Gedanken und falle nicht auf sie herein, sondern nehme sie bewusst wahr. Ebenso Gefühle. Mein Herz ist offen und erfasst daher jedes Gefühl mit Verständnis, Mitgefühl und Respekt.

Vieles, was geschieht, löst keine persönlichen Emotionen mehr in mir aus; ich kann es einfach mit einer gewissen Objektivität wahrnehmen. Ich kann mit anderen mitfühlen, identifiziere sie jedoch ebenso wenig mit ihren jeweiligen Gefühlen, wie ich mich selbst damit identifiziere.

Vieles löst Gefühle in mir aus, aber ich nehme sie direkt wahr: Im Moment, da sie entstehen, berühren sie auch schon mein Herz, und dann spüre ich, ob sie einfach Mitgefühl brauchen oder beispielsweise Beachtung.

Letzteres macht mich aufmerksam, achtsam, wachsam; Ersteres weicher, liebevoller.

Wenn diese Beschreibung nicht das ist, was Sie sich vorstellen, dann können Sie vielleicht jetzt Ihre eigene Idealvorstellung entwerfen.

Ideale sind allerdings ebenso gefährlich, wie sie nützlich sind. Der Nutzen besteht darin, dass sie uns etwas zeigen, das bereits in uns schlummert (wäre es nicht so, dann wäre das nicht unser Ideal), und dass sie uns unsere Richtung zeigen. Der Schaden besteht darin, dass wir uns ihretwegen unter Druck setzen, uns schuldig fühlen, wenn wir ihnen nicht entsprechen, uns überfordert fühlen; oder dass wir ganz entmutigt sind, wenn wir uns die Berge von Themen und Gefühlen vorstellen, die wir »abarbeiten« müssen, um diesem Ideal zu entsprechen.

Das Ideal ist eine Skizze dessen, was in uns als Möglichkeit angelegt ist. Es kann uns motivieren, begeistern, Richtung und Schwung geben und Energie mobilisieren. Aber wir sollten es nicht in die Zukunft projizieren und nicht an einen Ort, an dem wir nicht sind.

Das Ideal ist jetzt. Der Weg ist das Ziel

Jetzt gerade geschieht etwas. Jetzt gerade fühle ich mich irgendwie. Jetzt gerade habe ich die Gelegenheit, mir dessen bewusst zu werden, meinen Körper, meinen Atem zu spüren und mein Herz für das Gefühl zu öffnen, das gerade da ist.

Es gibt keine Vergangenheit, es gibt keine Zukunft (beide sind jetzt nur Gedanken), es gibt den gegenwärtigen Augenblick. Es kann jetzt ein Gefühl aus der Vergangenheit in mir anwesend sein, dann fühle ich es jetzt. Es kann jetzt ein Gedanke an die Vergangenheit in mir vorhanden sein, dann nehme ich ihn wahr. Es kann jetzt ein Gedanke oder Gefühl in Bezug auf die Zukunft in mir anwesend sein, dann nehme ich ihn oder es jetzt wahr.

Erlebe ich den gegenwärtigen Augenblick bewusst, so gibt es etwas zu sehen, zu hören, zu riechen, zu schmecken, zu spüren, zu fühlen und vielleicht zu erkennen.

Erlebe ich ihn nicht bewusst, so handele ich wie auf »Autopilot«, gemäß meinen unbewussten Programmierungen.

Dann wache ich wieder auf, höre die Vögel zwitschern, spüre meinen Körper, meinen Atem, mein gegenwärtiges Gefühl.

Das ist alles.

Anhang

Literatur zur körperzentrierten Herzensarbeit

Safi Nidiaye: *Die 10 Herzensschlüssel. Ausgeglichen und gesund mit Körperzentrierter Herzensarbeit* (mit Audio-CD); Gräfe und Unzer Verlag 2014

Safi Nidiaye: *Wieder fühlen lernen. Wie wir uns selbst und die Welt heilen können;* Heyne Verlag 2014

Safi Nidiaye: *Aufwachen und lachen. Der einfache Weg zur Freiheit von Ärger, Angst und Leid;* Allegria Taschenbuch 2007

Safi Nidiaye: *Herz öffnen statt Kopf zerbrechen. Der Weg zu Freiheit, Freude und Frieden;* Allegria Taschenbuch 2005

Safi Nidiaye: *Der entscheidende Schritt. Das letzte Geheimnis der Wunscherfüllung;* Allegria Taschenbuch 2011

Safi Nidiaye: *Das befreite Herz. Von der Wohltat des emotionalen Aufräumens;* Allegria Taschenbuch 2014

Danksagung

Ich danke euch allen, die ihr mir eure Geschichten geschickt oder mir erlaubt habt, sie in unserer gemeinsamen Herzensarbeit mitzuerleben.

Ich danke dir, Francis, meinem Mann und Mitstreiter, für deine vielen Anregungen, Beispiele, Vorschläge und kritischen Anmerkungen – und für deine wunderbaren Illustrationen, die mich beim Schreiben inspiriert und beflügelt haben.

Außerdem danke ich Ihnen, Felicitas Holdau, der besten Lektorin von allen. Und danke auch Ihnen, lieber Jakob Mallmann vom Integral Verlag, für die motivierende und inspirierende Unterstützung.

Über die Autorin

Safi Nidiaye ist eine der meistgelesenen deutschsprachigen Autorinnen im Bereich der psycho-spirituellen Lebenshilfe. Anfang der 1990er Jahre entwickelte sie die »Körperzentrierte Herzensarbeit«: eine auf der Basis der Zen-Meditationstechnik entwickelte Methode, die es erlaubt, verdrängte Emotionen im Körper aufzuspüren und ins Bewusstsein und ins Herz zurückzuholen. Das führt zum Aufwachen aus negativen Grundüberzeugungen, zur Lösung von Problemen, zu Selbstheilung und einem offenen Herzen für sich und andere. Safi Nidiaye hat diese Methode in zahlreichen Büchern beschrieben. Sie lehrt die Körperzentrierte Herzensarbeit in Seminaren für Laien und Therapeuten. Safi Nidiaye lebt mit ihrem Mann, dem Maler Francis Gabriel, in Katalonien.

Weitere Informationen über die Veröffentlichungen und Veranstaltungen der Autorin finden Sie unter:
www.safi-nidiaye.de

Register der im Buch erwähnten Gefühle

352